JN122090

ヤマケイ文庫

新編増補 俺は沢ヤだ！

Naruse Yoichi
成瀬陽一

Yamakei Library

目次

第1部　俺は沢ヤだ！

第2部　沢登りの地平線〜続・俺は沢ヤだ！

カバー・本文デザイン、地図製作　朝倉久美子
遡行図写真　小山幸彦（STUH）
DTP　ベイス
校正　中井しのぶ
編集　松本理恵（山と溪谷社）

本書第1部「俺は沢ヤだ!」は2009年に東京新聞出版局（当時）から刊行された『俺は沢ヤだ!』を再構成し、収録しました。第2部「沢登りの地平線～続・俺は沢ヤだ!」は『岳人』(東京新聞出版部）の連載「大滝巡攀」(2011年）から第2・3章と「大滝巡攀II」(2014年）から第5・6章の4編、ほか『山と溪谷』『ROCK&SNOW』(ともに山と溪谷社）などに掲載された記録を収録しました。すべて本書のために加筆・修正し、再編集しました。

第1部 俺は沢ヤだ！

序章

俺は沢ヤだ！危機一髪！

台湾 豊坪渓下流部

ビビっていた。今回ばかりは、正直ビビっていた。こんな大水量の谷は、今まで経験したことがなかった。日本では体験できない、台湾の巨大な谷を幾本か溯ってきたつもりだった。

溯行距離が20kmを超す谷は、日本では数えるほどしかない。しかし、台湾溯渓《そけい》（台湾では沢登りを溯渓という）では、その程度なら毎度のこと。溯行距離が30km、時には40km以上の、正真正銘の大渓谷にも足を延ばしてきた。

だが、目の前の怒濤の流れはそんなわずかばかりの経験など、ちっぽけだと嘲笑うかのように、岩を砕き、白く沸き立ち、触れるものすべてを瞬時に流し去っている。こんな流れに真正面から立ち向かわなければならないのか。ポロポロと鳥肌が立っていく。

「ト・ヨ・ツ・ボ（豊坪渓《フォンピンシー》）」。いい響きだ。この谷への想い入れが強かった青島靖から誘われたとき、ためらうものがあった。実をいえば、僕も台湾に行き始めたころから、この谷の存在を強く意識していた。

十数年前、台湾溯渓の先駆者である清水裕さんの家で、初めて台湾山岳の2万5000分ノ1地形図を広げさせてもらった。あのときの興奮は今も忘れない。どの地図にも沢ヤを虜にさせるような、深く長大な谷が幾筋も刻み込まれていた。今まで追いかけてきた日本の大渓谷の数々がかわいく思えた。台湾における沢登りの可能性に心が躍った。

なかでも、僕の目を釘付けにして離さない一枚があった。その地図は一面、やけに黒っぽかった。それは、薄汚れているわけではなく、等高線間隔が異常に狭いこと、地形が驚くほど急峻なことを意味していた。

地図の名は豊坪渓。そこには、今にも地図からはみ出さんばかりに、うねうねと激しい屈曲を繰り返す一本の谷が印されていた。しかも、その切れ込みの深さは尋常ではなく、溯行など絶望的にすら思われた。

試しに前後左右の地図をつなぎ合わせてみると、麓の橋から山頂まで、谷の長さは優に40㎞を超すものとなった。流域中の村落跡や林道は皆無に等しく、標高点の記載も、谷筋には途中までしか見られなかった。つまり、測量すらまともにできない険しさなのか。

数ある台湾の大渓谷のなかでも、成功確率の最も低い難渓の一つとして恐れていた谷であり、同時に避けて通れぬ関門のような谷でもあった。そんな怪物の胃袋の中に今、僕らは踏み込んでしまっていた。

不可能と思われた徒渉点を、人間ブルドーザー青島が渡り始める。膝、腰、胸……。

その水圧は圧倒的なはずだが、分厚い流れを真っ二つに切り裂くように、みごと対岸へとたどり着いた。

「強い！　これだけの流れを渡れる沢ヤが日本に何人いるだろうか」。呆れ顔の佐藤裕介と顔を見合わせた。まさに青島の徒渉は神懸かっていた。

しかし、大変なのはそこからだ。激流の向こうに、全員がたどり着かなければならない。ロープワークや確保地点の選定にミスがあれば即、重大な事故につながってしまうだろう。その点では、トップが登りきればなんとかなることが多い岩登りより、はるかに臨機応変さが要求される。

一人、二人と流されながら渡り、最後は僕の番となる。ラストは分が悪い。それまでは手前と対岸から2カ所の確保があったが、ラストは対岸からの確保しか得られないからだ。流されれば、振り子のように弧を描いて激流に引きずり込まれ、白濁した段差に落ち込むかもしれない。一度チャレンジするが、すぐに体が浮いて……ヤバい、ヤバい！　すんでのところで岸に戻る。

悩んだ末、上流側から白濁部を流されながら渡ろうと決めた。もちろん危険もある。かかとが水底の岩の間にロックされれば横転して、そのまま立ち上がることもできずに、水中で窒息するだろう。緊張の一瞬。激流の中に見え隠れする岩の上を捨て身で飛び渡り、最後はバランスを崩して、泡にもまれながら対岸に引き寄せられた。

　そんな厳しい徒渉を繰り返しながら、わずかずつではあるが僕らは前進していった。超人的な青島の徒渉能力と佐藤の登攀能力は冴え渡っていた。だが2日目の午後、ついに豊坪溪は牙をむいた。

　巨大なチョックストーンの間の難しい凹角を、佐藤が当たり前のように軽々と登った直後のことだった。その上は泡立つゴーロとなり右岸を進んだ。前方は流れのある淵となって、行く手を閉ざしていた。青島がロープを延ばして果敢にへつっているが、ちょっと厳しそうだ。

　ほかに渡れそうなポイントはないかと見回しているそのとき、刺すような緊迫した雰囲気が背中に伝わってきた。振り返ると、青島がクロールで淵を泳ぎ渡ろうとするのが見えた。しかし、人間の泳力をはるかに超える圧倒的な流れが、青島を根こそぎ白濁する段差の下へ叩き落とした。

「あっ！　流せ、流せ！」、とっさに僕は叫んだ。青島にかかっている凄まじい圧力は、人間の力でとどめることなど到底不可能と見て取れた。ロープを流して、ただ運を天に任せるしかなかった。

　激流に没した青島の姿はひととき消え、続いて僕の目の前の段差を、足を上にして引きずり込まれていくのが見えた。そして、再び視界から消えてしまった。最悪の事態を僕は覚悟した。ここを流されて助かるという楽観的な結論には、どうしてもたどり着けなかった。

僕は今まで、山のパートナーを幸いにして失ったことがなかった。だが、ついにそのときが来てしまったのだ、ここ台湾で。見失った青島の後を追い、夢中で下流側の大岩に駆け上った。もう、見つかりっこない！　絶望した思いで、下をのぞき込んだ。落差の激しいゴーロは容赦なく続き、谷全体が沸騰しているように見えた。

豊坪はやはり怪物だった。しかし、その中段に何かが動いている。えっ、青島？しかも、生きている！

腰まで水流に洗われ、これ以上流されまいと必死で踏ん張る、ずぶ濡れの青島の姿があった。もし次の段差に引き込まれれば、水流とともにサイフォンと化した巨岩の底に吸い込まれ、二度と浮上することはなかっただろう。不幸中の幸い、よくぞ最後の一線でとどまってくれた。このときばかりは神様に、感謝せずにはいられなかった。

後日、青島によれば、「流されている最中はなす術もなく、猛烈な圧力で体が下へ下へと沈められてしまい呼吸をするチャンスはなかった。足や体が岩に引っ掛からぬよう流れに任せ、あとはただ息がしたいと考えるだけだった」とのこと。久しぶりに、ホント、ヤバかった。

厳しい沢を続けてきた者なら、危機一髪！の経験は、誰しも少なからずあることだろう。これを単なる無謀な徒渉の失敗として、片付けてしまうのは簡単だが、彼の大胆な徒渉なしには、この破格の渓谷に太刀打ちできなかったのも事実。危険な要素をすべて取り除きたいなら、山には、まして、沢になんか行かないほうがいい。

だが、僕らは未知未踏の谷に行きたいのだ。予想を上回る大自然の姿やパワーに圧倒され、恐怖し、打ちのめされ、そしてなんとか乗り越えたい。あるいは、その懐に抱きしめられたいと思っている。それを望む以上、常に危険がつきまとうということも、受け入れねばならないだろう。

とはいえ、こんなシーンに出くわすのは二度と御免こうむりたい。どんな登山も、生きて帰らなければ意味がない。そのためにも、さまざまな事故や事故未遂を検証し、充分に分析しなければならない。

話を戻そう。それからも青島の大胆な徒渉は臆することなく続いた。山行6日目には大ゴルジュを真正面からねじ伏せ、7日目、ついに待望の豊坪渓の二俣が近づいてきた。予定した行程の半分ほどにすぎないが、僕らにとっては憧れの場所の一つだった。これほど人間活動の届きにくい場所は、そうザラにあるものではない。もしや、いまだ人類が踏み入ることが叶わない場所かもしれない。そこにはどんな風景が広がっているのか。だから、遅々としてはかどらない、今回の溯行の途中から山頂は諦め、二俣を到達目標として位置付けていた。

最後の直線部500mに差しかかる。両岸は地形図どおり高く深くそそり立ち、何かが一発現われたら、二俣目前にして到達不能という事態も考えられた。

急ぐわれわれの前に大釜をもった滝が現われた。高巻くことなどできず、強い渦に乗って右から泳いでいく。一つ間違えば流芯へと引き込まれるだろう。滝壁に近づいたところで、わずかな手掛かりにへばりついてカムを決め、さらにハーケンを打ち足し、アブミで抜け出した。

そのまま左岸をたどると、そこは待望の二俣であった。とんでもないゴルジュの只中と予想していたが、思いのほか開けた地形で心が安らいだ。不思議なことに左俣の水は青色、右俣は緑色をしている。これで最低限の到達目標は達成することができた。明日は、この深い谷間から脱出しなければならない。

気がつくと、青島がいない。見れば一人、左俣を弾むかのようにつめ上がっている。ならばこちらも。佐藤、台湾隊の梅さんと右俣へ偵察に出かける。みんな豊坪溪への再訪を心に決めている。

右俣に入ると、水量が減ってずいぶんと楽な溯行となった。ゴーロをリズミカルに越えていく。5分、10分、20分。時間切れで、そろそろ引き返そうとは思うのだが、お互い言い出せないまま、深みへと突き進んでいく。通らずの淵か滝でも現われれば、潔く戻れるのだが。

さらにしばらく進むと、行く手の見えない長瀞《ながとろ》が現われた。よかった、帰ろう。だが、よく目を凝らすと、その屈曲部で激しい飛沫が絶え間なく上がっている。

何かある！　佐藤と二人、顔を見合わせた途端、競い合うように流れの強い瀞を泳ぎだした。泳ぎ疲れて側壁にしがみつき、へつって屈曲点に着く。そして左方に目をやり、「ワウォーッ！」、感嘆の声を上げた。そこには、一幅の絵画を思わせるすばらしい景観が待っていた。

はるか40mの高みから谷の全エネルギーを注ぎ込むように、一直線となった白い瀑水が巨大な滝壺に突き刺さっている。その反動で水面は1m以上も盛り上がり、荒海のように高いうねりを生み出している。釜の色は深く深く、宇宙の闇を思わせた。

その構成、配置、色合い、冷気、におい……。僕らの豊坪溪第一幕のクライマックスとして、ふさわしい完璧な仕上がりだった。

そして、間違いなくこの滝は暗示していた。本当の核心はここから始まる。怪物が本性を現わすのは、これからなのだと。

台湾・豊坪溪下流部（出合〜二俣）溯行　2006年11月4〜12日
メンバー：青島靖、佐藤裕介、林錦鴻、梅立青、成瀬陽一

第1章

沢ヤ・成瀬の生い立ち

幻の大滝行

もう何年も前の話になる。僕は一人、南アルプス・光岳《てかり》のガレ（崩壊地）の縁にたたずみ、夕闇に沈んでいく重厚な山並みを眺めていた。7日間の継続溯行を終えて、疲れきった肉体とは裏腹に、言い知れぬ満足感が全身を支配していた。

遠く果てしなく、南アルプス深南部《しんなんぶ》の山々が黒々と続いている。大無間山《だいむげん》がひときわ大きく、3000m級に匹敵する重量感で存在を誇示していた。辺りには、いや今、この山塊には自分一人しかいない。確かな理由もなく、そんな気がしてならなかった。次第に不鮮明になっていく山襞を懸命に追いながら、何年にもわたって片端から登り込んできた、深南部のいとおしい谷々を確認しようとしていた。

その日、僕は寸又《すまた》川の奥深くにある幻の大滝を越え、未溯行と思われる原始の谷筋をつめて頂に立った。大滝は優に100mを超えるものでありながら、資料などを探してもまともに記述を見たことはなかった。

当時、深南部の地図を何枚もつなぎ合わせて、次から次へと継続溯行の山行プランを立てるのが日課になっていたが、そのすべてに目を通していくと、どうしても納得のいかない不可解な地形がいくつか存在していた。その一つに、源流から高度差100m も流れ下った沢が突然、消えてしまう場所があった。150m分の等高線が完全に消失している。おおかた滝だろうと想像はしてみたが、この目で確かめないわけにはいかなかった。

この山行の4年前、駆り立てられるようにして、この沢に一人向かった。その日の天候は極めて悪く、雨と霧の一瞬の切れ間に、大岩壁頂上部から突然のように吐き出される白い瀑水を確認した。ああ、やっぱり！　呼吸は乱れ、脈拍は暴走し、僕は異常に興奮していた。

まるで魅入られたように前衛滝を飛び越えて、幻の大滝直下に達した。霧にかすんだ落ち口の上、さらに巨大な瀑布が、延々と高みに続いているように思えてならなかった。「高さとかスケールとかそんなことじゃなくて、これほどの滝は見たことがない」。そうつぶやきながら、悪天を理由に引き返したのだった。

それ以来、長い間この大滝に恋患ってきたのだが、やっとそのチャンスが巡ってきた。しかも、どうせやるなら記録のない沢をつなげ、そのクライマックスとして幻の大滝の沢をつめ上げてみようと思い至った。

出発点は信濃俣河内《しなのまたごうち》支流の小沢。記録は見たことも聞いたこともない。名前からは想像できなかった、美しくも厳しい渓相にてこずり、真っ暗闇のなか、猫の額ほどの平地を見つけてビバークした。完全溯行を狙えば、泳ぎと登攀を充分に楽しめたかもしれないが、今回はそんな余裕はなかった。

信濃俣山頂を越え、翌日から大根沢《おおね》の源流4本を溯下降。杓子沢《しゃくし》の源頭ではカモシカに襲われるハプニングがあった。繁殖期を迎え、メスを求めて猛り狂った危ないヤツだったのだろう。勝手にライバルと思い込んだらしい。巨体でやみくもに突進されて、僕は木の上に逃げ上がり、ヤツときたら、その根元で勝ち誇ったように何度も足を打ち鳴らして威嚇するのだった。「おのれ、草食獣。今度会ったら食ってやる！」。樹上で叫んでみたものの、類人猿としてのプライドはいたく傷ついた。

サクラ沢では予期せぬ大滝との出会いがあった。地形図上では平凡な切れ込みとしか表わされていないが、実際には高さ80mもの豪快な大滝が隠されていた。大滝の真相を確かめに行く過程で新たな大滝を発見する。これぞ情報の少ない山域での沢登りの醍醐味といえよう。笑みがこぼれた。ときどき思う。地形図にすべてが正確に表現されてしまうなら、沢登りをやる意味なんてあるのだろうか。どうか今後も、わけのわからない地形や等高線のヘマがありますように。

そして、いよいよ幻の大滝との対面の日がやってきた。場所は「幻」ゆえに明かせない。本流から問題の切れ込みに入り溯っていくと、やがて前方に大きな空間が開け、大滝が姿を現わした。

はるかに見上げた落ち口の上には青く澄んだ空が広がり、今度こそ、夢にまで見た大滝の全容をつかむことができた。瀑水は気の遠くなるような大空間に投げ出され、叩きつけられ、4条に分かれて滑り落ちている。深南部一の壮観な風景。

だが同時に、急激に僕の中で色褪せていくものがあった。そこには神も龍も魔物も棲んではいなかった。何もかもが霧にかすんで捉えどころがなかった、あの日の大滝に勝ることはできなかった。人跡まれなこんな秘境にこそ、人知を超えた何ものかがあってほしかった。それを見つけ出すために、沢登りという行為は存在している。

右手の斜面を巻いていくと、ピタッと大滝落ち口に出ることができた。そこから連瀑帯が始まった。単独登攀に時間は食っても、人跡未踏と思われるこの谷に、敬意を表してできるかぎり水線をたどった。最後のつめは疲れも出て、這うようにして進んだ。体力はすでに限界に近かったが、すべての日程をほぼ完璧に消化できたという、充実感が後押ししてくれた。そうして僕は、やっと山頂を踏んだのだ。

この山行にはもう一つの大きな意味があった。実は、すぐそこに見える中ノ尾根山の向こうには廃村寸前のわが集落があった。湧水があり、畑があり、煙が上がり、ささやかな生活が今日も営まれているはずだ。

この地の沢に憧れ、僕は移り住んできた。観光地巡りのような沢登りではなく、山に生きる者として、どっしりと根を下ろし、もっと骨太な沢登りができるのではないか。そんな想いで深南部の沢の地域研究を続けてきた。

今回の山行で、この山域の主立った沢のほぼすべてに足跡を残したことになる。僕にとって大きな区切りだった。それゆえ、光岳から見下ろす今夜の風景には、格別な想いがあった。いつまでも見飽きることがなかった。やがて月が昇り、山襞は溶け、山や沢が判別できなくなるまで、僕はそこを離れることはできなかった。

沢登りとの出会い

20歳になったころの僕は、日々を悶々と暮らしていた。学生という本業はどこへやらで、アルバイトに明け暮れて、金は貯まってもやりたいことが見つからず、時間を持て余していた。当時、すでに下火となっていた学生運動にも足を突っ込んでみた。一晩中ギターをかき鳴らし、アマチュアコンサートでわめき散らしてもみた。かわいい女の子目当ての合コンに、鼻の下を伸ばして参加してみた。

だが結局のところ、クラスにも寮生活にも運動家たちともなじめず、もちろん女の子には相手にもされず、結果として無様な一匹狼を気取ることになった。授業なんてロクに出ず、校舎の屋上のベンチで遠い空を見上げる毎日を重ねた。白い雲の激しい流れに、自分の人生の激動の時が来るのを託していた。

そんなある日、珍しく学生寮の仲間2人から山へ行こうと誘いがあった。山とはキャンプ生活の延長のようなものだと思っていた。富士山の南にある愛鷹《あしたか》山を、たいした理由もなく選んだ。

麓の無人の山小屋で一晩泊まった翌朝、登山とはいかなるものかも知らず、須津《すど》川沿いに3人で歩きだした。登山道とはいえ、まともな登山の経験のないわれわれにとって、川を徒渉しながらつめていくのは決して楽ではなかった。

案の定、沢の合流点で道を間違え、よくわからない谷へ踏み込んでしまった（鋸《のこぎり》岳第三ルンゼと思われる）。今なら、これはおかしいぞ？と思うようなことも、登山を知らない3人にとっては思い及ぶはずもなかった。つめればつめるほどに沢筋は傾斜を増し、段差をなんとか乗っ越すと、ついに滝が現われた。

これって道か？　このとき初めて、登山道から外れていることに気がついた。どうしようか……行ってしまえ！　僕はがむしゃらに滝壁に取り付いた。中段まで登ったのはよかったが、次の一手が出ない。それもそのはず、クライミングなんて一度もやったことがなかったのだ。友人たちからも諭されてしぶしぶ滝を下りると、今度は右手の急斜面から乗っ越そうということになった。もちろん、高巻きなどという認識もなかった。ただ先へ進みたかっただけのことだ。

転げ落ちそうな斜面を灌木にぶら下がり登っていく。突然、ボキッ！と音がして、先行していた友人が上から真っ逆さまに降ってきた。落石ならぬ落人。こんな経験は、後にも先にもこれ一度しかない。直撃を受けた僕はバランスを崩しかけ、間一髪で木に飛び付いた。一方、叫び声を上げ滑り落ちていく友人も、さらに10mほど滑落して、偶然木に引っ掛かって止まった。幸運であった。一歩間違えば大事に至っていた。

こいつはヤバそうだ。けれど、この難所に差しかかり、僕の中に妙に熱くなっていくものがあった……。何がなんでもここを越えたい。見上げると樹林越しに、鋸岳の稜線部が恐ろしいほどの岩峰を突き立てていた。おそらく、今見ればかわいいほどの岩峰群も、当時の僕にとってはアルプスの大岩壁のように荘厳だった。恐ろしかった。なのに、なぜかあそこをめざしたい。眠っていた野性が目を覚ました。僕は山に魅せられていた。

再び登りだした僕を、後ろから友人たちが呼び止めた。振り向きもせず、即座に答えた。「俺は行きたい！」。決を採れば答えはわかりきっていた。しかも多数意見のほうが賢明であることもわかっていた。このまま進むなんて無謀以外の何物でもない。時間もすでに午後を回っている。けれど、けれど……。友人たちに再度呼び止められ、僕は泣く泣く下山を始めた。情けない思いがした。このままじゃ俺はアカン！愛鷹山を背にして、駅への道路を下っていく自分が悔しくてたまらなかった。

それからの1カ月は四六時中、山のことしか考えていなかった。寮の先輩からは登山のノウハウをみっちり教わった。本なんて大嫌いだった自分が山岳関係の雑誌を読みあさってしまった。そしてある日、先輩からひととおりの装備を拝借して、二度と行かないという友人たちを残して、一人、愛鷹山へ向かったのだった。

このときの記録を今、読み返してみる。その文面からは、まるでヒマラヤの難所へ向かうクライマーのように、不安と情熱に満ちた心境が伝わってくる。

野猿《やえん》沢の黒い大連瀑の最上段から吹っ飛ぶ自分が目に浮かび、割石《わりいし》峠直下の急峻なガリーでは側壁からの落石に震え上がった。鋸岳の刃渡りではザックを引っ掛け、危うく転落しそうになった。愛鷹山のピークに着くころにはすっかり体力を消耗し（休憩なんて考えもせず、ひたすらすっ飛ばした）、日暮れ直前、間一髪で須津山荘に転がり込んだ。ああ、無事に戻れたと思った途端、胸と腹の奥深くからキュンと力が抜けていくような、これまで経験したことのない痺れるような安堵感に、僕はのみ込まれた。それはさざ波のように何度も何度もやってきた。

何もかもが限界だった。やっとのことでザックから寝袋を引っ張り出すと、飯も食わずに12時間、昏睡状態のように眠り続けた。

こうして、なんとか無事に鋸岳を縦走して帰ってからは、毎週のように登山を続けた。もう単独で行くことに抵抗はなかった。安倍奥《あべおく》のヤブ山を、来る日も来る日も歩いた。未熟なりに道なき道を、読図を頼りに歩くおもしろさを知ったが、いまひとつ充実感はなかった。何かがまだ足りない。ルンゼの底から鋸歯を見上げたときのような何かが……。

そんなとき、アルバイトをしていた山道具屋の先輩たちに連れられて、初めての沢登りに出かけた。それは、静岡近郊の小さな山の小さな沢だったが、流れに踏み込んだ途端、すべてが吹っ切れた。これだ、俺の求めていたものは！　理由はよくわからない。けれどこの先、ずっと沢と関わっていくにちがいないという予感がした。

美しい流れは先へ進むほどにめまぐるしく変化し、僕は驚喜した。こんなにおもしろい世界があったとは。先ほどの予感は、ますます確かなものとなっていった。

こうして僕は、やっとたどり着くべき場所にたどり着いたのだった。

深南部の寒村へ

人生は川の流れに翻弄されて漂う笹舟のようだ。その行き着く先は偶然のようで、実は偶然ではないのかもしれない。思い返せば人生の岐路は何度もあった。そのたび大きな意思に導かれるように、いつの間にか道は開けてきた。

沢登りのおもしろさに目覚めた僕は、地元である安倍奥の沢に夢中で出かけた。黒《くろ》ン沢の七ツ釜、白沢の大滝、あるいはコンヤ沢の大ゴルジュ、ホーキ沢の連瀑帯……。

それは、人生で初めて出会う鮮烈な空間だった。僕はますます魅せられ、しらみつぶしに沢を探り続けた。粗末な大学ノートに一つ、また一つと溯行図や解説を記録していくのが楽しみとなった。誰を見習うでもなく、誰に促されるでもなく、無意識に地域研究の真似事を始めていた。ＨＢ鉛筆と消しゴムで、幾度も書き直されて薄汚れたノートが、まだどこかに眠っているはずだ。

安倍奥は今、考えても個性的な沢に恵まれていたと思う。流域を占める地層や岩石が単一でなく、変化に富んでいたせいだろう。隣り合わせた沢ですら、まるで性格が違っていて驚かされた。しかし、安倍川は狭い流域である。沢が無尽蔵にあるわけではない。やがて行き詰まった僕に、新たなるフィールドを与えてくれたのは上野真一郎さんであった。彼こそは正真正銘の深南部通。いや、深南部狂といったほうがいいかもしれない。事あるごとに、そのすばらしさを熱く熱く語ってくれた。どんな話題で話が始まっても、最後は必ず「……だから深南部の森や草原は最高にすばらしいんだ」と、そう締めくくられた。

当時の深南部は登山道といえるものも少なく、交通の便も至って悪く、情報などロクにない秘境のような場所だった。山頂をめざすのなら、気の遠くなるような林道歩きから始まり、しっかりした読図で方向を見定め、長時間のヤブこぎに耐えなければならない。山中で人に会うことはもちろんない。森には原始の空気が充満し、一つの頂を踏むだけでも、充分に山行の重みがあった。先駆者である上野さんが語る深南部の山稜の様子に、僕は憧れをもって聞き入っていた。大学のキャンパスからは、真っ白い聖《ひじり》岳と赤石《あかいし》岳、真っ黒な大無間山がいつも見えていた。

人の足跡をたどることを嫌う傾向にある僕の興味は、深南部のヤブ尾根から沢登りへとすぐに移っていった。この山域の沢の記録は少なく、あっても精度を欠くものが多かった。今思えば、実に幸運であった。

次々と沢筋に足跡を残すことに情熱を傾けたが、奥の深い山域だけに、林道歩きという憂鬱なアプローチにいつも悩まされた。しかし、沢から頂へ、そしてまた沢へと継続溯行することで、ずいぶんと林道歩きを省略できるのに気がついた。同時に、下降は溯行の何倍も気を使わなければならないことも知った。

そんなあるとき、僕は白倉《しらくら》川の黒沢をめざして水窪《みさくぼ》駅で電車を降りた。ところが、あてにしていたJRバスが前年で廃止になり、延々25km以上の林道を歩く羽目になった。つべこべ言っても仕方ない。僕は黙々と歩きだした。車道とはいえ、上り坂の連続で身に堪える。

何時間も歩いて最奥の集落、大嵐《おおぞれ》に着くころ、一台の車が止まった。「おう、乗ってくかい？」。声の主は、ここ大嵐でフリースクールを開く五十嵐正人さんだった。それは運命的な出会いだった。ここでも偶然のように僕の人生はつながっていく。

施設を訪ねると不登校の子どもたちがいた。なんのためらいもなく、僕はそこに交じった。飲み水も畑の野菜も暖房用の薪も、自分たちの力で確保しなければならなかった。不便だった。けれど、生活を創り出す喜びがそこにはあった。何もかもが新鮮で、おもしろくてたまらなかった。無我夢中。なんだかよくわからないけれど、ここにはホンモノがある、そう思えた。

2年後、大学卒業と同時に大嵐に移り住むことになった。給料わずか3万円。就職というより、限りなくボランティアだ。だが、僕の行く場所は、行きたい場所はそこしかなかった。

大嵐での生活

大嵐は山峡の町・水窪の、そのまた最果ての集落であった。水窪（白倉）川の流れは、この集落を最後に中ノ尾根山へと無垢に続いていく。集落の標高720m。200年も前に、7日7晩続いた豪雨で土砂崩れが集落を襲い、十数人もの命が奪われたという。それが集落の名前の由来と想像はするが定かではない。過疎の典型のような集落に住むのはわずか10人ばかり。みんな高齢で「廃村」なんて言葉がどこかにチラついている。

集落のど真ん中には水窪小学校大嵐分校があり、前年まで校長先生1人、生徒1人でがんばっていたが、ついにこの年から休校となってしまった。そんな学校の、もう長らく使われていない元教員宿舎に僕は住むことになったが、ボロボロの宿舎内に吹き込む風は尋常ではなかった。隙間はハクビシンやイタチの格好の出入口となった。良質の水源地にはワサビが自生し、そこから水道を引いた。マイナス10℃を下回ると、蛇口から水を流していても、凍ってしまうこともたびたびだった。

冬は薪の確保に忙しい。下の川に下りて、よい流木を見つけ出すと、渾身の力で担ぎ上げ、グラウンドの隅でチェーンソーを使って玉切りにする。早朝、白い息を吐きながらの薪割りは、禅寺の座禅のように心地よかった。精神を集中し、斧を振り下ろす。「喝っ！」、みごと一撃で、でっかいのを真っ二つに割るのだ。夜の宿舎には薪ストーブのにおいが立ち込めていた。

畑作りでは、有機農法にこだわった。ぼっとん便所があふれそうになると、いよいよウンコ汲みの日がやってくる。朝から、みんなそわそわしている。思春期の子どもたちだから無理もない。バケツリレーで畑まで運び、野菜の苗に与えてあげる。効果は絶大だった。バケツがひっくり返ったりなんかすると、もう大騒ぎ。おまけに悪い冗談のように、人糞撒きの日の夕食は、なぜかカレーと決まっていた。

便槽では無数にウジが湧き、盛夏には蚊の大群がヒッチコックの映画のように大発生した。それでも農薬は使わず、合成洗剤はもちろん排除し、いつも黄ばんだ服、ほつれたシャツで過ごした。そんなこだわりの生活のどこかが沢登りにつながっていた。

風前の灯のような集落の中で、若いというだけで僕らは人々からかわいがられた。みんなガンコで律儀で純朴だった。不便で貧しく、また不安を抱えながらも、ここでの生活にこだわる、じじばばの生きざまが無数の皺に表われていた。

ヒトという生き物のあるべき姿、少なくともそれに近い形がここにはある。そんななかに自分も住み、畑を耕し、その恵みをもって山や谷を歩き回る。そこから生まれる野性の勘、大地から教わる何かがきっとある。それを信じて、休暇さえあれば一日たりとも余すことなく、下界にそっぽを向いて、ひたすら奥山へと向かった。この章の冒頭にある幻の大滝行は、その集大成ともいうべき山行であった。

ある日の夕暮れ時、一人畑に居残り、せっせと土を穿《ほじく》り返した。ふと見回すと、奈《な》良代《らしろ》、八森《はちもり》、高森《たかもり》の山々に囲まれている自分がいた。この体の血や肉は、深南部の土や森から生み出されている。不思議な一体感。この上なく幸福な気持ちが、ほんわりと僕を包み込んだ。深南部の山々と大嵐の地は、心のふるさととなっていった。

大嵐に住んだ十数年間、それは、骨太なドン百姓沢ヤとしての自分を確立する年月だったのかもしれない。

新天地、黄柳野高校へ

フリースクールの運営は、スタッフとして僕が移り住んだ当初は順調であった。6

年後、五十嵐夫妻が地元の群馬に移ると、必然的に僕が責任者を受け継ぐことになった。あまりにも世間知らずで、未熟な僕に経営能力などあるはずもなかった。

児童相談所や学校回りもせず、口コミだけが頼りでは問い合わせが減っていくのも当然。当初10人いた子どもたちの数もだんだん減って、やがては一人二人となり、運営は次第に行き詰まっていった。かろうじて春と夏の2回、都会の子どもたちと短期の合宿をやって思いきり遊んだが、ついに収入ゼロの日々が続くようになった。

お金がないのには慣れていた。けれど、どうしても納得のいかないことがあった。僕は世を捨てて山奥に住んだわけではないし、世間から逃げ出したかったわけでもない。ちょっと立派すぎる言い方かもしれないが、日本一辺鄙《へんぴ》な場所の一つである大嵐こそ、世間のど真ん中に一石を投じるにふさわしい場所なのではないかと、どこかで思っていた。

子どもたちを取り巻く教育問題に限らず、偏見と差別、平和と戦争、そして、生命と環境問題に至るまで、複雑化してしまったさまざまな問題解決の糸口が、素朴な生活体験を通して、浮かび上がってくるのではないか。だからこそ、ここにホンモノがあると感じたはずだ。けれど今、その経験を伝える、あるいは共有する子どもたちがいないことには、どうしても納得がいかなかった。

そんなときだった。淀みにとらわれた笹舟に、再び風が吹いた。フリースクールのOBが入学した高校から、社会人講師の依頼が来たのだ。

それは愛知県鳳来町《ほうらい》（現・新城市《しんしろ》）にある黄柳野《つげの》高校からだった。この学校では、不登校やツッパリの子どもたちも積極的に受け入れる態勢ができていた。社会変革を求める大きな発想にも心惹かれた。フリークライミングのメッカ、鳳来の岩場が近くにあったことにも、なんとなく運命じみたものを感じてしまった。

大嵐の生活と同じことは、とてもこの学校ではできないけれど、少なくとも同じ想いで僕は教壇に立つことにした。五十嵐夫妻から受け継いだ想いをここで絶やすわけにはいかなかった。高校生たちは、やがて卒業して大海原に巣立っていく。草の根はやがて世界に広がっていく。学校の教員なんてまったく柄じゃないけれど、僕はここで何かできるかもしれない。

大風から往復4時間かけての通勤が始まった。教科の担当は地学・生物となった。フィールドワークと称して、しょっちゅう出かけ、洞窟に潜り、川に飛び込み、危ないキノコを食らった。さらには「野生生物と地球環境」という選択講座を開き、長良《ながら》川河口堰や諫早《いさはや》湾干拓地など、環境問題の震源地にたびたび出かけた。自分の趣味を兼ねるようにして探検部を創設し、人工壁まで造ってしまった。

そして、なんとなく怪しいにおいに釣られてやってきた、一癖も二癖もある生徒を引き込んだ。そんなヤツこそ、きっと未来の力になる。鳳来の岩場はもちろんのこと、富士の樹海の洞窟探検やアルプスの沢登りにまで出かけている。

僕流の持論がある。遊べ、遊べ。遊べないヤツに自然は守れない！

沢登り第2期

時を同じくして、このころ僕の沢登りも、深南部という地からあふれ出していった。深南部から周辺の山域へ、そして日本各地へと沢登りの対象は広がっていった。足を運べば運ぶほど、日本の渓谷の多様さに驚かされ、井の中の蛙だった自分を悟ることになった。各地に散らばる難谷溯行にも情熱を燃やした。まだ誰ものぞいていない世界をこの目で見てみたい。そんな想いが、人を寄せつけない険しい谷へと向かわせた。

あふれ出した僕の沢登りは、日本だけにとどまらなかった。単独、韓国の雪岳山《ソラク》、智異山《チリ》へ乗り込み、揚げ句、前例のないパプアニューギニアのウィルヘルム山の沢へも出かけた。沢登りではないが、南米ギアナ高地ロライマ山の南北完全縦走では、テーブルマウンテンから垂直に落下する破格的な滝とも相まみえた。

だが、なんといっても台湾という、とてつもなく巨大なフィールドを得たことは大きかった。それは、先駆者である茂木完治氏と清水裕氏の厚意によるところが大きかった。突然どこからか現われた、得体の知れない若造をも受け入れてくれる、懐の深さが両氏にはあった。そして、台湾溯渓《そけい》活動をリードし続けてきた中華民国溯渓協会の荘再傳先生には溯渓のみならず、つぶれるまで続く台湾式乾杯で、アルコールのほうもみっちり指導していただいた。この三方の存在は大きかった。

台湾の谷には、初溯行、未知への探検という沢登りの原点がある。さらには、原始性、長大さ、困難度、スケール……。すべてがそろっている。そして、どれをとっても国内での常識を軽々と覆すものばかりだ。

また、台湾溯渓を介して、信頼できるパートナーたちに出会ったこともうれしかった。腐れ縁として、今日まで続くパートナーの青島靖や松原憲彦、近年では榎本成志も、台湾溯渓を通じて知り合った仲間なのだ。

台湾を知ることは、とどのつまり日本を知ることだった。台湾の谷がすばらしいほどに、日本の谷もすばらしいことが実によく見えてきた。日本の渓谷はその表情が多彩なのだ。たとえば、台湾の谷はすごい。本当にすごい。だが、何本か登っているうちにある種のパターンがあることに気付く。台湾山岳の主な地質は粘板岩、結晶片岩、石灰岩と比較的単純である（韓国なら花崗岩）。当然、そこにある渓谷の姿もどこかしら似通ってくるものだ。

では、日本はどうだろう。たとえば、北アルプスと御嶽《おんたけ》山、南アルプスと頸城《くびき》山塊。日本の屋根ともいえる、これらの山岳地帯は比較的隣接しているものの、それぞれの渓谷の個性はあまりにも違っている。その理由は、日本列島形成の複雑な歴史にある。ここでは詳しくは触れないが、そもそもこんなちっぽけな島国が、4つものプレート境界上に存在することこそ希有なことなのだ。

だからこそ、火山災害、地震災害、津波災害など天災には事欠かないが、逆にそんな場所だからこそ美しい国土が誕生したともいえる。当然、地質も多種多様。寄せ集めのごった混ぜである。そこに加えて、山岳の高度と降雨量の絶妙の調和。日本という、この島国の渓谷の姿も必然的に多彩になってくるのである。

以前の僕は、日本の渓谷や自然が自分の宝とは思えなかった。深南部や安倍奥こそが僕の港であり、ふるさとであり、宝であった。しかし、僕の想いは確実に変わった。どんなにあちこち日本中の渓谷を歩き回ったと豪語したって、たかが知れている。なのに、まだ見ぬ大雪《たいせつ》山も白山《はくさん》も大山《だいせん》も、そこに刻まれた渓谷がいとおしい。

日本中の渓谷すべては僕の宝物だと宣言したい。だからいつの日か、同様に台湾や世界の渓谷が、僕の宝物として温かく感じられる日がやってくることだろう。

結婚、そして……

詳しくは知らないが、精神医療の分野では、僕のようなタイプの人間はピーターパンシンドロームに分類されるらしい。いくつになっても大人になれない、あるいは自覚がもてない人。または、自分の老いを認められない人をいうのかもしれない。

常日頃、高校生たちと顔を突き合わせていると、自分も若いんだという錯覚に陥ってしまうものだ。「昔は俺も○○ができたんだぞ」。よく聞くセリフだけれど、僕は間違っても言わない。そんなことを言った途端、突然どこかで玉手箱が開いて煙に包まれ、年老いた自分がそこにいた、なんてことが起こるかもしれない。

だからいつまでも生意気で、青臭い若造でいたいと思っている。心も体も年齢も、大嵐に移り住んだ、あのときのままのつもりでいる。「キモい～」とか「暑苦しいんだよ！」などと、生徒たちから罵られるのはたびたびだが、今まで自分がやってきたことより、自分はこれから何ができるのか。それこそが重要だと思っている。

2001年、そんな自分にもついに転機の時が訪れた。結婚である。

妻は「ほの」という。このころ、収入を補うためにガイド業もやっていたが、そのアシスタントとして手伝ってくれたのが彼女だった。

山行中、どんな場所、どんな場面でも、彼女がいるといつも平和な空気が流れていた。彼女が見つけ出したかわいらしい花にも、彼女がついたでっかい尻もちにも、彼女がテントでひっくり返した料理にさえ、大騒ぎしたけれど結局は、みんな大笑いして喜んでいた。何より、ほのの感性は際立っていた。時に行きすぎてしまう自分と、ほのぼのした彼女がちょうどよいバランスに思えた。

もちろん、結婚に異論はなかった。しかし、結婚指輪の交換とか結婚式の挙げ方にはとことん抵抗した。なんの意味がある？　来る日も来る日も、ほのと意見を戦わせたが結局、僕は折れた。だが、どうしようもなくやるせなかったのは、水窪大嵐を離れざるをえなくなったことだ。僕のふるさととなったこの地を離れるということは、僕の存在そのものに関わる重大事項だった。

だが、その責任を彼女だけに負わせるのは卑怯すぎる。僕自身もどこかで考えていたのだ、かすかな期待をもって。見知らぬ町での生活を。嗅いだことのない、未知の世界のにおいを。それこそが沢ヤの気質であるのだが。

翌年、僕らは鳳来に移った。高校のすぐ裏手である。学校開設時の協力者の古い民家に移り住むことになった。いまだ正規職員になる決心がつかない自分に、低い賃貸料で借りられるこの家は本当にありがたかった。だが、僕の心には風が吹いていた。とてつもなく寂しい風だった。自分が糸の切れた凧のように思えた。結婚したものの、自分がどこかに飛んでいってしまいそうな不安に駆られた。

大嵐の「最期の時」は僕が看取らねばならないと思っていた。それが宿命だと。どんな言い訳があれ、僕はそれを放棄したのだ。ふるさとを捨てたも同然だった。その事実は結局、僕らの結婚生活に長い間、影を落とすことになった。

里山での発見

鳳来に移り住んでからの日々は、僕にとって物足りないものだった。原生林と里山。その自然度の違いは歴然としていた。夕方のちょっとした合間に、下の川でイワナやアマゴを釣ることも、タラやウドを採ることも、ボルダリングをすることもできなくなった。向かい山の土手っ腹に、はちきれそうな新緑や心洗われるような紅葉を見つけることはできなくなった。そして、大嵐に住むじじばばの厚い人情が、今さらながら身に染みていた。

その年の秋、僕はさほど期待するわけでもなく、学校周辺の雑木林を歩いた。ちょっとした散歩程度の気持ちだった。だが、そこにお宝は眠っていた。この年はキノコの当たり年であった。林の中は、キノコで大にぎわいだったのである。幻のホンシメジやコウタケ、クリフウセンタケなど、長い間の念願だったキノコたちに出会うことができた。それは、水窪では出会うことのできなかったキノコだった。

そして、僕は気付いてしまった。ここには水窪に引けを取らないほどの多種多様な生き物たちがいるのだと。深山には深山の、里山には里山の、きっとドブ川にだって、いずれ劣らぬすばらしさが隠されている。大切なのは、それを見つけ出せる感性が備わっているかどうかだ。里山が二流だなんて考えは、本当の遊び方を知らない人種(もちろん僕を含む)の勝手な言い草だと。

こうやって目からウロコが一枚こぼれ落ちてみると、驚くほどいっぱいの発見があった。範囲を東三河《ひがしみかわ》や遠州《えんしゅう》にまで広げてみれば、ますます興味深い場所にあふれている。表浜には初夏、巨大なアカウミガメが産卵にやってくる。近くの鮎滝では、溯上した稚アユがひっきりなしに飛び跳ねる。

一山向こうの浜名湖では、恐ろしい海のギャング、ドウマンガニがにらみを利かせている。そのかたわらではアサリやバカガイなどが、せっせと汚水を浄化している。

学校の校庭をひらひらギフチョウが舞うことさえあったのだ。

伊良湖岬にて

そんななかでも伊良湖《いらご》岬は特別な場所だ。そこに際立ってすばらしい雑木林があるわけではない。貴重な干潟があるわけでもない。あるのは、どこにでもあるような海と浜、それに灯台だ。だがそれは、地上で暮らす者たちの視線にすぎない。

空を行く者たちにとってはどう映るのだろう。はるか上空から見下ろせば、伊良湖岬のある渥美《あつみ》半島は、海の中に突き出た滑走路のように見えないだろうか。秋、渡り鳥たちは半島にある雑木林をつなぎながら勢いをつけ、一気に三河湾、伊勢湾へと飛び立っていく。最盛期の早朝にはまるで川の流れのように、小鳥たちが移動していくのが観察される。そして、彼らを追うように猛禽類も旋回しながら、遠い海へと消えていく。それはそれは、ダイナミックな秋の風物詩である。

大畠谷《おばたきたん》左俣大滝を登攀したときのことだ。やっとたどり着いた落ち口の枯れ木に、黒い大きな影を発見した。それは、鋭いまなざしで一時僕を見据えた後、頭上を飛び越え、背後の広大な空間に滑空していった。その孤独で悠然とした姿に僕は目を見張った。反射的に「イヌワシ！」と叫んだものの、なんの確証ももてない自分がいた。個々の命を超えた、白山という巨大な生命体が垣間見せた宝石のような一瞬を、僕は正確に捉えることができなかった。あまりに情けなかった。

イヌワシはじめ猛禽類は、その地の環境を映し出す鏡だ。生態系のピラミッドの頂点に位置している彼らは、無数の命に支えられて生きている。環境が破壊され、底辺の生き物たちが減少すればピラミッドは連鎖的に崩れ落ち、頂点の生き物は真っ先に消えていく運命にある。

彼らが消え去った世界で、僕は生きてゆく意味があるのだろうか。イヌワシ一羽を見つけるということは、それだけ多くの生命を実感するということになる。

逆境を乗り越え、命をつないでいく彼らの姿に、生命というもののしぶとさ、したたかさ、力強さを見いだしたかった。そのためにもまず、判別の困難な猛禽類たちを見分けられるようにならねばならない。想いは日増しに強くなっていった。

そんな折、伊良湖岬の存在を知った。イヌワシやクマタカはいないけれど、この岬には渡りをする多くの種類の猛禽たちが立ち寄っていく。

僕は毎秋、岬に通うようになった。シーズンになると、ここには野鳥の専門家が猛禽類のカウントに、一日も欠かすことなく訪れている。タカを見つけると、種類はもちろん、雌雄や、幼鳥か成鳥かまで、瞬く間に判別してしまう神業の持ち主たちだ。「あのう……」、迷惑なのは承知で僕は尋ねる。「今のはハチクマですか?」。いつまでたっても判別能力が上がらない僕に呆れながらも、時にやさしく、時にぶっきらぼうに教えてくれる。勝手に弟子入りしたつもりで、今年も僕は通うことになるだろう。

ある日、小鳥の群れに猛然と突っ込むハイタカを見た。小鳥たちは死に物狂いで身をかわし、雑木林に逃げ場を求める。そこへ、またも執拗な攻撃。その結末までは見届けることはできなかったが、僕の額にも汗が浮かんだ。野生動物達は常に生と死の狭間で生きている。今このときにも、生き抜くために戦っているのだ。

これほどに凝縮された瞬間を、この人臭い岬で頻繁に見ることになろうとは、以前の自分には決して予測できなかったことだ。

僕は、長いこと沢登りやクライミングに熱を入れてきたが、足元の、いや日常の、生き物たちのダイナミックな営みに気付いていたのだろうか、と自問する。そして、初心に帰ってもう一度、自分自身に問いかけてみる。

なぜ沢に登るのか。なんのために沢に登るのか。

その答えを見つけ出すのは、今なお簡単ではない。これまで印象に残ってきた沢の溯行を思い起こしながら、もう一度、その答えを求めてみたいと思う。

第2章

日本の大渓谷

黒部川　剱沢

日本の誇るべき大渓谷

日本は小さな島国である。つくづく、そう思う。地球儀を回転させるたびに、僕はため息を漏らしている。北は北海道宗谷《そうや》岬より、南は沖縄波照間《はてるま》島まで南北3000㎞の広がりをもつとはいえ、総面積において世界第61位。全世界の陸地の0・3％にも満たない狭い国土である。

その狭い島の中で僕は25年以上も、がむしゃらに沢登りばかりを続けてきた。それなのに、まだまだ行きたい谷を挙げればきりがない。課題は次々と浮かび上がり、尽きることがない。まして世界は途方もない広がりをもっている。それゆえ、僕は地球儀を見つめるたびに、ため息を漏らしてしまうのだ。

僕はアジアの片隅のこの小国に生まれ、この国に特別な想い入れをもっている。僕に限らず、自分の生まれ育ったこの国の文化が、この国の自然が世界に誇れるものだと思いたいのは、当然のことかもしれない。

一昔前、沢登りは日本特有の文化であり、日本の渓谷は世界一だと考えられている時代があった。実際、僕も先輩からそう聞かされた記憶があるし、僕自身も信じたかった。だが、それは幻想にすぎなかった。井戸の底の水たまりで、蛙が「ケロケロッ!」と自画自賛しているのと変わりなかった。

日本の隣国でさえ、日本にはないすばらしい渓谷群を持ち合わせていることが明らかになった。まして世界に目を向ければ、その可能性は果てしないといえるだろう。

しかし、こんな小さな島国にも、そのスケール、険しさ、美しさにおいて、世界に誇るべき大渓谷があると、いつかしら僕は思うようになった。それこそが井の中の蛙だという危うさを承知で、ここでは言わせてもらいたい。

実は、その大渓谷は奇しくも一対になっている。流域はもちろん、構成、岩質もまったく違うというのに、まるでライバルが競い合うかのようにほぼ隣接し、肩を並べ合っている。「日本険谷番付」なんてものが存在するなら、東西の横綱候補として筆頭に挙がるだろう、二つの谷だ。

すでに察しがついたかもしれない。場所を明かそう。北アルプス・劔岳《つるぎ》〜立山《たてやま》の頂上稜線付近に始まり、東西に分かれて流下する西の称名川《しょうみょう》、東の劔沢である。

もちろん、飯豊川《いいで》、三面川《みおもて》、柳又谷《やなぎまただん》、清津峡《きよつ》、小又峡《こまた》など、すばらしい大渓谷はほかにもあるけれど、称名川や劔沢から醸し出される風格は別格で、世界に出してもなんら遜色ないのではないかと、どこか思えてしまうのである。

僕は台湾の巨渓にも足跡を印してきた。その多くが、深く想い出に残る大渓谷だったが、仮に剱沢や称名川が台湾に存在したらどうなったろうか。客観的に見て、その輝きは一切失われることがないと思う。きっと三桟渓《サンチャンシー》や恰堪渓《チャーカンシー》と同じように、台湾出色の谷の一つとして、際立つ存在感を示すという結論に至った。

たとえば、称名川。麓の立山平から見ると、馬蹄形にえぐられた巨大な岩壁のなかに、320mの称名滝、500mのハンノキ滝が二条並んで懸かるスケールの大きな景観は、すでに日本離れしている。あの光景は、確かどこかで見た……そう、南米ギアナ高地に似たような光景があったはずだ。

考えてみれば、台湾にあれだけの水量を、豪快に300mも落下させる滝は存在しない。落差400mもの蛟龍《ジャオロン》瀑布は雨期以外は涸滝となり、九華《チュウファ》瀑布は立派だが、高差はせいぜい250mの段瀑である。まだまだ台湾山中のどこかにすばらしい大滝は隠されていようが、称名滝を超えるものが存在するとは思えない。

しかも称名滝に続く、あの未解明の下ノ廊下の大ゴルジュ。僕らも下流側、上流側から何度か挑んでみたものの、まったく歯が立たなかった。称名滝の厳しい登攀から未踏の下ノ廊下を完全溯行し、さらに中ノ廊下、上ノ廊下を抜け、温泉湧く桃源郷のような室堂《むろどう》に至る。それは、どれほどの困難と感動をもたらすのだろう。称名川はすばらしい構成の谷であり、「日本最強の谷」だと僕は思っている。

一方の剱沢。過去数パーティに通過を許し、称名川ほどの極度の困難さはないが、幻といわれる大滝の存在は、今もなお神秘的に語り継がれている。

大障壁に護られて落下する大滝のテクニカルな通過と高度な雪渓の処理、上部は一転して平凡な剱沢大雪渓の登高となる。大滝を取り囲む岩壁の険悪さ、スケールは特筆に値し、大滝の全貌をつかむには、数日かけて厳しい登攀をこなすほかない。多くの沢ヤの憧れの谷でもある。

2001年10月、パートナーと好天に恵まれ（?）、幸運にも剱沢を溯行することができた。以下は、そのときの記録である。

剱沢5日間の激闘

いくつもの忘れ得ぬ一瞬があった。剱沢における5日間は、まさしく激闘と呼ぶにふさわしいものだった。本国屈指の大峡谷、幻の大滝との出会い。驚き、畏れ、焦り、そして深みにはまり込むにつれ、込み上げる言い知れぬ喜びと不思議な一体感。国内において、これほど濃厚な体験ができる渓谷も少ないと思う。

名渓とは、溯る者の心を揺さぶる場面を、これでもかと与えてくれる谷をいうのではないだろうか。その意味でも剱沢は、強烈なインパクトを僕に次々と与えてくれたが、特に第2夜と第3夜の天国と地獄は、決して忘れることのない想い出として、心に残り続けるだろう。

剱沢2日目の午後、僕らは緑の台地から急峻にそそり立つ岩稜上にいた。周囲は日本離れした大スケールの岩壁に囲まれ、眼下には長い間、人知れず眠り続けたF8（30ｍ）の美瀑が懸かっている。柔らかな曲線を描いて落下した水流は深く巨大なゴルジュの底を縫って、F1（48ｍ）の落ち口へ吸い込まれていく。

来た道を振り返ればスケールの大きさに、どこをどうたどってきたのかも定かではない。あの大障壁のどこかを、際どいバンドトラバースで抜けてきたはずなのだが。一体、誰がこんなルートを拓いたのか。神業とも思えるが、これこそ先人の執念の賜物なのだ。美瀑落ち口へは極めて至近距離なのだが、悪絶の壁に阻まれて、もちろんトラバースなど夢の話。絶対上部でハマるとわかっていながら、この岩稜をたどるしかない。そう最後は、あの崩壊壁のど真ん中へ導かれていくのだ。

岩稜を2ピッチ（1ピッチはロープ長とほぼ同じ、約40ｍ）と少し登ったところに、予定どおり小さなビバークテラスを見つける。外傾しているうえ、狭く、セルフビレイを取って、一夜を迎えねばならない。だが、このロケーションはどうだろう。今までいろんな場所に泊まってきたが、これほど豪快なビバークは初めてだ。剱沢絶好の展望台に泊まれるなんて、この世で最高の贅沢かもしれない。

なぜかこの夜、真夜中まで寝つきが悪かった。こんなとんでもないところに、それも引っ掛かるように泊まっているというのに、不安はなく、むしろ喜びに近い興奮があった。

ビレイを外し、フライの外へ出ると、いつの間にか昇った月の明かりが青白く剱沢を照らしていた。なんという神々しさだろう。左岸大滝尾根末端付近のピナクルが、真向かいの右岸大スラブにシルエットとなって映し出されている。そのスラブの上を滑るように青白い光の粒子が、次々とゴルジュの底へ注ぎ込まれていく。峡底では、白濁する水流のみが際立っていた。

これは本当に現実の世界なのだろうか。夢を見ているんだろうか。ゆらゆらと真夜中の岩稜の上に立ってみる。自分を守る道具から解き放たれた今、風に任せて漂う一匹の無力な生物となり、いつまでもその絶景に見入っていた。

3日目、登るにつれ、予想どおり岩稜はもろさを増し、ついには積み木崩しのような崩壊壁に消えていく。油断一つで大きな浮き石とともに奈落の底だ。どいつもこいつも浮いていやがる。決死の思いで樹林帯へたどり着き、こんな登攀二度と御免だと吐き捨てる。どうせそのうち、またやるんだろうけど。

ちっとも気の抜けない振り子懸垂を繰り返して、念願の滝頭に立つ。たらふく水を飲めるのを楽しみにしていたが、上流にある雪渓からの冷風で、わずか二口で渇きは癒えてしまった。なぜか、それが残念に思われた。

いよいよ最後の滝場に向かう。滝は3つ、しかも小さなものだったが、最後まで剱沢は手を緩めてはくれない。いずれも渋いトラバースとなり、時間ばかりを食ってしまった。最終ピッチでたどり着いたF11右岸の岩が幻の神石らしい。しかし、辺り一面落石が散乱し、気の休まる場所ではなかった。

目の前には長大な雪渓が横たわり、夕暮れも迫っていた。剱沢大滝完登の余韻に浸る間もなく出発する。でも、どこへ？　ここは思いきって、冷気を吐き出す魔物のような雪渓の下へ飛び込む。暗闇のなか、右岸のルンゼから雪渓を抜け出し、すぐ脇のガラ場を整地して強引にビバークとする。ほかに泊まれる場所はない。

薪を探して焚き火を始めると、もうそこは別天地となり、汲み上げた剱沢の天然水を今度こそたらふく飲んだ。うまい。すべてはこのままうまくいくと思われた。そう、夜遅く雨が降りだすまでは……。

真夜中12時を過ぎたころ。突然、ズドーンというものすごい大音響で飛び起きた。なんだと思う間もなく、第2弾が炸裂し、僕らは眠りから一気に修羅場へと叩き出された。激しさを増した雨で雪渓が緩みだし、次から次へと崩壊し始めたのだ。

長い長い剱沢の4日目が始まった。昨日、岩稜からルンゼ上部に、不安定なブロックがあるのを確認していた。こいつはヤバい。あいつが転がり出したら……。音、振動、光、風……わずかな異変も見逃さぬよう、五感のすべてをフル稼働させ、脱出準備を取る。

フライ末端を固定してあった雪渓が、目の前で忽然と姿を消した。続いて大音響。恐怖は頂点に達し、一刻も早く逃げ出したいと焦るが、この闇と雨と地形の悪さでは、それも危険。眠れぬ夜を祈るようにして過ごし、薄明かりとともに駆け出す。

激しい雨のなか、大雪渓に乗る。見下ろせば、昨夕くぐったはずのブリッジがズタズタに崩壊している。思わず身震いが出る。案の定、上流側の雪渓状態も劣悪で、大きなシュルントが不気味に口を開けている。

草付から灌木へと苦しい高巻きを強いられ、苦労してやっと沢床に戻るが、悪い雪渓は断続的に続いていた。時折、雪片を落下させて、とても近づく気にはなれない。さらには、増水した剱沢を渡るのは至難の業だった。この水圧ではパートナーの確保など、ないに等しい。徒渉失敗は即刻、死に直結するだろう。

右岸を高巻いているときのこと。高い壁に阻まれ、懸垂下降で沢床をめざした。すぐ向かい岸には、楽ちんそうな河原が見えているというのに、足元は激流で手も足も出ない。対岸へ渡る方法は、ただ一つ。50m下流の、今にも崩壊しそうなブリッジ上を渡るしかなかった。悪い壁を登り返し、見通しの利かない灌木ブッシュの中から、山勘だけを頼りに下降のポイントを探る。

肉体的、精神的に消耗が激しく、選定ミスは許されない状況だったが、もうここしかない、というポイントをピタリと当てることができた。ヤケに冴えている。追い詰められるほど、獣としての本能が研ぎ澄まされていくような気がする。40mいっぱいの懸垂下降から、こわごわブリッジを渡り、窮地を脱した。

そんな高巻きや徒渉を何度繰り返したろう。突如、険悪だった剱沢が変貌した。穏やかで広大な河原が現われ、その先に鮮やかな紅葉の山腹が続いていた。いつの間にか雨もやみ、チラチラと青空さえのぞいてきた。ついに拒絶され続けた剱沢に、僕らは受け入れられたのだ。

大岩の上に駆け上がり、両手を広げて空気をめいっぱい吸い込む。「あ、お、ぞ、らー」、訳もなく大声で呼ぶ。それは勝利の雄叫びではなく、剱の獣の一人として、迎え入れられたことへの深い感謝だった。

忘れがたい数々の想い出を残して剱沢の溯行は終わった。台湾・三桟渓以来の会心の沢登りであった。

しかし今、少しずつ心残りも湧き出している。一つは、なぜもっと新しいラインをゴルジュの中に引けなかったのだろうか。誰かの跡をたどっただけで、結局のところ、究極の観光旅行をしただけではないのか。

困難ではあるが、もっと斬新なラインを引けた可能性もあったと思う。いまだ誰も見たことのない世界を求めて、沢を始めたんじゃなかったのか。自分に問いかけてみる。成果にとらわれ、初心を見失っていなかったろうか。

それから、もう一つ。ルート中に取り残された、古いフィックスロープを一掃したかったと思う。登攀の際にもじゃまになったし、ロープがルートを示しているというのは何か間違っている。自らの眼でルートを選定できないというのなら、そのパーティは先へ進む資格がないのだ。

たとえ誰もこのルートをたどれなくなったとしても、剱沢大滝は太古の昔から変わらぬ姿で、いつまでも水を落とし続けてほしい。そんな想いに駆られている。

いつかこの二つの目的を達しに、剱沢を再訪する日が来るのかもしれない。そう、もう一つの怪物、山向こうの称名川を成功させた暁に。

――北アルプス 黒部川剱沢溯行　2001年10月7～11日

――メンバー：松原憲彦、成瀬陽一

第3章

ゴルジュとエロスの不思議な相関

称名川 ザクロ谷

先日、地元・鳳来《ほうらい》の岩場でフリークライミングに興じているときのこと。隣のルートを登るフリークライマーから質問を受けた。

「沢登りをする人はわざわざ悪いところを登るんですよね。でも、なぜですか?」。とっさに僕は何も答えられず、日本人の悪いクセでニコニコしたままだったから、きっと彼は沢登りに対して、大いなる誤解を今も抱き続けているにちがいない。正直なところ、認識のあまりのギャップに言葉が出なかったのだが。

そりゃ俺だって乾いた岩を登りたいよ。温泉のような淵を喜々として泳ぎ、這い上がったらバスタオルで体を拭いて、下着と靴を履き替えて滝を登りたい。ましてボロボロヌルヌルの汚い壁など、避けられるものなら避けて通りたいのが本音なんだ。

フリーの出発点が、困難を克服する自分の可能性の発見なら(もしかして違っていました?)、沢登りの出発点は自らを生み出した、大自然の可能性の発見だと思っている。その証拠に、人工壁はそれなりにおもしろくても、堰堤を登って喜ぶ気にはなれないはず。

未知の谷ならもちろんのこと、すばらしい谷には必ず新鮮な発見がある。驚きがある。だから怖い思いをしても、寒い思いをしても、ついつい滝やゴルジュに執着してしまうのだ。わかってもらえるだろうか。百聞は一見にしかず。とっておきのゴルジュの只中へ招待したら、彼にもきっと喜んでもらえるはずだ。そうだ、去年登ったなかでも極め付きの一本、あの谷の核心辺りなら、すべてを悟ってもらえるにちがいない。あの光景は確かに異様だった。

ザクロの果実の中で

昔、わが家にはザクロの木があった。子どもの僕は、その果実の不規則な割れ目からのぞく、赤い実を楽しみにしていたが今は、その中に僕自身がいた。

巨大な斧の一振りで割られた、この谷には弱点というものがなかった。絶え間なく連なる側壁は、今まで見たこともない幻想的な緑色のコケを一面にまとい、その狭い回廊いっぱいに恐ろしいほど澄みきった、長大な瀞《とろ》が横たわっている。突き当たりには、チョックストーンを抱えたF４（６ｍ）が狭いチムニー内を勢いよく落下している。絵に描いたような、悪絶のゴルジュの一コマが目の前に展開していた。

先ほどひどく苦労して越えたF１（４ｍ）と酷似した景観だが、こいつはさらにグレードアップしている。本当にこれが越せるのか。しばし無言のまま立ち尽くす。張り裂けそうな緊張感と冷気で、胃の辺りがキリキリと痛んだ。多くのパーティが戦意を削がれ、ここで敗退している。だがこの滝の上には、さらにすごい景観が待ち受けているかもしれない。そして、それを見ることができるのはこいつを真っ向勝負で切り抜けた、ほんの一握りの者たちだけだ。好奇心がムクムクとそそられる。見たい、たまらなく見たい。あの奥を。

「オレ行きます」。相棒の松原が特攻隊長を志願する。ここを泳ぎきったパーティは過去数例しかないと思われるが、みごとな粘りで白濁するチムニー内に入り込み、内面登攀を始めた。両手両足を大きく広げ、突っ張りながらジリジリと捻り上がるが、中間部で動きが止まる。苦しい体勢のまま、身動きできない松原を容赦なく水飛沫が打つ。火炙りならぬ、水責めの刑に処せられているようだ。

「ガンバレ、マッチャン！」。声をかけたその瞬間、松原の体がピンポン玉のように跳ね返りながら、チムニー内を落下した。ザブーン！　しばらくして顔が水面に浮き上がり、あとはドンブラコと桃のように流されてきた。幸いケガはないようだ。

さて自分の出番となる。膝、股、腹、脇……ゆっくり体を沈め、静かに泳ぎ始める。左右を暗く閉ざす壁、底なしの長い瀞、下腹部を刺激する氷塊水。泳ぎながら、ゾクゾクと震えに襲われる。どこかから「やめておけー」と、そんな声が引き止めている。だが、不安とともに込み上げる、この感じはなんだ……。

禁断のページをめくるような秘かな悦び。誘い込まれるように暗い深みへとハマっていく、そう、エロスの世界に共通するものがゴルジュ溯行にもある。だからこそ、こんな危ない遊びが今もやめられないでいる。僕はもう、その虜なのだ。みなさん、僕はだいぶイカレてるんでしょうか？

水面下ギリギリの絶妙なポケットを使って、無理と思われた瀑流下のキツい流れを乗りきる。水圧で叩き落されそうになりながら、先ほどの落下地点まで登る。どうする？　すると右壁に信じられないほどの、ガバポケットがあるではないか。

こいつを頼りに強烈な瀑水をかいくぐり、滝裏へ一気に抜け出す。そこには一転して平和な空間があった。ホッと一息。水流のカーテン越しに景観を楽しんだあと、再び怒濤の瀑水中へ。苦しい開脚からボルトを埋め、さらにチョックストーンの角にナッツを決めて、A1・2ポイントで難関F4を足元にした。

案の定、悪場はさらにクライマックスを迎えていた。緑の回廊は両手が届くほどに狭まり、逃げ場のない迷路となって続いている。空は遠く、視界は水の蒼とコケの緑に閉ざされて、誰かの抽象画を見るような錯覚に陥ってしまう。

またも、やられちゃいました。長いこと沢登りを続けてくれば、次にどんな場面が待ち受けているか、想像できそうなものだと思うだろう。ところが谷はいつも一枚上手。予測不能の場面に出会える谷ほどおもしろいのだ。

そして、またしても厄介な滝が……。この先は、どんな世界が待ち受けていたのか。それは、ぜひ自分で出かけていって確かめてもらいたい。登らなければわからない。越えた人にしか見つけられない。それが沢の醍醐味なのだから。

そう、あのフリークライマーにも。彼はなんて言うのだろう。「よくもこんなところへ！」とお叱りを受けるだろうか。それとも、ゴルジュとエロスの不思議な相関に目覚めた彼は、イカレたゴルジュ野郎の仲間入りをするのだろうか。

今シーズンも僕は、また誘われるように、危ないゴルジュの世界へ出かけていくことだろう。禁断のページをめくってしまった以上、もう理性の力では衝動を抑えようがないのだ。

・

――北アルプス 称名川ザクロ谷溯行 2001年8月19～20日
メンバー：松原憲彦、成瀬陽一

日本の芸術的ゴルジュ 前編

まれにみる渇水の夏という幸運にも恵まれて、難関ザクロ谷の溯行を完成することができた。とはいえ、わずかでも水量が多ければどうなったことか……。いつもギリギリの局面で、なんとか活路を見いだしていく、ゲップの出るような場面の連続だった。数多い日本の険谷のなかでも、最上位にランクされる谷の一つだと思う。

だが、それ以上に僕にとって収穫となったのは、「ザクロ」という類まれな芸術作品に出会えたことである。

日本には芸術的とも呼べる特異なゴルジュの谷が、ほかにもいくつか存在している。それらのゴルジュは、オーソドックスな渓谷に見られるゴルジュとは、明らかに一線を画しているように僕には思われる。極端なV字、U字の峡谷状を呈し、吹き付けられたコンクリートのような側壁が、滑らかな曲線を描いて延々と続いている。

滝と滝をつなぐのは岩盤に穿《うが》たれた、みごとなポットホールや深淵のみであり、河原や砂地といった妥協はほとんどない。まるで意図的に掘り下げられた、巨大な流水溝を思わせる。樹林も草付も高みへと後退し、脱出路を与えてはくれない。一度内部に入り込めばあらゆる技術を駆使して、正面から突破するしかない。
これらの特異な景観は軟弱な岩盤と水流との、果てしない戯れの産物であり、大自然が創り上げたみごとな芸術作品と呼ぶにふさわしい。以下に、今まで溯行してきた日本の特異なゴルジュについて、簡単に触れてみたい。

森吉山 小又峡

大渓谷というものは、いかんせん大味な谷になる傾向がある。だが、小又峡《こまた》は緻密さも失わない。水流による極端な浸食と水中洞窟のような甌穴群。苔むす緑の岩盤と滝の白布が青空に映える、すばらしい大渓谷である。日本の谷の造形美をぜひ、あおむけに流されながら、心ゆくまで感じてほしい。

日光連山 稲荷川アカナ沢

この谷を芸術と呼ぶべきかどうかは、意見の分かれるところだろう。未固結の火山性堆積物に覆われた山体を大胆に開析《かいせき》するこの谷は、御嶽《おんたけ》山赤《あか》川地獄谷と並び、火山の谷の可能性の大きさを示す好事例となった。
極端にもろく、陰惨なゴルジュの側壁は高くそびえ立ち、逃げ場を与えない。谷は多量の破砕岩で埋め尽くされて、常に落石の危険を孕《はら》む。そのうえ、悪相の大滝が立ちはだかる絶望的な景観。だが、これも一つの芸術。悪絶を極める狂気の芸術だ。

川内山塊 早出川流域

誰もが認める川内《かわち》である。文句のつけようのない、すばらしい渓谷が数多く存在する。早出《はいで》川本流だけでも中流の大淵の数々、上流今早出沢ガンガラシバナの大滝や、割岩《わるわ》沢ジッピの有名な逆V字ゴルジュなど、特異な景観の宝庫となっている。

どこからか湧いてきた無数の吸血虫たちにかわいがられて、メロメロになりながら、真夏の川内で遊ぶのも一興だ。

巻機山 五十沢川

五十沢と書いてイカザワと読む。文字どおり行かず・行けずの谷。険阻な断崖に囲まれて流下する圧倒的なゴルジュ谷だ。V字に切れ込んだ明るく美しい下流、中流部のゴルジュに対し、上流部は一変して、ザックさえつかえる狭窄で、暗い迷路のようなゴルジュが断続する。ウォータークライミングのありとあらゆる技術を駆使して、溯行をとことん楽しんでもらいたい。

越後 清津川清津峡

近年注目された大渓谷で、その完全遡行には、ウォータークライミングを極限的に駆使しても困難だ。だが、芸術作品と呼ぶには大味感が否めないかもしれない。

頸城山塊 不動川

古くからゴルジュの悪谷として恐れられていた。中間部のアブキの河原を挟み、下部と上部に集塊岩の特異な景観のゴルジュをもっている。特に下部ゴルジュの無駄を一切省いた、完璧なまでの渓相は特筆に値する。渇水期をつかめば実力次第で、谷の髄まで遊び尽くせる絶品のゴルジュだ。

ただし、上部ゴルジュ核心に隠された、ビッグアンモナイトの化石のような石を見落とした僕には、堂々と不動川を語る資格がない。ああ、無念！

頸城山塊 島道川滝ノ内沢

同じく頸城《くびき》山塊にあり、不動川に大滝的登攀要素を追加した険谷。半面、厳しいほどの泳ぎはないが、入渓の関門ともなる一条ノ滝を手始めに、源流まで侮れない滝がひっきりなしに続く。ところで、鉾《ほこ》ヶ岳北面の島道《しまみち》川をぜひ地図で探してほしい。切れ込みの貧弱さに驚くことだろう。誰がここに、大迫力のゴルジュの存在を信じられようか。

だが、このギャップや意外性こそが、沢登りの神髄なのである。

北アルプス 黒部川棒小屋沢

下ノ廊下の十字峡に、剱《つるぎ》沢と対峙して出合う、もう一方の雄。剱沢大滝と並び、棒小《ぼうご》屋《や》沢ゴルジュは黒部《くろべ》渓谷群のなかでも、ひときわ異彩を放つ。出合から数キロメートルにわたって急峻な草付と岩壁に護られた、花崗岩の圧倒的なゴルジュが続く。そして後半、斑模様が岩盤に交じりだすと、ゴルジュはクライマックスを迎える。

近年、土砂の流入により淵や釜が埋まり、溯行が容易になった。以前は滝と淵のみで構成されていたと聞く。かつての芸術性は失われてしまった。しかし、ここは黒部である。必ずや復活すると期待している。

南アルプス 栗代川

南アルプスでは大井《おおい》川倉《くら》沢、所《しょ》ノ沢がゴルジュの悪渓として名高いが、渓谷のスケールの大きさ、異常な閉鎖空間の迫力において、栗代《くりしろ》川が傑出している。龍神《りゅうじん》ノ瀬戸《せと》、鶴ノ天、龍言淵《りゅうごんぶち》など、悪場につけられた名前にもそそられずにはいられない。どんな謂れがあるのだろうか。今から30年以上も前、僕が初めて大ゴルジュの魔力に魅せられ、その虜になった谷でもある。

なお、この一帯は土砂の流入、流失が激しく、地形や渓谷溯行の難度が目まぐるしく変わるのを承知されたい。できることなら、淵や釜が深々と掘られた状態での溯行を祈る。底知れぬ真っ暗な淵の奥から「引きこむぞー！　帰さぬぞー！」と、主があなたを呼ぶ声が聞こえてくるかもしれない。

岐阜　飛騨川飛水峡

乗鞍《のりくら》岳に源をもつ大河川・飛騨《ひだ》川の中流部丘陵に突如として刻まれた特殊な峡谷で、核心部を溯上、または下降すれば総水泳距離は2000mに達する（以前は4000mと記したこともあるが、記憶不明瞭）。

山岳を浸食するほかのゴルジュと同列に挙げていいかは考えどころだが、われら沢ヤの溯行本能を猛烈に刺激する、ダイナミックなゴルジュ地形であることも確かだ。ただし、ゴルジュの上は平坦な地形で車道や線路が走る。それも一興かな。

由布岳　由布川峡谷

ゴルジュでもなく廊下でもない。まさに「峡谷」という言葉が由布《ゆふ》川にはふさわしい。九州のありふれた田園風景のすぐ足元に、峡谷地形の極致ともいうべき、この谷が隠されていたことに驚かざるをえない。軟弱な凝灰岩台地が流水溝のごとく、みごとなU字に浸食された暗澹たる峡谷内を押しつぶされそうなプレッシャーに耐えて、長距離水泳の連続となる。

巨大なフラスコの底を思わせる「みこやしきの滝」周辺は光が届かず、激しいシャワーが視界をさえぎり、パートナーさえ見失うほどだ。難所を切り抜けて光の世界へ飛び出した解放感は、ほかの谷では味わえないものがある。

大崩山地 祝子川本流、クロスケオテ谷

祝子《ほうり》川本流は短いながら、花崗岩造形の美しさをいかんなく発揮している。明るいスラブ状の大ゴルジュ、白く輝く岩肌、清冽な流れ、碧緑の長瀞……。身も心もどっぷり洗われながら快適な溯行ができるはずだ。支流のクロスケオテ谷は、広タキと硯《すずり》岩の大スラブに押しつぶされるように挟まれて、さらに特異な景観を創り出している。

20年ほど前、単独でこの谷を下降し、ボルト連打以外の方法での溯行は不可能と思っていた。つい最近、この異次元ゴルジュの滝群がノー残置、ノンボルトでみごとに登られたという。沢登りの可能性を広げてくれた初登者に感謝したい。

以上、僕の乏しい経験から、芸術的ゴルジュと思えるものを、偏見を承知で書き綴ってみた。まだまだ特異なゴルジュは浮かぶ。北海道・トムラウシ渓谷、朝日《あさひ》連峰・

金目川《かなめ》、北アルプス・池ノ谷《いけたん》や南アルプス・尾白川《おじら》、大峰《おおみね》山脈・池郷川《いけごう》や立合川《たちあごう》、伯耆大山《ほうきだいせん》・甲川《きのえ》、赤石山系《あかいし》・足谷川《あしたに》……。あるいは、いまだ聞いたこともないすごいゴルジュが存在するやもしれない。

それらが先に列記されたものより、決して劣ると言っているのではない。僕にとって、ちょっと何かが足りなかっただけだ。

日本には芸術的ともいえる特異なゴルジュがいくつも存在しているのは確かだ。それらの顔は多種多様。いろんな地層が交ざり合い、捻じ曲げられてできあがった日本列島だからこそ、日本の渓谷は多彩ですばらしいものとなるのだ。

日本の芸術的ゴルジュ 前編

森吉山 小又峡
頸城山塊 島道川滝ノ内沢
頸城山塊 不動川
朝日連峰 金目川
北アルプス 池ノ谷、剱沢、棒小屋沢
北アルプス ザクロ谷
川内山塊 早出川
巻機山 五十沢川
御嶽山 赤川地獄谷
越後 清津川清津峡
岐阜 飛騨川飛水峡
日光連山
稲荷川アカナ沢
伯耆大山 甲川
静岡 景ヶ島渓谷
南アルプス 尾白川
南アルプス 栗代川
大峰山脈
池郷川
大峰山脈 立合川
赤石山系 足谷川
由布岳 由布川峡谷
大崩山地 祝子川本流、クロスケオテ谷

第4章

大滝登攀の秘かな悦び

虎毛山 春川万滝沢

今も深く想い出に残る大滝登攀の一つに、虎毛山《とらげ》の春川《はる》万滝沢《まんたき》がある。東北ならではの、たおやかな山容を見せる虎毛山の懐深くに、万滝は隠されていた。視覚をピリリと刺激する真っ紅なゴルジュの果てに現われる、前衛滝と万滝の厳然たる姿は、10年以上の歳月を経てなおも、記憶に鮮明に残る。

この滝の登攀を契機に僕は、日本各地の大滝に足を運ぶことになった。そのなかには北アルプスの剱沢《つるぎ》大滝や称名滝《しょうみょう》、飯豊《いいで》の梅花皮《かいらぎ》滝や川内《かわち》のガンガラシバナ、あるいは紀伊半島の大滝群など、万滝のスケールをはるかにしのぐものも数多くあった。しかし、万滝沢は少しも僕の中で色褪せることはない。

それは、この登攀によって大滝初心者に近い当時の僕らが、それまで体験したことのない凝縮された「生の一瞬」を感じ取ることができたからかもしれない。

あの日の記憶をたどってみる。

万滝沢溯行

すべての滝に登攀ルートが、必ず用意されているわけではない。万滝の前衛滝を登りながら、そのことが僕の脳裏を何度もかすめていった。自分の技術や能力が不足すればもちろん、仮にどんなに登攀力を上げたとしても、登ることのできない滝はいくつでも存在する。ボルト連打という人工的な掘削作業を避けたいのであれば、当然、敗退する時がいつかは来るはず。その潔さは大切にしたい。

取付から見上げた前衛滝50mは、崩壊直前の垂直の城砦だった。左壁基部から上部まで延びたかぶり気味の凹角が、唯一の弱点と見て取れたが、50cmもある岩のブロックが幾重にも積み重なっていた。先人たちは、こいつを飄々《ひょうひょう》と登っていったのだろうか。実力、経験、度胸……すべて不足していた。

大滝登りをどこかでナメていたのかもしれない。とても僕に登れる代物ではない、と瞬時に悟った。だが、高巻けば稜線に出て、そのまま溯行終了となろう。

「いつやめたっていいじゃないか」。そう自分に言い聞かせ、凹角を避けて、左のフェイスにラインを取ることとした。1ピッチ目は予想どおりもろかったが、出だしにナッツを決めて、ハーケン6枚で左の窪みに着く。運がいいのか悪いのか、とりあえずなんとかなってしまった。おかげで絶望的な、次のピッチに取り付かざるをえない。敗退はいい。だが、最悪の事態だけは……。

2ピッチ目。まずは浮き石を剝がさぬよう慎重に直上し、頭を垂壁に押さえられたところから右へ、アブミトラバースにかかる。苦しい体勢でハーケンを連打するが、どのリスも無情にも広がっていく。効きは甘い。テコの原理だけで持ちこたえるハーケンにアブミを掛け替え、そっと乗り込んでいく。この微妙な感触。曲芸師の気分はこんなものか。とはいえ、しくじればただでは済まない。確実な支点は取れず、当然、敗退すらできない。

やっちまったかな！　今さら後悔したって仕方ない。片端から浮き石をハンマーで叩き、とうとう浮いていない岩を見つけ出した。リスはない。迷いに迷った末、決心してボルトを一本打つ。潔さはどこに行った！　だがこの瞬間、登攀を完成させなければならないという責任が、僕に重くのしかかってくるのを感じた。滝に穴を開けた今、この登攀を未完に終わらせるなど、虐待（？）以外の何物でもない。続行する。

さらに右へ移り、問題の凹角内にそっと立ち込む。いつ足元のブロックごと崩れ落ちるのか。信頼できるランニングビレイは、はるか下、先ほど打ったボルトのみ。ブロック一つを踏み抜けば積み木崩しのように、すべてが真上から雪崩れ落ちてくることだろう。脂汗が滲む。

やたらとハーケンを打ち足すが、聞こえてくるのは鈍い音ばかり。見栄もスタイルもかなぐり捨てて、そんなハーケンにしがみつき、凹角をずり上がった。右へ一歩出たミニテラスでピッチを切る。手持ちのハーケンはほぼ使いきっていた。これ以上、上がれば、今回のパートナー折井を落石が直撃する。ライン取りには極度に神経を使わなければならない。

3ピッチ目。右上した後、ボロボロのチムニーを登るが、抜け口で行き詰まる。剝がれ落ちて、木の根一本でぶら下がる枯れ木がチムニーをふさいでいる。解決法は、ゆらゆら揺れるこいつに体重を預け、そっと抜け出すほかなかった。

この根っこは一体、何キロまでなら耐えられる？　もし根ごと剝がれたら、回転して落下していくこの枯れ木は、ロープでつながれた僕と折井を糸巻きのように絡め取っていくだろう。そして、取付まで真っ逆さま。なんともついていない。こいつさえなければ、落ち口はすぐそこなのに……。

度胸を決めて騙し騙しぶら下がる。かろうじて木の根っこは持ちこたえてくれた。ガレ場と化した落ち口左の斜面に、必死の思いでたどり着く。

安堵感と同時に、僕はやっと異変に気がついた。手元にある資料と違いすぎている。ルート図からは、これほどの厳しさは伝わってこない。荒涼たる落ち口や周囲の白骨化した枯れ木の記述もない。もしや……原因はすぐに思い当たった。1年前、鬼首《おにこうべ》群発地震というのがこの地にあったと、誰かから聞いたのを思い出したのだ。間違いない。どうやら僕らは、とんでもなく不安定な滝場に来てしまったらしい。

ここで、ついに万滝が全貌を現わす。150mを超す岩壁が右から正面、そして左へと巨大なコロシアムのように広がり、その最奥に落差70mをもって、万滝が落水している。水流は細いが、このスケールの大きさはなんとすばらしいことか。

だが、万滝までさっきの前衛滝のように変貌していたら、手には負えないだろう。しかし、それが沢の宿命ともいえるものなのだ。変わらぬものは、この世に存在しない。万滝の基部で束の間の休憩。昼食を取るが、思うように喉を通らない。今度こそ快適な登攀をという淡い期待は、1ピッチ目ですでに潰《つい》えた。資料には「深成岩のすばらしい岩場」とあるのに、実際には極度にもろいフェイスの登攀となった。地震でこの滝も変貌してしまったのだった。

ハーケンを連打してたどり着いたテラスの上、2ピッチ目は見るからにもろい垂壁で気が滅入った。ふと見上げると、上部に残置ボルトを見つけた。前衛滝には何一つなかったというのに。よっしゃ！　先人の残した異物ともいえるものに、途端に心強くなった自分が恥ずかしい。アブミに乗って、レッジにバランスで立ち、待望のボルトをつかむ。ところがそれは空しく抜けてきた。風化が激しいのだ。新たなハーケンを連打しながら、このセクションを人工で越える。

3ピッチ目はチムニーとなり、落石に気をつけながら緩いスラブに抜け出し、ランナウトして右上、灌木帯に到達した。そこは、待望の万滝の落ち口であった。落ち口から見下ろす景観は、この上なく雄大なものであった。核心となった前衛滝、さらに万滝と計6ピッチに及ぶ、あまりにハードな登攀を切り抜けた充実感に、折井と二人して酔う。

余韻を楽しみながらヨタヨタと幕場を探す。流れは信じられないくらい穏やかになった。今夜の焚き火は当然、盛大なものとしたい。

3日目、たどり着いた虎毛山山頂の避難小屋に置かれたノートには、完登ならなかった何パーティもの奮闘の記録が残されていた。トップの大墜落、落石、あわや大事故という危険をほかのパーティも冒していたのだ。経験の浅い僕らの完登は、幸運にすぎなかったのかもしれない。そして折井も、自ら一言を書き残した。

「俺は今、確かに生きている！」

地震により変貌を遂げた万滝沢の登攀は、以前にも増して困難なものとなっていたようだ。この後も完登記録を目にすることはなかったが、2005年、久々に再登を許した。

しかし、前衛滝は左上に回り込んでから、落ち口へと続くバンドをたどって越えられている。左壁を直上する僕らのラインは理不尽極まりなく、登る気すら起きなかったと再登者は口をそろえた。

「成瀬さん、あれは若気の至りですよ」。そう、そのとおりかもしれない。あの日の僕にはトラバースラインなど、まったく目に入らなかった。あれは経験不足のまま突っ走ってしまった、若き日の暴走だったのかもしれない。

そして皮肉にも、その未熟さが凝縮された痺れるような「生の一瞬」へと、僕らを導いてくれたのだ。ノートに書き残された折井の一言は、そのすべてを簡潔に表わしていた。

――虎毛山　春川万滝沢溯行　1997年8月22～24日
メンバー：折井保宏、成瀬陽一

大滝初登攀の秘かな悦び

「大滝は沢登りの華だ」と誰かが言っていた。ほかに特別見るべき内容のない沢でも、そのどこかに大滝が存在するとなれば話は違ってくる。

ましてその大滝が立派な壁を従え、みごと一直線に落下していたり、高度差50mをはるかに超えて100m級ともなればなおさら。その山域の沢のなかでも、威光を放つ一本という位置付けに変わってくるかもしれない。やはり大滝は宝なのである。

沢登りを始めた当初、僕の意識の中に大滝を直登するという発想はなかった。登れるかどうかは二の次。巻こうが登ろうが、とにかく落ち口に立って、先をのぞく権利を勝ち取りたかった。大滝越えは、空白を埋めるための過程にすぎなかったのだ。

そんな僕の考えに変革をもたらしたのは、台湾の溯渓《そけい》への参加だったように思う。

一人で登ることが多かった当時、大人数で沢を登ることに大きな抵抗を感じた。だが、それを押してでも、台湾の渓谷というものを見てみたいという願望が上回った。必然的に僕は力ある友人たちとロープを結び合い、成功の悦びを共に分かち合うこととなった。

台湾溯渓を通して出会ったもの。それは大海のような海外の谷だけでなく、各地から集まった独自のスタイルをもつ沢仲間たちでもあった。大滝一つをとっても、そこにはさまざまな向き合い方があるのを知った。巻き上がって先をめざすだけでなく、時間を費やしてでも、しぶとく直登を狙うのも一つだと知った。

日本に帰ると、さっそく地元で大滝登攀の対象を探してみた。誰にも省みられることのなかった佐久間ダム湖の周辺に、いくつもの無名の大滝が存在していた。幸運にもそれらのほとんどは手付かずで、登攀ラインを探り出し、一つ一つをつなげていく作業は僕を夢中にさせた。それまで遠目に眺めるだけだった対象を手元に引き寄せ、抱きつくように密着し、じっくり味わい尽くす。それは今までにない新感覚だった。

こうして僕の沢登りの一分野に大滝登攀が加わり、毎年のように秋の終わりになると、大滝を求めて出かけていくのが恒例となっていった。

大滝登り四原則

大滝登攀と岩壁登攀。どこがどう違うのか。誰かが言う、「水流があるかないかだけだ」。きっと、それが本当のことかもしれない。両者の本質は違わないはずだ。だけど、少なくとも僕にとっては、それほど単純な話ではない。

たとえば、難しいスラブに一本の細いツタが這っていたとしよう。ツタを剝がして掃除すれば、すばらしいクラックが出現するかもしれない。一方、ツタが太くなればそれを伝わって登れるかもしれず、3年後、5年後を楽しみに水でも撒いて、今回は帰るのも一つ。植物を育てて滝を登るなんて、ちょっとすてきな発想だ。

環境を整備し、平等なスタートラインを設定し、普遍的な価値をもたせようとする（たとえばグレーディングなど）登攀的な考えに対して、沢登りのそれは、変動する状況を受け入れ、それに対応していく。時には一歩引きさえする。

当然、グレードも年々変化し、さほど意味をもたない。そんな発想を大事にしたいと僕は思っている。実際には、この二つの考えの狭間でもがいているわけだが、あえて半端者の、自分なりの大滝へのこだわりを書き並べてみよう。

その1　痕跡は極力残さない！

これについては、近年の岩壁登攀も同じはずだ。ボルト、ハーケン、スリング類を残さぬことはもちろん、下降支点と称してボルトを埋めるのも問題視しなくてはならない。捨て縄だって、減らすに越したことはない（マナーとして、先人の古い捨て縄を見つけたら回収したい)。

さらに言うなら、無機的にも生物的にも、元の形状を保つことを第一とするとなるとどうだろう。クラックの中のコケや岩屑を掃除してくれてありがとう、なんてことは迂闊に言えなくなる。

ブッシュに突っ込み、ハチの巣に怯え、マムシをホールドにして、涙をのんで登っていかなければならない。背中も痒くなってくるはずだ。足元には無数のヒルがたかっていたりして……なんかやっぱり、滝登りなんて嫌になってきたなあ。

その2 滝と戯れながら登る!

はっきり言って、水が流れていないとつまらないのだ。乾いてどんなに快適な登攀も、水の流れる風景や響き、においや冷気が感じられないなら、僕にとって意味を成さなくなる(でもフリークライミングエリアの鳳来《ほうらい》にはなぜか通っている)。

できうるかぎり水線に近づき、瀑水に打たれ、時にはくぐり抜け、滝と戯れながら登ることこそ大滝登攀の神髄なのだ。一見、行ったり来たりのデタラメなライン取りでも、実は究極の登攀ラインなのかもしれない。

その3　沢ヤ独自のひらめきを信じたい！

フリークライミングのゲレンデで、アイスハンマーを投げたり、ショルダーで出だしの核心をクリアしたりする輩を見たことがあるだろうか。それは明らかなルール違反。ほかのフリークライマーから、白い目で見られるのは避けられまい。

しかし、僕らの勝負する場所は湿った谷間なのだ。いつも水が流れている。従来の岩登りのルールやスタイルにとらわれすぎることはない。もっと伸びやかにやってみたらどうだろう。なんなら、大滝の中段で3人肩車だっていいじゃないか（ひっくり返れば大惨事）。ショルダー、投げ縄、木登りだけじゃなく、滝とより親密に向かい合うための、目の覚めるような、ひらめきは出てこないだろうか。

その4　未登より未踏！

面倒なアプローチの末、大滝にたどり着き、基部から見上げる。その大滝に記録がないとなると、その登攀は一つの冒険だ。多くの滝は高度差にすれば、わずか50mから100m程度かもしれない。けれど、決して侮ることなかれ。その内容は、時に非常に濃いものとなる。

一本の立派な沢の溯行をもしのぐ、満足感が得られる経験を幾度となくしてきた。

いつ行き詰まるかもしれないという不安を克服し、自分たちの選び出した登攀ラインをつないで、なんとか落ち口にまでたどり着く。見下ろせば、取付ははるか下だ。確かに自分たちの力で登りきったのだ。充実感が込み上げてくることだろう。

それが初登攀の悦びというものだ。そして、その落ち口に高巻きも含めて、誰もたどり着いたことがない場合、そこから奥は登攀を成功させた者だけが、のぞける特別な世界となり、感慨はひときわ大きくなるだろう。

つまり、未登というだけでなく、未踏の大滝の登攀。これをもって最上とす！

以上、あくまでも自分流のこだわりを唱えてみた。まだまだ手の付けられていない大滝は眠っている。フリークライミングで鍛えられた今どきの沢ヤの目で見れば、斬新な登攀ラインも見えてくることだろう。どんなに苦しく、汚く、臭い３Ｋのような登攀でも、初ものの悦びは何物にも代えられない。

日本の沢登りは行き詰まっているとよく聞く。確かに未知の沢は少なくなった。けれど課題はいくらでも見つけ出せる気がする。僕は、今もおもしろくて仕方がない。

日本各地の大滝 前編

日本に散らばる大滝の数は、仮に高度差100m以上に的を絞ってみても、膨大なものとなるだろう。僕の技量で登ることのできた大滝は、その10分の1どころか100分の1にも満たない。その狭い世界から選定したことをあらかじめ断ったうえで、特に印象深いものを挙げてみたい。

日高山脈 中ノ川右俣右沢大滝／80m

日高《ひだか》山脈で最も光届かぬ場所の一つである、中《なか》ノ川右俣源流右沢出合に懸かる大滝を、この地の大滝登攀の試金石として選んだ。日高といえば直登《ちょくとう》沢の継続溯行がオーソドックスであるが、大滝登りも充分に内容を伴うものであった。次回は新たなテーマで取り組んでみたい。

飯豊連峰 滝沢梅花皮滝／7段180m

飯豊《いいで》連峰の華、梅花皮《かいらぎ》滝。おおむねスケールの大きなナメ滝の大連瀑帯であったが、核心は直瀑となっている。大滝を越えて待ち受ける、登り応えのある下部ゴルジュ。さらに膨大な雪渓の下に隠された、奈落の底を思わせる未踏の上部ゴルジュと、厳しさは増していく。僕たちも雪渓の端からのぞき込み、ただ指をくわえるしかなかった。

奥利根　越後沢中俣大滝／200m、右俣大滝／150m

雪崩に磨かれたスラブ状大滝は豪雪地帯ならではのもの。中間尾根からの両滝の展望はすばらしい。

谷川連峰　赤谷川ドウドウセン／多段100m

大滝というよりは連瀑。変化に富んだ滝登りが楽しめよう。

川内《かわち》山塊　早出川ガンガラシバナ／200m

川内山塊という密ヤブと、吸血虫に護られた天然の要塞に展開する大スラブ滝。水流をダイレクトにたどる登攀ラインは、スラブから青空へ抜け出していくような爽快感を伴った。

北アルプス　剱沢大滝／9段150m

「幻の大滝」とも呼ばれるこの滝には、果敢に挑んだ先駆者たちの数々の歴史とドラマが秘められている。トラバースの多い、デリケートな登攀と的確なルートファインディング。加えて、高度な雪渓処理や徒渉技術。さらには最低3日間の好天。強運を含めて、さまざまな要素がそろわなければ成功しない厳しい課題だ。

北アルプス サンナビキ谷左俣大滝／6段130m

黒部《くろべ》の秘境中の秘境にある、秘部の形をした滝。大滝を護衛するかのように、上流下流に通過不能の厳しいゴルジュを擁するが、なぜか大滝だけが登攀を許してくれた。ボロボロになって、源流の河原にたどり着いたわれわれを出迎えたものは、一面燃え上がるようなモミジであった。黒部の秋には独特の清潔感が漂う。

北アルプス 称名滝／4段320m

高度差のみならず、岩壁の発達、水量、ロケーション。そのいずれもが、日本一と折り紙をつけてもいい。しかも、その落ち口からは謎に包まれた壮大な称名《しょうみょう》川下ノ廊下（称名廊下）が展開する。まさしく大自然の造形の極致。世界に誇れる、日本の宝だ。

長い間、絶望視されてきた最下段にルートを見いだした、初登者の眼力には敬意を表する。全段ワンプッシュには高い技量が求められる。しかし、今やこの巨大な滝がフリー化され、ついにはフリーソロされる時代になった。

両白山地　大畠谷左俣大滝／150m

大滝と大ゴルジュの壮観なる二俣。この風景に一見の価値あり。

台高山脈　東ノ川中ノ滝／230m、西ノ滝／150m

紀伊半島の台高《だいこう》山脈は大滝の宝庫といわれる。垂直系の滝が多く、北国の雪崩に磨かれたスラブ状の滝と好対照である。しかし正面から取り組めば、意外と登れてしまうところにおもしろみがある。

西日本最大級の中《なか》ノ滝はその好事例で、快適な登攀ルートが提供されている。若き日に単独で挑み、落ち口直下にて着の身着のままのビバークが懐かしい。晩秋であったが、苦痛は何一つ感じなかった。

一方、西《にし》ノ滝は一筋縄ではいかない。この滝の核心は、実は大滝上に続く落差の大きなゴルジュ滝群の突破で、紀伊半島でもトップクラスの登攀が楽しめる。滝を越えて、穏やかな大台《おおだい》ヶ原《はら》の平流にたどり着けば、言い知れぬ充実感に包まれるだろう。

台高山脈　古川滝谷大滝／2段100m

パイオニアとは、徒労を覚悟で向き合うことから始まる。何事もやってみなければ始まらないものだと、この滝は教えてくれた。滝下から見て、誰がこの滝に可能性を見いだせるだろうか。だが、ラインはつながっていた。厳しくも絶妙に。それをつなぎ合わせて、僕らは落ち口で初登攀の悦びを分かち合った。

台高山脈 北山川摺子谷左俣大滝／150m

従来登られてきた左壁大スラブに対して、右壁は傾斜も強く手付かずであった。だが、その中に走るクラックに目をつけ、思いきって取り付いてみた。出だしから最終ピッチまでデリケートな核心が何度も現われ、内容は濃かった。沢登り同人・充血海綿体の新星、田中暁《さとる》も健闘し、妥協なき新ラインが引けたと思っている。

台高山脈 往古川真砂谷八町滝／100m、奥八町滝／仮称・55m

大台の大滝のなかでも、最もアプローチが険しく遠い一本だ。八町滝《はっちょう》は人工登攀を交えた、気の抜けない登りで越えられる。だが、さらにその奥に待ち受ける奥八町滝（仮称）の登攀が、この谷の華。二つの水流間の、傾斜の強いフェイスをフリーチックなムーブで大胆に直上していく。確実なプロテクション技術が要求される。

高知　程野滝群　東滝／2段65m、大樽ノ滝／50m、西滝／2段100m、権現滝／30m

紀伊半島と本質的に変わらない登りができると思い、四国の高知までやってきたが、大いなる誤算だった。岩質は緑色片岩、滝の傾斜は非常に強く、全体を通して垂直以上。時に大ハングとなり一見、登攀不能に思えるが、水平な層理が順層のホールドを提供し、横断バンドを随所に走らせる。それを巧みに利用し、落ち口をめざす。

船の舳先状の大ハングに挟まれて落下する、権現滝のど真ん中を登ったときには信じられない思いだった。縦に割れたクラックも随所に見られ、さらに大胆な直登ラインにも惹かれたが、いかんせん、もろい。つまんだホールドは時に粉になり、神経を使わされた。

日本各地の大滝 前編

日高山脈
中ノ川右俣右沢大滝
虎毛山 春川万滝沢
北アルプス 剱沢大滝
北アルプス サンナビキ谷左俣大滝
北アルプス 称名滝
両白山地 大畠谷左俣大滝
飯豊連峰
滝沢梅花皮滝
川内山塊 早出川
ガンガラシバナ
奥利根 越後沢中俣大滝
谷川連峰
赤谷川ドウドウセン
静岡 佐久間ダム湖岸の滝群
台高 東ノ川中ノ滝、西ノ滝
台高 往古川真砂谷八町滝、奥八町滝
台高 古川滝谷大滝
台高 北山川摺子谷左俣大滝
高知 程野滝群
東滝、大樽ノ滝、西滝、権現滝

第5章

探検的沢登りノススメ

富士山麓　景ヶ島渓谷と
御嶽山　赤川地獄谷

発見！ 富士山麓の秀渓、景ヶ島渓谷

富士山におもしろい谷など存在しないというのが、一部では定説になっている。それは富士山の年齢が若すぎるのが大きな原因だろうと思う。もう少し開析《かいせき》が進めば御《おん》嶽《たけ》山のように渓谷も発達するにちがいないが、いくらがんばっても、ちょっとそこまで長生きできそうにない。

そんなある日、『富士山自然大図鑑』という本の中に景ヶ島渓谷屏風岩の写真を見つけ、目を疑った。それは柱状節理の岩壁をみごとに穿《うが》って、小滝がプールのような濃紺の大釜に落ち込むもので、その一枚からは、実においしそうなにおいが漂っていた。これって、ホント？ 半信半疑で事の真相を確かめに、富士裾野へと向かった。

裾野市から黄瀬《きせ》川を溯り、支流の佐野川を地図で見つけ出す。「名勝景ヶ島渓谷」とある駐車場に車を止め、少し歩いて、渓谷に架かる橋からのぞき込む。ウォッ、ホー！ 足元には狭く圧縮された、予想以上にみごとなゴルジュがパックリと口を開けていた。これから始まる、ささやかな探検行。その期待に、大きく胸が膨らんだ。

あれは中学のころの地理の時間だったと思う。真っ白な紙に世界地図を書き込む授

業があった。ところが僕は、今まで見たこともない世界地図を、想像を膨らませて書くことに熱中してしまった。

そこには誰も知らないはずの、豊かな自然が広がっていた。空想の地球マップ。複雑な半島、巨大な山脈、蛇行する大河、荒涼とした砂漠、緑の原野に点在する湖沼群……。真っ白な空白地帯にワクワクしながらペンを走らせ、色を塗り込んでいく。思いのままに、地図を作り上げていく作業が無性に楽しかった。

さらにこのころ、地球空洞説なる発想にも感化された。その説とは、地球内部がヘチマのように空洞で、その中心に第二の太陽が輝いているという突飛な代物であった。吹雪の北極点を越えてなおも北へ進んでいくと、不思議なことに氷はやがて解け、草花が咲き誇り、野生動物たちが躍動する世界があるというのだ。そこは地球の内側に閉じ込められたもう一つ地球の姿。登山のかけらも知らなかった中学生の自分がなぜか、その探検に真っ先に参加したいと思った。

今にして思えば、当時すでに未知の世界への憧れが芽生えていたのだろう。結局、この説は僕自身の知識や経験が蓄積するにつれ、信憑性が薄れ、ついには空想の産物だと結論づけざるをえなくなった。探検隊の一員に憧れた、僕の落胆は大きかった。

そんな幼き日の自分を思うと、探検的要求を満たしてくれる沢登りに、いつの間にかハマってしまったのも、当然の流れという気がする。

ぶったまげるようなゴルジュや滝を越え、穏やかなせせらぎのなかに一人きりで身を置く。そこにたとえ10年いても、100年いても人の声を聞くことはないとしたら、そこは自然の障壁に封印された一つの桃源郷。地球空洞説の主張する、内なる地球の姿だということもできよう。

僕は中学生のころの、心の中の空白を埋めるように沢登りを続けていったのだ。ある日のこと。僕は一人で奥深い谷へ向かった。悪場を切り抜けて源流にたどり着き、安堵のため息を一つ、ついたときだった。突然、全裸になって巨木に抱きつき、水の流れに横たわりたいという衝動に駆られた（やってしまったかもしれない）。森に魔性が潜むのなら、魅入られていいとさえ思えた。

いつの間にか僕は、そこに広がる風景の一部でありたいと思うようになっていった。文明の力を振りかざして探検を成功させるよりも、その森に棲む獣の一匹となり自由自在に野山を駆け巡る。荷物は一切持たず、岩陰にねぐらを探し、青葉を貪《むさぼ》る。木を擦り合わせて火を熾し、暖を取り、魚を焦がす。そして、死んで何も残らない。

そう、それでいい。今の自分の登り方とは少々かけ離れているかもしれないが、これこそ理想のスタイルである。

探検的な登山というものは、予期せぬ発見や驚きを与えてくれるのはもちろん、厳粛な自然と真っ向から対峙できるという、もう一つの大きな側面をもっている。

話を景ヶ島に戻そう。遊歩道から屏風岩の前に下り立ち、溯行を開始する。屏風岩とは半円形に広がる柱状節理の岩壁のことだが、その節理を割って、白い帯となった5m滝が巨大な滝壺に注ぎ込んでいる。

節理の裂け目、あの向こうはどうなっているのか誰も知らない。水は少々汚いが、いただきま～す。期待と不安をぶら下げて、泳ぎ始める。スケールが大きく、25mの水泳で右壁のバンドに這い上がる。激しい水流中を強引に登り、後続を確保する。続く50cmの流木の段差と淵は左壁を泳ぐも取り付けず、白濁した右壁伝いの流れを突っ切り、流木をアクロバティックに乗り越す。厳しい局面の連続にもかかわらず、つい笑みがこぼれてしまう。

僕らは今このとき、誰も触れたことのない景観を独占している。その角も、その次の角も、すべて僕らのものだ。落ち口にはもちろん河原はなく、そのまま先の見えぬ瀞《とろ》が横たわる。両岸はみごとに浸食されてハングし、逃げ道を与えてはくれない。ここは頸城《くびき》の不動川か？　妙な錯覚に陥る。流木上から右のえぐれに入って泳ぎ、前方の水路を横切って、左壁に取り付こうとするが二度、三度と流されてしまう。

水路の先は渦巻く2m滝の滝壺となっており、弱点はこの左壁のクラックにしかない。粘りに粘るが体温が奪われていく。ついにここまでか……弱気が首をもたげたが、なんとか流されながら微妙な足場を見つけ出し、かぶったクラックをハーケン、ナッツの人工登攀で越える。さらに2m滝の落ち口へトラバース。よっしゃ、いただき！

見下ろせば、ゴルジュとしては一流の光景。見上げれば、先ほどの橋が頭上に高い。さらに悪場は続く。流れに逆らって狭い淵を泳ぎ、両岸突っ張りで前進。水中の大岩から右壁スラブをダダッと走り抜ける。

ここまでは完全溯行か敗退かという完璧なゴルジュだったが、ここからはやや開け、気分も和らいでくる。思いっきり谷を遊び尽くそう。

次々と現われる淵、瀞はすべて正面攻勢をかける。趣ある遊歩道の橋が架かる下には長～い瀞。周りは深い緑、セミの声。誰でも一句詠んでみたくなるところだが、失礼ながらザブ～ン、ザブ～ンとさざ波を立てていく。左右に展開する奇岩がまた見ものだ。遠い昔、富士山を創りあげた溶岩流が、まるで水飴のように捻じ曲げられ、浸食され、穴ぼこを開けられている。戯れにその穴をくぐってみた。

大支流の左俣を分けるころから、激しい雨となる。左へ入れば車道はすぐのはず。しかし、本流はなおも長瀞が横たわっている。ここまで来たら、納得できるところまで行ってみたい。

こうなると増水が早いか、泳ぎ抜けるが早いかと気がせいてしまうが、今日はさんざん泳いだせいでかなりへばっている。泳げど泳げど、上陸地点は近づかない。おまけにゴミとタマネギが水面をびっしり覆っている。無理もない。両岸の段丘上には民家が立ち並んでいるはずだ。揚げ句には白目を剝いたコイの腐乱死体までが、鼻先をかすめていく。どこからが陸だあ？　結局、ゴミをかき分け、60ｍも泳がされる。

そして、最後の悪場。巨大な瀞から、えぐれ込んだ狭小な迷路の中へ、ひたすら泳ぐ。両岸に突っ張りながら泳ぎ進み、奥の２ｍ滝を左の水中バンドから右壁にハーケンを打って、アブミで越す。右頭上から明らかな生活排水が、苦労をねぎらうように降り注いでくる。う～ん、臭い。あとは平凡となり、宮川橋の下の淵を泳いで有終（有臭）の美を飾る。ごちそうさまでした。

今回の景ヶ島渓谷の溯行は大収穫に終わった。探検行とはいったものの、一部景勝地であり、民家を縫うように流れているため、お遊びの域は出ていないのかもしれない。しかし、沢登りとは無縁と思われていた富士山麓の、しかも生活排水が流れ込むドブ川のようなところに、不動川を彷彿させる芸術的ゴルジュや、日本庭園を思わせる廊下が存在するなんて、誰が想像できただろうか。驚き以外の何物でもない。

日本の渓谷に未知はなくなったなんて、まだまだ言っちゃいけなかった。偶然見つけた、たった一枚の写真が、こんなにも楽しい世界への招待状となったのである。

誰にも見向きもされない、期待もされないそんな場所に、きっとまだまだすばらしい大発見が隠されているはずだ。

僕は生まれ、やがて死んでいく。この世に存在できるのは、たかだか100年にも満たない。そこに意味や理由などあるのだろうか。同じように、未知の領域へ踏み込みたいという衝動に、躍起になって理由を探すのは愚かしく思える。

中学生のころに、すでに芽生えていたあの衝動。それは遠い前世から引きずってきたものなのか。ヒトと呼ばれる以前、獣として生きていた時代の潜在的な記憶が、知らず知らずのうちに、僕をもっと先へと突き動かしているような気がしている。

――黄瀬川　景ヶ島渓谷溯行　2003年7月11日

メンバー：池田さちえ、成瀬陽一

探検的沢登りをめざす以上、何かしらリスクを負うものだと覚悟がいる。リスクの種類は雪渓崩落、落石、鉄砲水、墜落、猛獣いろいろあれど、火山ガスだけは勘弁してほしいと思うのは、自分だけではあるまい。

自分の技量や判断などでは、回避しようのない厄介な要素である。かつてはそんなリスクを顧みず、果敢に突っ込んでいった恐るべき先輩たちがいた。

だが、時代は変わる。そんなリスクを冒してでも溯行する必要性を、今の時代は認めてはくれない。「沢登り愛好家、火山ガスの谷に入って帰らず」なんて報道が流れたら、世間から「無謀な行為！」と非難の的になるのは目に見えている。やがて火山ガスの谷から溯行者の姿が消えていったのも、当然といえば当然の成り行きだった。

谷は静寂を取り戻し、真実は遠い昔の、わずかながらの記録をたどるしかなくなっていく。神秘性は時間とともに等比級数的に増し、激しく僕の胸を揺さぶる。何十年ぶりに溯行の足跡を印すことも、ある意味において探検行ということができるだろう。

怒れる山、御嶽の中枢を行く

1979年10月28日早朝、有史以来噴火の記録のなかった御嶽山が、突如として長い眠りから目覚めた。噴煙と水蒸気爆発を主体とした噴火活動は、当日昼過ぎをピークに高さ1000m以上の黒煙を上げ、遠く前橋でも降灰が確認された。火口の開口部は最高点・剣《けん》ヶ峰《みね》南面の標高2700m付近に、ほぼ西から東へと10個ほどが連なり、そのいちばん西側が最大の火口であったという。

驚いたことに、当日、剣ヶ峰付近でビバークしていた登山者がいた。早朝、ジェット機の爆音らしきものを聞いたが、それが噴火とは気付かなかったという。よほどのツワモノか。ほかにも登山者が複数いたようだが、1人が噴石に当たって軽いケガをしただけで、幸い大事には至らなかった。麓では火山灰が降り積もり、農作物に被害が出たということである（主に開田《かいだ》高原方面）。

このときの噴火は短期間収束型で、4日後の31日には小康状態となり、やがて現在と同じように、噴気を活発に上げる程度となっていった。学会では以前から休火山、死火山という言葉をなくすべきだとする議論があったが、この噴火はそれを後押しする結果となった。休んでいる火山なんてありえないのだ。どんなに静かでも、その火山は噴火につながるエネルギーを、その内部に日々ため込んでいるというわけだ。

御嶽山をめぐるもう一つの近年の大きな出来事は、1984年の長野県西部地震とそれに伴う土石流災害だろう。王滝《おうたき》村を震源とするとするマグニチュード6・8のこの直下型地震でも、やはり御嶽山頂部南側の伝上川《でんじょう》の源頭が大崩壊して泥流となり、麓の村を襲って30人近くが犠牲となった。流れ出た多量の土砂は、王滝川本流を堰き止めて、自然ダム湖さえも出現させたほどだった。

今では復興が進み、その傷跡は修復されつつある。自然ダム湖は、今では観光名所になっている。だが、地震直後の村の状況は惨憺たるもので、その記憶を風化させないようにと慰霊碑が立てられている。

こんな近年の歴史を見ると、御嶽山はまさに「生きている山、怒れる山」なのだと痛感させられる。そんな現役の火山でありながら、一方で谷の開析が進み、長大で深い渓谷を数多く有するところに、御嶽山のたまらない魅力がある。

長い信仰の歴史をもつ霊山として知られる御嶽山であるが、われら沢ヤの仲間にもまた、この山に惹かれる御嶽教の信者がいるのは当然のことだろう。

赤川地獄谷

何を隠そう、僕自身も御嶽教の信者にほかならない。どこからも目を引く雄大な山容、山麓へとつながる木曽五木の黒々とした森、地形図の随所に記された滝記号の数々。もうずいぶん前になるが、細やかな地域研究の山として、足しげく通い込んだものだった。

東面の西野白川《にしのしら》の二つの源流の溯行を皮切りに、続いて西面の濁河川《にごりご》流域へ。どちらの流域も、本流から支流に至るまで期待にたがわぬすばらしい内容で、夢中になって溯行を続けた。そして必然的に、その舞台は王滝川へと移っていった。下黒沢《しもくろ》、上《かみ》黒《くろ》沢、鈴《すず》ヶ沢とそれなりの手応えはつかんだが、途中で横切る林道の存在が昂ぶる気持ちに、いつも水を差した。

そして、王滝川最奥となる本谷の長大な溯行を最後に、御嶽の谷の溯行にピリオドを打つつもりでいた。いかにも本谷らしい大きな流れをゆったり溯ると、驚くほどの高みから百間《ひゃっけん》ノ滝が落ちている。御嶽山中で最も秀麗なる滝と折り紙をつけていい、この滝が地域研究の有終の美を飾る……はずだった。

御嶽から戻り、いつもの習慣で5万図に青線を入れる（僕は、沢の溯行は青線、そのほか縦走などは赤線と塗り分けている）。ちょっぴりの満足感に浸る間もなく、なんだこの空白部は！　不満が大きく首をもたげてきた。

御嶽山山頂に向かって、ダイレクトに突き上げる大きな谷が手付かずのまま残されていた。濁《にご》川の上流にあたる赤《あか》川地獄谷である。怒れる山御嶽山の１９７９年の噴火口は、まさにこの地獄谷の源頭であり、今も活発な噴気を上げ続けている危険地帯だ。さらには1984年の地震に伴う、土石流災害が発生した伝上川は濁川の大支流でもある。当然、本流も大きく変貌したにちがいない。こんなところに行って大丈夫だろうか。自然と気持ちが萎えていく。遡行の話を聞かないのは、みんな僕と同じように、尻込みしたまま踏ん切りがつかないでいるためなのだろう。

しかし、顕著なゴルジュマークと滝記号は、この谷がタダモノではないことを物語っている。近年、見受けられる唯一のものといっていい、名古屋ACCの記録では最初のゴルジュ付近で引き返している。相棒のアオタイ（青島）、マッチャン（松原）に古い資料はないかと問い合わせてみると、さすがお二人さん。53年前と33年前の遡行記録が飛び出してきた。中京山岳会や京都工芸繊維大、横浜歩友会などの会が活躍したらしい。そこには防毒マスクの携行や飲料水の確保など、興味深い記述が何カ所もあった。しかし、それも噴火と地震以前のものだ。

もはや赤川地獄谷は、どんな魔物に姿を変えているものやら。硫化水素の有毒ガスか落石蟻地獄か、はたまた、どんなトラップが仕掛けられているかもわからない。何より、生きた御嶽火山の中枢部へ、険悪な沢をたどってダイレクトに突入、なんてのは正気の沙汰ではないのかもしれない。こいつは沢登りを超えた探検の世界となるだろう。久々に体の芯が熱くなっていくのを感じてしまった。

「ああ、怖い。でも行きたい！　でも、命は大切です。ああ、どうしよう」

それからは毎年、溯行候補に入れながらも、実現には至らないまま数年が過ぎた。俺もぜひ行きたい！という気概をもった仲間が欲しかった。

そして2006年の秋、やっとアオタイ、榎本君と話がまとまり、秘かに温めてきた計画を実行する時が来たのだった。

10月14日。過去の記録から、幕営地は閻魔《えんま》ノ滝上の河原しかないと予測し、ゆっくり出発する。赤川、白川の合流点上まで林道があり、川沿いには無数の堰堤が連続していた。これも災害の名残だろう。不思議なことに、赤川は流れに沿って石が赤く変色し、また白川は、堰堤の流れの脇に白い沈殿物がびっしりこびりついていた。

試しに赤川の水を口に含んだ途端、「すっぱー！」と声を上げて吐き出してしまった。酸性度が高く、鉄分も異常に多そうだ。これでは飲料水にならない。

広々とした平凡な河原を溯行していくと、谷は急激に狭まり、ゴルジュの中に滝を連続させる。ロープを必要とするところまではいかないが、いずれもピリッと締まった登りがいのある滝で、緊張感も高まっていく。

続いて、5mほどの滝で行く手をさえぎられる。滝上は暗く、狭い空間が右に曲がってそそり立ち、いよいよ地獄谷が、その本性を現わし始める。

右側のヌメった壁を登って落ち口に達する。この付近はかつて「地獄ノ門」と呼ばれていたところだろう。その呼び名にふさわしい、暗くハングした側壁の下を回り込むと、5m、4mと滝が連続している。初めてここでロープを出して、右壁を登攀する。どちらも渋い登りとなった。

滝上はますます両岸がそそり立ち、特に左岸は100m近い垂壁となって、圧倒的な迫力で頭上にのしかかってくる。わけのわからぬ雄叫びを上げながら進んでいくと、狭いゴルジュの向こうに大空間が広がっている様子だ。左に折れて見上げると、帯状に連なる大岩壁の高みから30mの滝が落下し、そのまま15mの滝へと続く。よく見るとその中段で、先行したアオタイが手を振っている。つるべ落としのごとく、滝の景観の迫力はすばらしいものがある。この30m滝が「閻魔ノ滝」にちがいない。僕らはこの先、どんな裁きを受けるのだろうか。日頃の行ないに3人とも……自信はない。

高巻いて滝上に出ると、いつでもどこでも泊まりなさいと緩やかな河原が広がっていた。だが、平坦地だけではダメなのだ。豊富な薪と、何よりも湧水が必要なのだ。沢水は猛烈に酸っぱくなってしまい、おもしろいくらいだ。pHを測ってみたかった。緩やかなナメ滝の脇に湧水と平坦地を見つけ、ここに泊まる。

翌15日、歩きだしてすぐに渓谷状となり、明るいなかにナメ滝が続く。右手の急峻な岩壁から黒川が30m滝で落ち込むと、本流も左折して悪相の20m滝を懸けている。

これが「馬頭《めず》ノ滝」だろう。先駆者がこの滝を地獄の獄卒・馬頭にたとえたものだ。難しそうだが、滝の左手のカンテ状にラインが取れそうだ。登るにつれ傾斜が増して、上部は厳しくなったが、なんとかフリーで登りきることができた。

この上からは明るい岩盤をえぐって、滝が息つく暇もなく現われ、そのたびに美しいと感嘆の声が上がる。この付近の渓相は地獄どころか、極楽を思わせる風景の連続。ただし、溯行が容易になったわけではない。右壁を豪快にトラバースして登る、難しい14m滝の登攀には思わぬ時間を食ってしまった。落ち口に続くスラブがヌメって悪そうだったが、絶妙に足場がつながっていた。

ゴルジュの奥、一条に落ちる25mの「先達《せんだつ》ノ滝」を見上げ、驚く。滝の向こうの開けたガレの大斜面に、二つの猛烈な噴気を確認したからだ。われわれはついに、御嶽山の中枢部に入り込もうとしているのだ。

左から滝を巻くと、地獄谷にふさわしい荒涼とした河原に出た。あとは変化のないガレ気味の谷が源頭まで続いてくれる……と抱いていた浅はかな期待は、みごとに裏切られた。むしろ地獄谷の地獄谷たる由縁は、ここからの景観にあった。

左手には、先ほどの噴気をもつ広大なガレが、最後は奥壁となって続いている。右手には、200m、いや300mにもなる、赤茶けた大岩壁が川床から一気に伸び上がっている。その中には草木の緑は存在せず、はるかな高みには、奇怪な岩峰群が真っ赤に林立している。そしてことあろうに、その圧倒的な両岸の狭間を手が付けられそうもない連瀑となって、水線がつながっているではないか。「日本離れした大風景」。そんな言葉が頭に浮かんで消えた。

53年前の初遡行の記録では、左上方にある噴気の横を通って谷から脱出している。33年前の記録では残雪期に雪渓を利用して、つめ上がっていた。無雪期に最後まで遡行された記録は知らない。しかも噴火と地震の後、こんなところまで踏み込んだ遡行者はいそうにない。時間はすでに午後2時。脱出か突入か、運命の分かれ目だった。

ハマれば今日中には下りられまい。だが、ここまで来て逃げ出したくはなかった。覚悟を据えて3人は大風景のなかの、アリンコになったのである。

時間的な制約もあり、忠実に沢床を行くことは断念した。噴気孔上部のハングした火口壁が左の側壁となって、奥へと連なっている。その下に、ガレガレの風化した急斜面が続いている。そのトラバースをルートとして選ぶことにした。

巻き始めると沢床ははるか下方になり、足元から崩れ落ちていく落石は長い時間を置いた後、奈落の底で反響する。すがりつくハイマツはやがてなくなり、いつの間にか、とんでもない場所で確保もされずにいる自分を知る。失敗の許されない天空のトラバース。なぜか気持ちはハイになっていく。目測だが、滝の確認だけはきっちり済ませた（これは僕の習慣）。

大スラブを横断し、岩峰の裏を回り込んで谷底をのぞくと、さしもの連瀑帯は終わり、うれしい河原が見えた。さらに悪いトラバースを続け、急なガレからなんとか河原に降り立ち、フーッとため息をついた。

普通ならこれで悪場は終わるものだ。だがここは地獄谷の一丁目。普通のわけがない。すぐに谷はゴルジュを創り、悪相の2段20m滝が懸かる。もろくて時間を食うのは間違いない。またしても左手の斜面を大きく巻き上がって、トラバースに入る。

ついに日が暮れ始め、最後の光が対岸の大岩壁を真っ赤に染め上げていく。前方の小さなリッジをめざしていくが、あの反対側から谷底に下りられなかったらどうなるのだろう。頭上を見上げて逃げ場を求めても、ハングした火口壁は幾重にも覆いかぶさり、脱出できる糸口は見つからない。突入したはいいが袋小路のどん詰まりに向かって、追い詰められていくような焦りを感じた。

正直、そのリッジに立ってビバークを覚悟した。はるか足元は確かに河原だ。だが、先ほどにも増してガレた斜面の傾斜は強い。滑りだしたらもう止まらないだろう。こんなところをどうやって下りるのだ。支点など、もろくてどこにも取れやしない。頼みの灌木も、この地獄には一本たりとて存在しない。

本谷奥にはさらなる噴気孔がいくつも見受けられ、水流は圧倒的な火口壁へと消えていく。地獄谷の心臓部をついに垣間見ることができた。

なんの根拠もないままロープを出す。ステップを切り、ガレを下降気味にトラバース。運がよければ、腰がらみで止めてくれることだろう。そう信じるしかない。突然、目の前のルンゼを猛烈な勢いで落石が襲う。一瞬凍りついたが意を決し、そのルンゼを横断する。あんな落石が来たらひとたまりもないが、ほかに道はない。

冷や汗をかいてルンゼを渡り、唯一といってよい安定感のある（だろう）岩にたどり着く。カムを決めてコール。下降トラバースゆえ、ラストの榎本君はもっと怖かったはずだ。そこからはクライムダウンで、無事沢床に降り立つことができた。

横向きに噴出する、奇妙な噴気孔を目の前に本流を渡る。その水に興味本位で触れてみる。残念！　生温い。こいつが温泉ならビバークも悪くないと思ったが、もっとも、火山ガスが恐ろしくて、そんなことは馬鹿げているか。

最後の難関は対岸の壁を登れるかだったが、意外にもアオタイがステップを切っただけで、緩傾斜帯に抜け出すことができた。

ついに日が暮れ、ヘッドライトを出す。落石に気をつけながら王滝ルンゼ側に回り込むと、予想外の緩やかな斜面となった。これで、今晩中に下りられるかもしれない。慌てず、ゆっくりつめ上がる。前方に登山道からの立ち入り禁止を示すロープが見えてきた。プシューッと音を立てるように、張り詰めた緊張が解きほぐれていく。この感覚がたまらない。よくもあんな地獄の底から這い上がってきたものだ。

それにしても、すばらしい谷だった。特に綱渡りのような、天空のトラバースは当分忘れられそうもない。2日間の余韻を楽しみながら時折、砂塵の舞うなかを真っ暗闇の王滝頂上へ、向かって歩く三人だった。

※追記　この溯行の翌2007年にも御嶽山で小規模噴火があった。そして、2014年9月27日、怒れる山・御嶽山は再び大噴火を起こし、登山者五十数人もの命が失われた。現在、変貌したであろう赤川地獄谷の真実の姿を知る者はいない。

御嶽山 赤川地獄谷溯行　2006年10月14～15日
メンバー：青島 靖、榎本成志、成瀬陽一

第6章

神の領域・大理石の回廊

台湾 三棧渓

想い入れの過ぎる谷

沢登りに入れ込んでいる者なら「想い入れの強すぎる谷」、そんな谷が心の内にあるにちがいない。憧れ続け、やっと実現にこぎつけた、その谷の成功がいよいよ近づくとき、溯行者の何か大切なものが（たとえば、生命そのもの）、見えない存在によって、ルーレットの上に賭けられているのではないかと思うことがある。

僕は台湾の三棧溪《サンチャンシー》で、かけがえのないすばらしい体験をした。同時に、その代償を払うかのように、身の毛もよだつ恐ろしい体験もした。あれを思い返すと、滑稽とも思えるこの考えが、頭に浮かんでくるのである。

台湾に通い始めて5年目。あのころの僕は、毎晩のように三棧溪の夢を見続けていた。難所をくぐり抜け、やっと頂上にたどり着こうかというそのときに、いつも決まって目が覚めてしまうのであった。相棒の青島によれば、僕はこの谷を夢の中でなんと96回も溯行したと告白したらしいが、今となっては回数の記憶は定かでない。

三棧溪は台湾東面の一大景勝地である、太魯閣《タロコ》峡谷を中核とする国家公園内に位置していた。峡谷内には国道が整備され、大型バスが行き来し、次々と観光客を運んでいる。なんだ観光地かと笑うなかれ。そこには一大スペクタクルともいうべき、驚愕の景観があちこちに展開している。

日本の渓谷の一つの極みとして黒部《くろべ》峡谷が存在するとするなら、台湾の渓谷の頂点には、この太魯閣峡谷が君臨しているといっていい。大ゴルジュをふんだんに有する台湾渓谷群のなかでも、ここは別格の存在である。

その核心部となる九曲洞《ジウチユウドン》では、高差500～600mもの両岸の垂壁が、幅わずか数メートルにまで狭まり、とてつもない大ゴルジュを形成している。付近は昼なお暗く、洞窟内部にいるようだ。数キロメートルにわたって連なる左右の側壁は、時に1000mに達し、黒部の十字峡や白竜峡さえ遠く及ばない。沢ヤのみならず、ビッグウォール志向のクライマー、さらには、きっとケイバーにとっても大きな可能性をもった、興味深い地ではないだろうか。

これだけの深い峡谷を形成することができる岩石は、石灰岩、またはそれが変成した大理石である。石灰岩の特徴は風化には比較的強いが、極端に水食されやすいという点だ。そのため渓谷は崩壊や岩屑などで埋没せず、水流によって際限なく、深く刻み込まれていくことになる。

また、石灰岩の地層は豊富な渓谷の水流を丸ごとのみ込んで、地下水脈をつくってしまうことも多い。雨量の少ない乾期には大渓谷といえども、地表は渓谷砂漠が続くことも、決して珍しくはない。

さらに特筆すべきは、白く磨かれた大理石の岩肌の美しさ。亜熱帯の台湾に、なぜ雪渓が！と勘違いしたことさえある。石灰岩や大理石が創り出す景観は、これらの地層分布の少ない、日本山岳で育ってきた僕らにとって、日頃の常識をやすやすと覆す、一種のマジックである。

石灰岩の地層は、台湾を北から南へ貫く長大な中央山脈（最高峰は秀姑巒《シュウコラン》山・標高3805m）の東側に沿って、帯状に長く分布しており、その浸食度合は、この太魯閣国家公園付近で頂点に達している。加えて山岳の高度や隆起速度、豊富な雨量など、種々の条件が絶妙に組み合わさって、世界でも例を見ないであろう、類まれな圧倒的大峡谷を形成したのだと思われる。

三桟渓は太魯閣峡谷を有する、立霧渓《リーウーシー》の一本南側に位置している。標高3101mの帕托《パトロ》魯山より流れ出し、太平洋に直接注ぎ込む流程22kmほどの、台湾においては中規模な渓谷である。だが、文献には「小太魯閣」と紹介され、全流域を大理石が占めている。地形図の等高線は傾斜が強いため黒く塗りつぶされて、ただならぬ渓谷であることを物語っていた。もちろん、その全貌は未知のベールに隠されている。

かつて大阪わらじの会の力あるパーティが狙ったが、追い返されたという事実もあり、次第に僕にとって、「想い入れの過ぎる谷」となっていった。

三棧溪溯行

台湾先住民の村にある小さな三棧小学校の軒下で、僕らは初日の朝を迎えた。今度こそ夢ではなく、現実の溯行が始まろうとしている。小学校から見える三棧溪は、白く険しい岩肌が目立っていた。

学校裏手より入溪。三棧溪への第一歩を踏み出す。石灰岩や大理石が敷き詰められた、美しい玉砂利の河原だ。水の透明感も際立つ（のちに僕はこの河原を何度も訪れ、その都度、三棧溪に思いを巡らすこととなる）。巨大な転石に現われた大理石の褶曲模様がみごとだ。穏やかな河原の続く本流に、左岸から岩の裂け目のような支流が合流する。居ても立ってもいられず、支流の偵察に入る。出だしから淵を泳ぎ、3m、6mと続く滝を泳いで直登すると、空はもう見えない。

「これが大理石のゴルジュか！」と感嘆の声が上がる。奥には側壁の大ハングした30m滝が落ち込み、ここで引き返すこととする。光の差し込まない峡底であるが、なぜか陰鬱さを感じさせない。それは、磨かれた白い岩肌と透き通る水流のせいだろう。大理石ならではのすばらしい景観に、本流への期待がいよいよ高まってきた。

やがてさほど狭くはないが、本流にも「通らず」が次々と現われるようになる。水泳、登攀と適度に楽しんでいく。時間も押してきたので幕営地を探しながら行くと、またしても長淵。なんの変哲もない淵のように見えたが、そこに落とし穴が潜んでいた。

泳ぎの達者な日下出《くさかいずる》が苦労して泳ぎ、最後はへつって水流を飛び渡る。とりあえず固定されたフィックスロープを伝って、セカンドの僕が空身で落ち口に向かった。軽率だった。暗くなる前に後続のルート工作を手早く済ませたいという焦りが、判断を狂わせていた。

ロープを引いて泳いでいくと、水流の落ち込み手前で、自分の体が水中に引きずり込まれていくのを感じた。まずい！　力ずくでロープを引っ張り、強引に落ち込みを這い上がろうとしたが、そこには予想以上の水圧がかかっていた。次の瞬間、僕の体は完全に水中に没していた。

なぜライフジャケットを、せめてザックを担いでこなかったのか。今さら悔やんでも後の祭りであった。なんとか水面に顔を出し、振り返ってみたが、みんなの位置からは遠くて誰も手が出せなかった。自力で窮地を脱するほかなかった。

水圧に耐え、必死に大開脚で立ち上がろうとするが、再び足をすくわれ水没。それを繰り返すうち、次第に腕力は失われ、足が攣り始めた。今さら重いガチャをつけて泳ぎ戻る余力は残っていなかった。今や、しがみついた8㎜の固定ロープだけが頼りだった。手を離せば僕は底なしの淵に沈む。毎夜うなされた、この谷に沈むのだ。

もう腕は限界に近かった。だが、生への執着が勝った。何度目のトライだったか。強引に伸ばした足先が、水中のわずかな岩の窪みを探り当てた。これを逃したらもう助からない！　猛烈な水圧を受けて、僕は立ち上がった。さらに固定ロープを折り返して足先を入れ、アブミの要領で乗り込むと、落ち込みのガバに手が届いた。それを頼りに、死に物狂いで流水中から這い上がった。

こうして僕は、命からがら窮地を抜け出すことに成功した。その場にへなへなと座り込んだ。しばらくは体が震えていた。のちにここは、「成瀬死にかけ淵」と呼ばれた。水中に引き込まれた瞬間の不気味な静寂と妙な孤独感。水底から見上げた、泡立つ水面の光景。そのすべてを僕は忘れまい。

※固定ロープで進む場合、両手がふさがり、基本的には泳げない。浮力体を使うのが鉄則。ザックを背負った場合は立ち泳ぎをする。ロープの固定は高い位置でないと意味を成さない。

神の領域

完璧なまでの大理石ゴルジュに出会ったのは3日目だった。両岸100mの側壁がみごとに絞られて、その狭間を迷路のように水流がうねうねと続いていた。側壁高く、湧水が宙に放物線を描き、その飛沫を浴びて僕らは歓声を上げた。

白く滑らかに磨かれた沢床を泳ぎ、へつり、ブリッジングして越えていく。なんという美しさ、なんという楽しさ。このゴルジュ内に無駄なものは、何一つ存在していなかった。大理石の巨大な彫刻に誰しもが酔いしれていた。

そして、締めくくりは悪相の4mCS滝。巨大な淵とチョックストーンの組み合わせは、最も登りにくいパターンだ。だが、向こう側は心なしか開けて、ゴルジュの終わりを告げている。ここまで来て突破を諦めるなんて、まっぴら御免だ。そもそも入口まで戻ったとて、高巻きのできるような甘い地形には思えなかった。どうしても滝を登らねばならない。

ここも頼れる男、日下が右からぐいぐい泳いでいく。CS滝と右壁の間のチムニーに這い上がろうとするが、もがくだけで消耗している様子。僕が続き、冷たい水の中にブリッジングした日下に乗って一段上がり、日下を引き上げる。さらにチムニー内でフット・アンド・ニーを効かせた日下にまたしても乗り、チョックストーンの上に立つ。この溯行では、筋骨隆々の日下のショルダーが何度も役立った。僕は彼を「人間脚立」と秘そかに呼んでいる。

惚れ惚れする美しいゴルジュであった。その夜、みんなの満足げな顔が焚き火の炎に照らされていた。だが、これは本番前の序章にすぎなかった。大理石渓谷のとてつもない可能性を感じさせられたのは、翌日のことであった。

山行4日目。初めは至って平凡だった。緩やかな谷が少しばかり深さを増し、徐々に小さな壁が立つようになっていった。奥行き7㎞を残すとはいえ、水流はか細くなり、全員核心部を越えたものと錯覚していた。大理石の美しい岩脈の上ではしゃぎ、なんの疑いもなく奥へ奥へと足を踏み入れていった。

この先で谷は左曲する。それまでの弾んだ会話が突然途絶え、メンバーの間に緊張が伝染していった。前方には誰も予測していなかった、大回廊が始まろうとしていた。

左岸の崩壊壁は支稜線上まで500mも延び上がり、右岸の垂壁は200m以上、どこまで続いているかさえわからない。特に下部100mは両岸の側壁が覆いかぶさり、地形図に正確な地形が表わしきれなかったのもうなずける。上空から谷底はまったく見えないはずだ。

僕がこれまで相まみえてきた、日本や台湾の強烈なゴルジュさえ、かすんでしまっていた。そこには夢にまで見続けていた、究極の大ゴルジュの姿があった。

恐る恐る大回廊の底をたどっていく。難所は泳ぎ、ショルダー、へつりでなんとかかわしていくが、この先、もしも直登不能の滝があれば敗退が決まる。高巻き……？それは馬鹿げていた。左右に展開しているのは、側壁という名のビッグウォール。この状況で、長大かつ困難な脱出ルートを拓けるはずもない。

だが不思議と大きな滝は現われなかった。それどころか、行程のわりに高度をほとんど稼いでいないことに焦りを感じていた。一見、それは好ましいことに思えるかもしれないが、谷筋がそば立つ山肌に食い入っていくということは、ゴルジュが途方もなく深くなっていくことを意味する。曲がれど曲がれど現われない大滝は、束の間の安堵と同時に、先行きの大いなる不安をかき立てていた。

洞窟状に大ハングした側壁の下で、わずかな休息を取った。ザックに腰掛け、行動食を口に含み、地図に齧《かじ》りついた。突然、ドスッ！と音がして、僕の両足の間で鋭く砂利が飛び散った。一瞬、何が起こったかわからなかった。周りが騒ぎだし、40ｍはあろう頭上のハングを指さしている。そこから削げ落ちた落石が、一寸の狂いもなく、正確につま先の間に落下したらしい。頭に、あるいは股間に直撃を受ければどうなっていただろう。ここでも、僕の命はルーレットに賭けられていたのではないか。

胸の奥でアラームが鳴りだした。落ち着いて見渡せば、谷筋は驚くほど大量の落石で埋まっている。この深い谷底では、安全などといえる場所はどこにもなかった。側壁から続く支稜線の高みで落石がゴロッと来たら、両岸に跳ね返って無数のつぶてとなり、谷筋は爆発した花火工場のようになるだろう。

早く逃げ出したい一心で先を急ぐが、状況はますます凄まじくなるばかり。胸が締めつけられ、息苦しかった。キリキリと胃が痛んだ。僕らは、人間の踏み入ってはならない場所に踏み込んでしまったのかもしれない。

いくつかの小滝を苦労して越えたものの、ついにこの日は、そんなゴルジュの真っ只中に泊まることになってしまった。側壁と巨岩の間にわずかな平坦地を見つけた。落石は巨岩がさえぎってくれることを祈って、眠りについた。

翌朝。運よく、またも晴れだ。小雨でさえ、谷底は落石の巣となったことだろう。テント場上流の右に奥まったところには、直登不能の45mの大滝が隠されていた。万事休す！　すべては振り出しに戻るのか。それを最も恐れていた。

ところが高巻き不可能と思われていた側壁に、1カ所だけ弱点が用意されていた。

草付が谷まで降りてきている。どうやら岩質が変わったらしい。

ここまで人はおろか、獣さえまったく寄せつけなかった両側壁が、幾分穏やかな表情を見せ始めた。高巻けるかもしれない。いやらしい部分もあったが、ロープを5ピッチ高みへ延ばして、なんとか目途をつけることができた。

朝の逆光のなか、振り返る大峡谷は荘厳だった。そこは神の領域だった。上空から見れば、僕らは巨大迷路の袋小路で何やらうごめく、アリンコと変わりなかった。滝上と思しき場所へ、仕上げの懸垂下降。下降器を解除して周りを見渡せば、開けた河原となっている。一人、また一人と到着する仲間を待った。みんなの笑顔が早く見たかった。

全員がそろい、寝転がって太陽の光を心地よく受け止めた。全身の力が隅々まで抜けていくのを感じる。筋肉が緩みきって、脱肛しかかった者もいたという。直線距離にして2km弱。大理石を極限にまで穿《うが》った地底の大回廊を、僕らはよちよちと溯り、みごと切り抜けたのだ。その安堵感、達成感がたまらなかった。

そこからは打って変わって、どこまでも穏やかな流れが源頭へと続いた。一粒一粒の小砂利さえ、僕には愛しく思われた。何度も何度も流れに顔を突っ込み、水をがぶ飲みせずにはいられなかった。

夢の中から数えて97回目の溯行。ついに三棧溪の第一滴に、僕はたどり着こうとしている。ルーレットの壇上に立たされることの引き換えに、人間の踏み入ってはならぬ世界――「神の領域」の通過が許された。僕には、そう思えてならなかった。

台湾 三棧溪溯行 1997年11月15～22日
メンバー：青島 靖、松原憲彦、日下 出、石崎啓之、鄧松林、林錦鴻、呉牡丹、魏碧珠、成瀬陽一

台湾の怪物たち

台湾というフィールドは、とてつもない可能性をもっている。これまでに僕の経験した、台湾の怪物たちをいくつか紹介しておく。

大崙溪《タールンシー》～卑南主山《ペイナンチュウ》　1993－94年

全長45㎞。台湾でも有数の大渓谷に数えられる。無謀なチャレンジとさえいわれたが、メンバーの力量、その他もろもろの幸運に恵まれ、奇跡的に成功を収める。この後に展開されていく、台湾東面の大渓谷溯渓《そけい》への重要な一里塚となった。

各所に豪壮な大ゴルジュを配し、困難な溯行が続いた。特に湯気立ち上る「温泉大ゴルジュ」の景観は忘れられない。

山花奴奴溪《シャンファヌーヌーシー》～大鬼湖《タイクェフー》　1994－95、1995－96年

地形図から大滝を予想して乗り込んだ1年目、思った以上の厳しい渓相と日程不足などから敗退。雪辱を果たすべく翌年、苦労の末、ついにゴルジュの奥に、200m級の大滝を見いだす。たどり着いた大鬼湖の静けさ。日本では忘れ去られた、探検的沢登りのおもしろさを存分に味わった。源頭標高2000m級にして、最難クラスの谷。

三棧渓《サンチャンシー》　1997年

わが沢人生最高の溯渓の一つ。台湾屈指の美渓である。全流域を大理石（石灰岩）が占め、宝石のような純白の大ゴルジュを堪能する。上部は想像を絶する大峡谷帯を形成。「想像を絶する」とは実際、目にした者にしかわかるまい。成功は山の神の、ちょっとした気まぐれにすぎない。

恰堪渓《チャーカンシー》敗退～安来渓《アンライシー》～安東軍山　1998年

究極と表現したはずの三棧渓を凌駕《りょうが》するスケール。台湾の渓谷の可能性をどこまでも押し広げている。厳しい登攀を重ねて、たどり着いた大ゴルジュ只中の天空のテラス。水流はさらに峡底深く、500mのビッグウォールの狭間へと吸い込まれていく。この先を誰がのぞけるというのか。

しかし2013年、大西良治、佐藤裕介、宮城公博らの新世代チームによって完登され、台湾開拓第3期への幕開けとなった。

荖西溪《ラオシーシー》〜三角錐山《サンジャオズイ》　2001−02、2005年

台湾渓谷群の頂点を極める、太魯閣峡谷の大支流にふさわしい厳しい渓相。渓谷砂漠が続いた後、突如現われる雷光形ゴルジュ、巨大スケールの涸滝群、エイリアン潜むクレーター状の大釜。石灰岩（大理石）マジックを遺憾なく発揮し、われわれを翻弄した。とどめは、漆黒のゴルジュに待ち受ける異形滝。力及ばず初回は、ここで敗退。

リベンジを期した2回目。スーパークライマー佐藤裕介の活躍で異形滝を前傾クラックから正面突破し、完登を果たす。溯渓というよりも滝の登攀に終始する、台湾でも異色の一本。

豊坪渓《フォンピンシー》　2006、2007−08年

台湾の大溯渓を志す僕らにとって、避けて通れぬ関門。流程、水量、峻険、孤立度、野性味、山頂高度……。怪物と呼ぶにふさわしい、第一級の険谷である。

経験のない大水量に打ちのめされた1年目。青島の徒渉力を頼りに、なんとか二俣（行程22km）まで達した。山頂をめざした2年目。神々しいまでのゴルジュを凍えて泳ぎ、攀じり、闇のなかに絶妙な高巻きで活路を拓いた。にもかかわらず、行程7km止まり。山頂の丹大山《タンダー》までさらに13kmを残す結果となった。これまで取り組んできた台湾の谷とは、明らかに何かが違っている。

あらゆる要素にあらゆる技術で立ち向かってなお、豊坪はさらに大きく立ちはだかっている。豊坪溪、いまだ完結せず！

台湾の怪物たち

台北
雪山
3886m
苳西溪
太魯閣峡谷
立霧溪流域
三桟溪
花蓮
花蓮溪流域
恰堪溪
丹大山
3325m
秀姑巒山
3805m
玉山
3952m
秀姑巒溪流域
豊坪溪
卑南主山
3295m
大崙溪
山花奴奴溪
大鬼湖
台東
卑南溪流域
高雄
高屏溪流域

コラム　沢ヤ道はるかなり

高巻きは鼻でする

攻略困難な岩壁を前にして、アルパインクライマーがメラメラと情熱を燃やすように、実は沢登りの高巻きにも同様な高揚感があるのをご存じだろうか。おそらく多くの登山者が、いやそれどころか沢ヤさえ、高巻きと聞くだけで、いいイメージをもつ人はほとんどいないだろう。

沢登りはパズルの謎解きだと思う。先に進むという最小限のルールのなかで、難場が出てきたときに溯行者は選択を迫られる。その多くの場合は、深いゴルジュに立ちふさがる滝や、その滝壷だろう。

人は強くなれる！と、わが沢仲間を見ていて思う。いくつかの場面で、驚異的な登攀力や水泳力を目の当たりにしてきた正直な感想だ。同時に、彼らにさえ越せない滝や淵があるのも知っている。壁に張りつくナナフシや魚雷のようなイワナに、人はなれない。人はやはり、ヒトなのである。

登れもしない。泳ぐこともできない。そんなときに結局、行き着く先は高巻きである。泳げなければ高巻けばいい。登れなければ高巻けばいい。だが、高巻けなければ……もう選択肢は残されてはいない。尻尾を巻いて逃げ帰るほかないのだ。だからこそ、高巻きは沢登りで最も重要な要素だと、僕は思っている。

高巻きの道を極めるには、まず自分の五感を研ぎ澄ます必要がある。現代人にとって、それはとても難しいことかもしれない。しかし、意外にも状況が悪ければ悪いほど、人間の感覚は敏感になっていくものである。

僕はときどき夜の闇のなかに、小型のフクロウ類であるコノハズクを探しに行く。心洗われるような、「ブッ、ポウ、ソー（仏法僧）」という澄んだ鳴き声を聞きに行くのだ。すると視覚が利かないことを補うように、聴覚が敏感になっているのを強く感じる。あちこちでほかの鳥の鳴き声や、動物のカサコソとした物音がする。昼間には感じられない生き物たちの息遣いが、すぐそばに感じられるのである。

地形の急峻な高巻きを始めるとき、夕方、雨なんかが降っていたら、もう最高かもしれない。灌木から袖口へと伝った冷たい水が、脇腹へと流れ込む。だいたい沢ヤの雨ガッパなんてものは、焚き火で穴だらけだから、ないのも同然。全身濡れネズミの、そのへんの動物となんら変わりはない。

「ハーッ、ハーッ」と息は臭く、頭からは牛のように湯気が上がり、次第に自分がその谷に棲む獣に近づいていく。彼らは一体、どんな場所からここを抜け出しているのか。獣の視線で斜面を見上げる。「あそこが怪しい」。灌木に噛みつき、蹄を草付に蹴り込んで上がっていく。壁の真下にたどり着き、まずは目を閉じてクンクンとにおいを嗅ぐ。かなり変態チックだ。おおっ、臭いぞ、臭いぞ。時には、獣のにおいを敏感に感じ取れることもある。高巻きは鼻でする！　それが極意だ。

獣がなんらかの形でここを通っているという事実は、とても心強い。その壁に弱点があるかないかは、彼らがいちばんよく知っているはずだから。たとえ出だしが緩くても、上部が登れない壁には獣たちの気配も乏しいものだ。

続いて、壁の中に獣の通過した痕跡を探す。踏み跡、コケの剝がれ具合、岩の変色、折れた枝、葉、体毛……。バンドをたどり、段差を乗り越し、それらをつなぎ合わせて、一つの高巻きラインを完成させていく。ここは捨て身で飛び越えたとか、駆け上がったとか、彼らの心境までも察せねばならない。

困難で急峻な谷であれば、やがて夕闇も迫ってくる。獣の動きを読みきれなければ、谷に下りられず、濡れそぼった、おぞましい一夜を過ごすことになるだろう。獣道は、さてどこに続くのか。失敗は許されない。気持ちは昂ぶっていく。

そして、いつの間にか僕は、その谷に試されているような気がしてくる。沢ヤとしてではない。登攀者としてでもない。もっと根源的な、言うなれば、この星に生まれてきた生き物として。これからも生き延びていく資格があるのかと。

沢登りとフリークライミング

またしても鳳来《ほうらい》の岩場に行ってしまった。性懲りもなく、自分にとっては格違いのハードルートに取り付き、こてんぱんに打ちのめされて帰ってきた。

「成瀬さん、そのルート何年やってんの？」「がんばっていれば、いつかは登れますよ」と心温まる声援も、こうも進歩がないと堪えるものだ。いっそ、「おまえには才能がない」「とっとと、やめちまえ」、そんな言葉のほうが僕にふさわしいと、ネガティブな自分が首をもたげたりする。この前なんか家内に叱られぬよう、風呂に潜って「チクショー、ブクブクブッ……」と叫んでみた（だいぶ湯を飲んだ）。

沢登りが本業などという言い訳は、もとからするつもりもない。下手だから、力不足だから、また精神面が弱いから登れない。ただそれだけのことだ。沢でも、アルパインでも、フリーでも、なんでもこなすヤツはなんでもこなす。そして、めきめき力をつけ、さっさと僕を追い抜いていく。それが現実だ。

こんな僕とて順調な時代もあった。初めての5・11（フリークライミングの難易度を表わす数字）、初めての5・12のなんて新鮮なことか。だが、そのころ僕は道を間違えている。グレードにとらわれて、クライミングの本質に迫ることができなかった。スラブやクラックといった、オールラウンドなクライミングをめざすこともしなかった。僕はクライミングを単なる器械体操の繰り返しに貶《おとし》めていた。結果として、最高グレードは少しずつ更新できたものの、オンサイト能力や、ナチュラルプロテクションの技術は低いまま、今に至っている。

もとより、沢登りにフリークライミングの能力を応用しようという意識はなかった。もし、黄柳野《つげの》高校の探検部がなかったなら、フリークライミングにここまで入れ込むこともなかっただろう。

どこに落とし穴が潜むとも知れぬ沢登りに比べ、フリークライミングは高校生たちに教えるにはうってつけであった。放課後、校内の人工壁で、ああだ、こうだと言いながら、彼らと一緒に汗を流す。その時間は、とても楽しいものだ。

成り行きとはいえ、こうして手に入れたフリークライミングの能力が、登攀系の沢登りで役立ってきたことは事実だ。だが、5・11だの5・12だのというムーブが、沢で要求されることはまずない。せいぜい5・9か5・10か、そんなところだと思う。なんだ沢登りなんてそんなものか、と思われてしまうのも仕方ない。

だが、話はそれだけでは片付けられない。第一に足元は、渓流タビなどである。そんな足ごしらえで一度、フリークライミングの岩場で登ってみてほしい。5・9や5・10が、いかに難しいものか。鳳来のようなフェイス系ならまだしも、小川山のスラブチックなルートとなったら、まず登れないだろう。

おまけに、濡れているのは当たり前。多くの場合、ヌルヌルのコケをまとっている。また自然の岩は、もろい。細かいホールドやフレークなど、いつ剝離しても不思議ではないということを、常に頭の片隅に入れておかなければならない。フリークライミングの要領で、渾身の力を込めていい状況かどうか。

続いて、プアプロテクションであるということ。場数を踏めば、必然的にハーケンを打つためのリスや、クラックを見つけ出せる力は備わるが、それでもなお欲しい場所に、プロテクションが取れないこともたびたびだ。落ちればただでは済まない、そんな状況下で、どのくらいの力が発揮できるだろうか。

「沢ヤの登り」というものがある。ヌメったホールドや足場に力をかけ、滑る直前で、次のホールドに手を伸ばす。不安定なガレ壁で、足元を崩しながらエイッ！と飛び移る。ブチブチちぎれる草付にぶら下がって、かぶりを乗り越す。どれも基本は「騙し登り」だ。忍者の水面歩行のように、右足が沈む前に左足、左足が沈む前に右足を出すといった要領に近い。これは相棒のマッチャンの得意とするところだ。彼はフリークライミングには目もくれないが、いつもすばらしい脚さばきを見せてくれる。ピンチでマッチャンが、活路を拓いてくれたことが何度もあった。

結局、フリークライミングの能力だけを特化させても、厳しい沢登りでは通用しない。悪い草付やガレ場、ヌルヌルの滝を、肝を冷やしてリードする経験を重ねてこそ、沢ヤ独特の脚さばき、足裏感覚が身に付いていく。そのうえで初めてクライミング能力が、複合的に活かされてくることになるのだろう。

単独行

先々のことを決めるのが、とても苦手だ。進路に追われるわが校の3年生の生徒たちを見ながら、自分の高校生のころを思い出す。あのころの僕は、部員3人だけの貧弱な体操部がすべてだった。装備はマットが2枚だけ。顧問の先生が出てくることもない。ほかの部活に追いやられ、蒸し暑い、体育館の舞台の隅っこが練習場所だった。

そんな境遇のなか、僕らは夢中になって自分の技を磨いていた。レベルは低い。だが、毎日が楽しくて仕方なかった。明日のことなど、考えもしなかった。その日、その日をただ精いっぱい走り続けた。

僕は今、教員（らしきこと）をやっている。考えもしなかった道だ。この先、たとえば5年後、10年後、どうなっているのかはわからない。どんな風が吹くともかぎらない。一生、この稼業と決めつけてしまってはおもしろくない。

生徒たちには言っている。どんな方向に進んだとしても、いかなる転機が訪れようとも、自分次第で人生は楽しめるはずだと。

沢登りにおいても、先々のことまで予定を立てるのは大の苦手だ。いつも出発直前まで、ウジウジと気持ちが定まらないでいる。目的地を決めた途端、遊びの可能性が制限されたような寂しさを覚える。沢の中ですら、いつも行く先を考えている。おもしろそうな支流があれば、気の向くまま進路を選びたい。お叱りを受けるかもしれないが、計画書はあって名ばかりだ。その自由度こそが、沢登りだと思っている。

そんな僕だから、沢を始めた当初から単独行が多かった。誰の予定に日程や時間を合わせる必要もなく、狂ったように沢に通い続けることができた。そのうち、「アイツと行くと危ない」とか「アイツはいつか死ぬ」という噂も立って、ますます周りからは敬遠されていった。だが、沢のすべてを自分でこなさなければならないという現実は、着実に僕の実力を向上させていった。

単独行の危険

単独行は危ない、とよく耳にする。だが、息の合わない同行者と沢を登るほうが、はるかに危ないことを僕は知っている。

単独行の場合、難所に出くわしたとき、その対処のすべては自分自身で行なうしかない。滝の形状を見極め、水流を読みきり、周囲を見渡し、そこに自分の実力を加味して、答えをはじき出す。確保がないなら、ないなりの答えが得られよう。

誰を意識することもなく、真摯にありのままの自己と向き合えば、おのずと道は拓けるものではないだろうか。

だが、パーティの場合はそうもいかない。はじき出された答えは、それぞれ違っているうえに、自分の選択をゴリ押しする者もいる。実力あるそいつが通過できたとして、パーティとしてはどうか。確保の態勢は確実に取れるのか。単独行に比べて、人数分だけリスクが増えていくという考え方もできる。

そのうえ、やれ気合いだの、気迫だのといった言葉が飛び交うようになれば、即座にその場を離れたくなる。僕は格闘家でもアスリートでもない。事故の多くは、自分を見失ったときに起こっている。

単独行の限界

単独行に限界はあるのだろうか。パートナーがいない以上、確保はなしか、ソロのロープシステムをマスターせねばならない。仮にマスターしたとしても、結局のところ墜落は許されない。小さなケガでも、救援を呼びに行く者はいない。

最もネックなのは大水量の徒渉だ。このときばかりは、単独行はかなり分が悪い。増水した谷に手も足も出ず、指をくわえて眺めるだけ。そんな経験も何度かあった。

記録としての価値に重きを置くのなら、気の合ったパートナーと駆け抜けるほうがいいに決まっている。単独行では通過できないゴルジュがあるかもしれない。装備の重量も増えてしまう。

ロープを使ったクライミングでは、パートナーの確保がないぶん、スタイルは落ちる。フリーにこだわる余裕もなく、人工登攀となることも多い。なにより時間も倍以上に食ってしまう。告白すると、僕は北アルプスの劔《つるぎ》沢や頸城《くびき》の不動《ふどう》川に単独で向かい、敗退している。前者は焚き火テラスまで。後者は、関門の10mCS滝の少し上までで引き返した。

しかし、それが限界だとは思っていない。単独行者には、単独行者なりの選択が許される。気負いなく、気の向くままに、単独行なりのスタイルが必ず見つけ出せたはずだ。装備や実力によっていかなるときも、さまざまに楽しませてくれるのが、沢登りの懐の深さなのだから。

単独行の歓び

もう引き返せない一歩というものがある。たとえば、プロテクションの見込みのない壁の真ん中で、微妙なスラブの一歩を踏み出すとき。岩棚から流芯を飛び越えてダイブし、暗いゴルジュの只中に突入するとき。戻れる可能性が絶たれる一歩の重みは、たとえようのないほどに大きい。単独行であればなおさらだ。

そこは現実と非現実との境界線。一歩踏み出せば日常のなじみの世界から、自分の存在が消えたような孤独感を憶える。神隠しに遭った心境。そんな孤独感を引きずりながら、真っ暗なゴルジュの底を一人たどるのは、少しばかり楽しい。不安は大きいが身を委ねた者に谷は、必ず道を拓いてくれると信じている。

真夜中11時。ゴルジュを抜けたささやかな河原で、寂しく火を焚きながら、「なぜ、僕をこの世界に帰したのか」と谷に尋ねる。何も聞こえてこない。答えが返るまで、僕は何度も疑問を投げかける。孤独な谷の夜は、ゆっくり更けていく。

沢登りで大切なのは、どれだけ谷と交感し合えたかだ。単独行で得られる深い歓びは、パーティを組んだときとは比較にならないほど大きい。

このところ、よきパートナーを得て、単独で長期間、沢に入る機会が少なくなっている。山勘、沢勘が鈍れば沢ヤとしての生命も終わる。シーズンに何度かは、沢の単独行に出かけることを忘れずにいようと思う。

最終章

沢登りの地平を拓く者

世界における沢登りの可能性

沢ヤの本懐

「う〜ん、いかんいかん。こいつはかなり重症だ」

この8月、とある有名渓谷を溯りながら、思わず僕はつぶやいていた。大河を思わせる滔々《とうとう》たる流れ。スケールの大きな滝や淵。明るく屈託のない渓谷美。群れ遊ぶイワナたち。申し分ないはずの名渓である。そのど真ん中に身を置きながら、なぜだろう、なんとも煮えきれぬような一種、倦怠感に近い感覚に苛《さいな》まれていた。

理屈抜きで今、この谷がおもしろいとは思えなかったのだ。いや、今回に限ったことではなく、最近こんな感覚に襲われる機会が多くなっている気がしないでもない。スランプだ。大いなるスランプ。溯行が失敗続きだとか、大滝が完登できないとかではなく、僕の中の感性が、塩をまぶしたナメクジのように縮こまってしまっている。

考えてみれば、なぜこの谷を選んだのだろう。いよいよ夏本番ということで、そこそこの谷に行こうという、安易な選定だったことをまず認めねばなるまい。次いでガイド本の存在も大きかった。この谷はおすすめですとか、登り応えがあるとか、あるいは美渓です、だとか……。そんな言葉に乗せられて、のこのこ出かけてきてしまったのだ。これじゃあ沢に申し訳ない。出発点から、すでに間違っていたのかもしれない。

未知への探求こそが沢登りの本質だと、僕は思っている。誰も知らない世界をのぞき込み、こわごわ足を踏み入れていく。あのときの恐怖と甘い誘惑。倒錯と陶酔。絶品とも、毒とも噂されるキノコをこわごわ一切れ、二切れと口に運んだあのときの、痺れるような感覚が未知の沢の溯行にはある。

ところがどうだろう。あふれる情報に振り回されてはいないだろうか。書店には、釣り雑誌や沢の本などがいくつも並び、溯行図も写真も手に入る。欲しいものがなくても、今では誰でも自分の家で、ピコピコ音のする四角い機械が世界とやらをつないでいるらしい。「印刷」のところを押せば、ビーッとかいって、地球の裏側の記録だって出てくるということだ。よし、ここはおもしろいらしい。それじゃ地図でも買いに行こう！ってなわけだ。

けれど、ちょっと待った。そいつは何かおかしいだろう。おもしろいとわかっているから行くのではなく、何が出るかわからないからこそ、おもしろいのだ。得られる情報が少ないほど、それが不正確なほど、沢登りはおもしろくなっていく。

かつて台湾・山花奴奴渓《シャンファヌーヌーシー》を溯行していたとき、谷の進行方向が一八〇度逆転してしまったことがあった。僕らは、地図上ではありえない方向に進んでいくことになり、パーティは少々混乱した。それは単なる地形図の誤りか、コンパスがイカレたのか。あるいはそこが隕石の埋没する、磁場の特異点なのか。

結局、谷は方向を取り戻し、事なきをえたが、このとき僕を襲った高揚感はなんだったのだろう。すべてが科学的に解明されていく現在において、理解不能な現象の存在を僕は明らかに期待している。人間が作り出した地形図やコンパスなんてものを、絶対視していた自分が急に滑稽に思われた。

南米ギアナ高地では、ロライマ山頂上台地の南北完全初縦走を試みた。そのときは地図すらなく、ちっぽけな航空写真を拡大して、そこに現われた皺や陰影を手掛かりに地形を推測して進んだ。深い大亀裂や山上の渓谷。楽園のような湿地に、巨大グラウンドを思わせる平坦地。そして、林立する奇岩の恐竜群。直感を頼りに現在地を割り出し、右へ左へとそれらの障壁をやり過ごしていったが、そのおもしろみは、それまでに味わったことがないものだった。

数少ない資料を手間をかけてあさり、夢を倍化させていよいよ沢に向かう。そんなプロセスが失われた結果、豊饒《ほうじょう》なる沢登りという行為が、貧困なお遊戯になってしまってはいないだろうか。もう一度、問いかけてみる。

俺はどんな沢に行きたいのか。あなたは本当に何がしたいのか。

誰もが陥る険谷コレクターへの罠

ひところ、難しいとされる沢ばかりを追いかけている時期があった。大渓谷溯行の経験をいくつか重ね、クライミング能力が向上して、ちょっと気合いのいる谷を溯行できるようになってくると、日本中の名だたる険谷を片端から溯行してみたい、そんな気持ちに駆り立てられた。自分の実力が、どの程度通用するかを知りたくもあった。だが、本当は僕の心の中にも「強い沢ヤ」「強いクライマー」といった、「強いもの」信仰が巣食っていたのかもしれない。そして、どこかでちっぽけな優越感を得ていたのだろう。

当時の自分の目標を挙げてみると、なんとそうそうたる険谷の数々だろう。剱《つるぎ》沢、称名《しょうみょう》川、ザクロ谷、不動川、柳又谷《やなぎまただん》、飯豊《いいで》川などなど……。しかししかし、今では気付いてしまったのだ。こうやって谷の名前を羅列するほどに、自分の薄っぺらさを吹聴しているにほかならなかったことに。

確かに、厳しい溯行には新しい自分の発見へとつながるおもしろみがある。その谷でしか決して見られない、感じられない風景や、すばらしい一瞬が隠されていたりもする。かといって自分の目標を設定できずに、安易に険しいといわれる谷ばかりあさるのは、誰かの決めた名山を盲目的に追いかけているのと、さして変わらない。どんな谷に向かうにしても、自分なりのこだわりや、なんらかのテーマがなければ、沢登りは希薄になっていってしまうだろう。

日本百名渓を、あるいは日本十大険谷の完全遡行を達成するのが目標なんて、あまりにみみっちいじゃないか。せいぜい遡行スタイルをよくしたところで、どれほどの違いがあるのだろう。

沢ヤの本懐は未知の谷の解明にあり！　立ちはだかる未踏の大滝の向こう側にあり！　僕はそう叫びたい。

そして、世界の渓谷は果てしなく刻まれている。そこに待ち受ける風景は、想像を超えるものの連続にちがいない。僕ら沢ヤには、それを切り拓くチャンスが与えられている。金がないから、時間がないからとみすみすそのチャンスを放棄したり、後回しにするのは自由だが、一人の人間に与えられた時間は無制限ではない。

日本の沢登りは、世界にあふれ出していくべきものだと思っている。この小さな島国で、いつまでもふん詰まっていちゃいけないのだ。

沢登りの地平を拓く者

観光やビジネスで、多くの日本人が世界各地の辺境まで足を運んでいる。そのなかには各国の渓谷の姿を直接、目にしてきた人たちも少なからずいるはずだ。

だが、どうしたことだろう。これほどまでに情報が少ないという現実は。信憑性の低い噂話程度でもいいからと、僕は飢えているというのに、ほとんど何も聞こえてこない。つまり世間では、高い山は注目されても、谷底なんぞ見向きもされない傾向がある。そもそも沢登りという行為そのものが、世に知られていないということの表われだろう。

沢登りは不遇なる登山の分野だ。異国の地で、どれほど感動的な沢登りを成功させ、興味深い写真を誰かが撮って帰ってきたとしても、雑誌にカラーページで紹介されることはほとんどない。商業的には価値のない登山分野と見なされているのだろうか。

登山者の興味は、ヒマラヤの高峰やアラスカ、パタゴニアなどの鋭峰に集中し、毎号のようにグラビアが誌面を飾っている。そして、極限的なその舞台で、困難な登攀をみごとやり遂げるスーパーマンの出現が求められているように、僕の目には映る。

現に新世代クライマーたちの活躍はめざましい。

沢登りはそんな華やかな世界からすると、苦労ばかりが大きくて、パッとしない行為だと思われているのかもしれない（まあ、そのとおり）。もちろん、沢の世界にもスーパー沢ヤは存在している。惚れ惚れするような登攀力と、それを支える強い精神力。神業のような徒渉能力や、競泳選手並みの過激な水泳力。高巻きのルートファインディングで発揮される獣のような嗅覚。それらの力は、いずれも沢登りの地平を切り拓くうえでの大きな武器だ。

だが、僕にはそれらよりも、ずっと必要とされるものがあるように思えてならない。たとえるなら百姓が畑を耕すように、それも機械力に頼らず、手鍬でせっせと土を掘り起こすように大地と向き合う姿勢。彼らが泥にまみれて土から多くを学ぶように、沢ヤもまた、水にもまれ、ヤブに埋もれながら学んでいく。

異国の地に待ち受ける予測不能の迷宮に、どう接すればいいのか、どう対処すればいいのか、どう慈しめばいいのか。理屈ではなく、計算でもなく、本能的にその答えを見つけ出していくには、地道なまでに谷と向かい合っていく姿勢が必要とされるのではないだろうか。

今さらながら、台湾という地平を切り拓いた、茂木完治氏、清水裕氏、関根幸次氏らの偉業には敬服せざるをえない。僕らの台湾東面の大渓谷溯渓《そけい》は、彼ら先輩方の敷いてくれたレールの上を歩いているにすぎない。

僕らは何に満足してしまっている？　ここで立ち止まっていいのか。

これだけは声を大にして言っておく。ヒマラヤより高い山脈は、もう地球上に存在しない。だが、台湾をも超える凄まじい渓谷は必ずや実在する！

新たな地平、そいつを見つけ出すのは誰。クライミング能力も平凡。水泳力も人並み以下。けれど、魂の奥底にある根源的な未知への渇望、せめてそれだけは激しく持ち合わせていたい。

沢登りの地平を拓く者。

それは、凡人という言葉でひとくくりにされた僕や、あなた自身かもしれない。

世界の渓谷 前編

参考までに、僕の知る世界の渓谷の印象や、簡易的な記録をここに付け加えておきたい。

韓国の谷　1989年

初めての海外の沢登りは、韓国での単独溯行であった。雪岳山《ソラク》から5本、智異山《チリ》から2本の谷を選び出し、思うままに溯行した。雪岳山はさすがに花崗岩王国の名にふさわしく、広大な石畳のような岩盤の発達したナメの続く谷もあったが、深いといえるほどのゴルジュは見かけなかった。溯行対象となる谷は短く、スケールが大きいわけではないが、両岸にはブッシュのないすっきりした岩壁が稜線へと伸び上がり、龍ヶ長城稜や恐竜尾根といった魅力的な岩稜につながっている。

隣国とはいえ、日本では見かけない花崗岩の殿堂のような景観に満足する。ただし、韓国に未知なる何物かを探すのは、ちょっと場違いかもしれない。ほとんどの滝には、渓谷美を求める人たちのための探勝道や踏み跡がつけられている。それだけ弱点の多い谷が主流といえる。

南米 ギアナ高地 ロライマ山　1990年

このときの目的は沢登りではなく、ブラジル、ベネズエラ、ギニアの三国国境にそびえるテーブルマウンテン、ロライマ山の南北完全縦走であった。北の舳先プロアには記録がいくつかあったが、南端のテバシンにたどり着いた記録はなかった。

その南端手前、ついに現われたのはテーブルマウンテンを二つに分断する、底なしの大亀裂だった。それは、北端に行く途中で出会うものとは比べ物にならなかった。もはやこれまでと思ったとき、亀裂の底40m下に巨大なチョックストーン橋が、危うげに架かっているのを見つけた。折しも雷雨。雨をさえぎる逃げ場もなく、われわれは懸垂下降を始めた。チョックストーン上に立てば、両岸壁からはにわかに無数の滝、滝、滝が注ぎ始める。そこはあたかも大ゴルジュの光景。足元の亀裂は、なおも暗い深みへと続き、気を許せば吸い込まれるように転落してしまう。対岸の垂壁に夢中でルート工作を終えるころ、亀裂内部に黄金色の太陽光線が差し込んだ。

向かいにそびえるクケナム山からは、雨を集めて高度差600mの滝が懸かっていた。足元から広大なサバンナに消え行く滝も、200mや300mでは利かなかった。

このギアナ高地には、世界最大の滝エンジェルフォール（979m）がある。この滝を何十日もかけて直登し、数億年の歴史をもつ、砂岩の頂上台地の流れを水源まで忠実にたどれば、どれだけの驚きの光景に出会えることだろう。それは僕の夢、いや、日本の沢ヤの夢の一つではないだろうか。

アメリカ ヨセミテ　1991年

海綿隊（現・充血海綿体）の創設者であり、静岡の愛あるクライミング小冊子『やくたぁもにゃあ』の編集長・服部隆氏（現在、南アルプスを貫通するリニア計画に反対し、生態系保全の立場で活動中）とクラッククライミング目的でヨセミテに行ったが、編集長の居眠り運転で初日から車は大破。助手席の僕は重傷を負い、パンツ一丁でヘリに担ぎ出された。

肋骨の痛みに耐えながら、数日でクライミングに復帰したが、印象に残るのは、かのヨセミテフォール上の風景だ。当たり前といえば当たり前だが、広大な花崗岩の岩盤上を延々と踊るように水が流れていた。こんなでっかい場所、日本にはない！　こうなると日本のナメの谷は、どんな意味をもつのか。出国前に置いてきた渓流タビで溯れば、見えてくるものもあっただろう。

パプアニューギニア ウィルヘルム山 コン川　1997–98年

ニューギニアは火山島だ。国土は日本よりもはるかに大きく、多雨に加えて、山岳の標高も、4500~5000mと理想的な条件をそろえている。もしかしたらここに台湾をしのぐ、凄まじい渓谷があるのではないかと期待をもって、パプア・ウィルヘルムの谷をめざした。

今にも墜落しそうな、おんぼろセスナから見下ろす熱帯雨林は緑一色。大きな岩壁の発達は見られなかったが、100mクラスの滝が深いジャングルに覆われるように点在していた。その先に、文明から隔絶された山地人たちの村がぽっかりと現われた。うそだろ！　これから滑り込む滑走路は鍬でならしただけのデコボコないも畑だ。おまけに、その先は切れ落ちた断崖。動転した僕は、隣に座る同行の清水さん（台湾遡渓《そけい》の先駆者の一人）に、しがみついた。「ガッ！　ガガガガッ！」「つっ、墜落!?」。激しい振動とともにセスナは……無事着陸した。

雨のため、数日、山地のこの村に逗留《とうりゅう》し、パプアの生活を味わう。山地の人たちの純朴さ、屈託のない笑顔、澄んだ瞳にすっかり僕らは魅せられ、次第に心を許すようになっていった。食事は、毎日のごとくサツマイモと焼きバナナだけだった。あるとき、僕は自分の体調の変化に気がついた。絶好調なのである。この十数年、感じたことのない爽快感。ここでの暮らし、質素な食事が合っているらしかった。

いよいよ目的のコン川に入る。パプアの山地人3名が、なぜか加わることになった。足元は裸足。一人はふんどしのみ。実に格好いい。これぞニューギニア流溯行スタイル。

足裏でつかむようにして、ヌメる岩もしっかりホールディングしている。僕らは靴によって、足指の感覚を放棄してしまったことに気付いた。

4000mの山上湖から流れ出す水はさすがに冷たく、徒渉にはスクラムを組んだ。ゴーロの多い谷で、ところどころに滝が現われた。行き詰まった滝でパプアの若者がツルツルと木を登って、やすやす越してしまった。夜は蛮刀で、2時間ほどかけて仮小屋を造ってくれた。ところ変われば沢の生活術そのものも、変えてゆけばいいのだろうか。

いよいよ核心とおぼしき屈曲に差しかかる。しかし、期待したゴルジュは現われずゴーロが続いた。次の曲がり角には3段30mの連瀑帯があったが、台湾のような側壁の発達やスケールは感じられなかった。岩壁はあっても湿潤な気候のため、モスフォレストがすぐに覆い隠してしまうようだ。

メンバーの一人が体調を崩し、協議の結果、ここで溯行を断念した。標高はまだ3000mであった。この旅だけで、ニューギニアの沢登りを語るのはあまりに早計だ。日本の何倍という広い国土に、褶曲山脈あり、巨大火山ありと変化に富む。僕らの探ったのは、そのなかのただ一点。まだまだすばらしい可能性が赤道直下の、この島には秘められている。

中国 福建省の谷 武夷山黄果溪《ウーイーシャンファンガンシー》 2004年

体調の異変に気付いたのは真夜中過ぎ、異様な息苦しさに目が覚めた。胸部のどうしようもない不快感からシュラフを抜け出した。初めは飲みすぎと思い込み、焚き火にかけた出がらしの烏龍茶をがぶがぶ飲んだ。しかし、どうもすぐれない。ついには気持ち悪くなって、タープの外へ出て吐いてしまった。

しとしと降る雨に打たれてうずくまっていると、今度は急に足元から痒みが襲ってきた。えっ、ダニか？　亜熱帯の沢に来ているのだ。ありえないことじゃない。湿疹がプツプツと、次第に膝に向かって上がってくる。ものすごい痒み。大量の見えないダニが足回りを取り巻いたまま、大行進で這い上ってくるというのか。これはおかしい。もしや、ジンマシン？　ヤバい！　何かにあたったんだ。

そのときになって、やっと事態の重大さに気がついた。一刻も早く、毒物を体外に出してしまおうと指を突っ込んで、胃の中の内容物をできるかぎり吐き出した。もちろん、下からも。しかし、ジンマシンは下半身から上半身へと広がり、ついには顔面全体が腫れ始めた。耳たぶが異様な熱をもち、唇はタラコのように膨れ上がり、どこかの漫画のキャラクターのように、人相が変わっていたにちがいない。

何度も何度も嘔吐を繰り返したため、体力の消耗が激しく、ついには動けないまま雨のなか、のされた餅となった。なんてことだ。ここは福建省武夷山中。それも人の入らぬ未開の渓谷のど真ん中だ。周りは深い原生林と獣のにおいに満ち満ちている。自分のもつ動物としての体力と浄化能力で回復させるしかない！　その力がないのなら、俺はここで淘汰されるというわけだ。

われら3人は今朝、山頂から谷を下ってきた。草原帯を下ると源頭の連瀑帯が150mも続いた。やがて谷は傾斜を失くし、緩やかに淵をつなげるようになった。その淵の一つで、僕はかわいらしい生き物を見つけた。斑模様の見たこともないサンショウウオだった。そっと手に乗せ遊んだ。福建省の森と水の結晶！　まるで宝石。あまりのうれしさに僕はほおずりし、ブチュッとキスまでしてしまった。

さらには、サンショウウオがいっぱいいることを発見して、なんだか無性に食べたくなってしまった。「俺はここに暮らす獣になるのだ。ごめん！」とか言いながら、大きめのヤツを焚き火に放り込み、硬くなった尻尾を持ってじっくりこんがりと焼いた。う、うまい。なんて淡白で繊細な味だろう。渓流そのものの味とでもいおうか。あのとき、仲間の梶田正人さんとマッチャン（松原）は一口齧《かじ》っただけだったが、僕は骨までしゃぶって丸ごと食ってしまったのだ。もはやそれ以外、原因は考えられなかった。

長い長い夜が明け、朝を迎えた。幸いジンマシンも引き、どうにか下降を続行することができた。しばらく下るとゴルジュも現われ、花崗岩の中規模な谷となった。充分に沢登り（下り）を楽しませてくれる。クライムダウン、懸垂下降、水泳。屋久島の谷を小ぶりにしたような、好感のもてる谷だ。

世界遺産に指定された武夷山（標高2200m）を流れ下るこの一帯だけは、照葉樹を主体としたみごとな森林が守られていた。豊富な雨量によって、立派な渓谷が創られていたのであった。

やっとたどり着いた麓の村で、村人が梶田さんに尋ねた。「トラには遭わなかったかい？」「……まさか」。正直、ちょっとゾッとした。そして、いつか本当にトラの棲む渓谷を、期待と恐怖をもって溯行する日が来るのかもしれないと思った。

※追記　梶田正人さんは上海在住の沢ヤで、海外溯行同人のメンバーでした。中国国内に精通し、旅のコーディネートをしていただくなど、3年続けた中国大陸沢登りの中心的存在であり、僕と松原の兄貴分でもありました。通称・梶やん。2008年7月、日本帰国中の沢登りで滑落し、他界されました。

中国 雲南省の谷 点蒼山龍渓《ティエンツァンシャンロンシー》 2005年

中国2回目のこの年は、最も興味深い地である雲南省を選んだ。拠点となったのは大理の町。その脇にたたずむ耳海《アルハイ》という美しい湖に、標高4000mからの沢が行儀よく並んで注ぎ込んでいた。

龍渓はそのなかで最も顕著な切れ込みで、国道から途中に大きな滝が存在するのが確認された。元人民解放軍兵士だとかいう女性2人も飛び入り参加して、へんてこなパーティが誕生した。水量は昨年の福建省とは対照的に、乾燥しているためか非常に少なかった。これでは大理石のゴルジュは発達しようがない。大滝の造りは立派であったが、いかんせん水がチョロチョロであった。

3日目、山頂手前で僕は呼吸困難となり、ぶっ倒れそうになった。飛び入り参加の女性たちはピンピン跳ね登っていく。今日も俺は弱かった。4000mを超えるこれからの沢登りは、まず高山症状に打ち勝つことと教えられた。

中国 四川省の谷 峨眉山《オーメイシャン》周辺　2006年

四川省には高山も多く、候補地が数々挙がった。省の首都である成都の町の北側には、標高5000m弱の高さでそびえる龍門山脈（最高峰・九頂山4984m）がある。ここには、いつか必ず足を運びたいが、雨量が若干少ないのが気がかりだ。梶田さんの偵察によると、山脈北面は中腹まで相当に乾燥しているらしい（2008年春の四川大地震は、まさに5000m級のこの山脈に沿う活断層帯で起こったものであった。次回の中国沢登り遠征の最有力と考えていたが、地震は交通網、集落、山肌すべてを大きく変貌させてしまったと思われる。２００６年の旅で関わった都江堰市や汶川県の人々も多くが被災されたことだろう）。

その点、世界遺産に指定されている峨眉山一帯は、この付近では飛び抜けて雨量が多く、全山が石灰岩で占められているという事実に惹かれた。１回目は南面の５㎞ほどの中規模な谷に入ったが、ゴルジュに突入したところで大雨にやられ、敗北する。どん詰まりには立派なゴルジュ滝が通せんぼしており、充実の内容が待っていたはずだ。ひとまず引き返して、入渓の機会をうかがう。

２回目は、峨眉山東面のひと回り小さな谷に日帰りで入った。出合付近は二俣ゴルジュに滝を懸け、すぐ側面に遊歩道が造られていた。喧騒の世界からこっそり外れ、渓谷内に入ると予想以上に落ち着いた美しさを漂わせていた。上流をめざすと歩道も遠ざかり、日本の谷を溯るのと、なんら変わりはなくなった。この峨眉山一帯の谷が充分に溯行対象となりえると確証をもった。

太平洋
アメリカ
カリフォルニア州
ヨセミテ国立公園
南米
ギアナ高地
ロライマ山

世界の渓谷 前編
中国 福建省
武夷山黄果渓
中国 四川省
峨眉山周辺
中国 雲南省
点蒼山龍渓
韓国 雪岳山の谷
韓国 智異山の谷
台湾 豊坪渓、三棧渓
パプアニューギニア
ウィルヘルム山 コン川
インド洋

そして再び、なぜ僕は沢に登るのか

いつか未知には、終焉が来るという人がいた。しかし、それは理屈にすぎない。未知の世界は、大海のように続いている。自分の住む小さな入り江の中で、一生を懸けて楽しみ方を模索する、そんな生き方を否定するつもりはないが、僕にはそれができそうもない。

僕が未知にこだわり続けてきたのは、既成概念を打ち砕く、何物かに出会える可能性があるからだ。たとえば、台湾の大理石ゴルジュのように。僕は、ただ少しでも多くを知りたい。もっと遠くへ行きたいだけなのだ。

沢登りのみならず、多くの生き物たちを追いかける日々のなかである日、気がついた。広大な宇宙空間にひっそり青く浮かぶ、地球というデリケートな星の一員として、僕は生まれてきた。僕は地球の一部であり、裏を返せば、地球は僕の一部である。

この星の示す可能性は、そっくり僕自身の可能性でもあると。未知を求めることは、自分自身の発見にほかならない。そんな考えを理解してもらえるだろうか。

1万年後、100万年後、地球は姿を変えていくだろう。世界最高峰のエベレストもまた、プレート運動の停止とともに風化浸食により、高度を下げていく日が来る。渓谷の姿も同様に、移り変わっていくだろう。称名滝の大風景も、三桟渓《サンチャンシー》の大回廊も不動のものではなく、地球の歴史の中では一瞬の姿にすぎない。

なのになぜ僕は、そんな束の間の輝きをこの目に収めたかったのか。命を懸けてでも、激烈な空間に身をさらしたかったのか。それは、この地球が紛れもなく「生きている星」だという証拠を探し求めていたからではないだろうか。言い換えれば自分が今、このときを精いっぱい生きているのだと、実感したかったからにほかならない。躍動する鮮烈な「水」の流れは一秒刻みに渓谷の姿を、つまりは地球の風景を創り変えている。水の流れをたどるということは、そのダイナミックな現場を目撃することでもある。パイオニアワークの世界は沢登りだけではないが、僕が「水」にこだわる理由がそこにあるような気がする。

地球と同様に、僕は「生きているもの」の宿命を背負っている。永久に生き続けることは、どうやら不可能だ。だからこそ一瞬一瞬が、かけがえのない時間であり、先へ先へと進まずにはいられなかった。地球という奇跡の星に今、自分が生きているということ、これもまた奇跡。与えられた束の間の命の歓びを謳歌するために、僕は遊び続ける。最も魅力的な「渓」という舞台を通して。

あとがき、もしくは火星

何日も山中を徘徊し、疲れきった溯行者がいよいよ麓へと谷を下っていく。溯行の何倍もの神経を使いながら、はやる心を抑え、安全圏をめざして、着実に一歩ずつ下っていく。悪場を抜けると両岸のそば立ちも消えて、河原が続くようになる。

やがて竹林が川岸まで迫り、どことなく人臭さを漂わせるようになる。張り詰めた緊張が緩み、ホッと一息つく。

古い石垣が現われ、荒れたワサビ田にたどり着く。そこから生い茂った雑草の間に続く、かすかな踏み跡を見失わぬように追いかけていく。踏み跡は下るにつれてだんだん明瞭になり、林を透かして、ついに民家の屋根が見えてくる。

ジグザグの道を足早に下りれば、唐突に家の庭先に飛び出す。突然の来訪者に驚いた放し飼いのニワトリが気ぜわしく走り回り、古い家屋の懐かしいにおいが溯行者を温かく包み込む。

この家の主《あるじ》はどこへ行ってしまったのか。家の中をのぞき込めば、かまどからは炎がこぼれ、夕げの支度の最中のはずだが。

ここでは、時間が止まっている？　もしかしたら、主を失くしたこの家屋が、訪問者を何十年も待ち続けていたのではないか。想像はとめどなく膨らんでいく。

「おかえりなさい」。不意に声をかけられ振り向くと、溯行者の妻がいる。

だが、いつもと様子が違う。服は薄汚れて、古着のように見える。化粧はしていない。質素ななかに凛とした透明感を漂わせ、あらためて美しいと思った。

彼はうれしくなる。気がつくと自らの出で立ちも、一昔前の農夫のように変わっている。なぜかそれがしっくりくる。この家の主は、溯行者自身だった。

僕は21世紀の日本に生きている。山中深く点在した集落も、そこに住む人々との暮らしも、そのほとんどが崩壊してしまった。真っ赤なほっぺの、ハナタレ小僧たちの声が消えて久しい廃校。荒れ果てたグラウンドの片隅には、ひっそりカタバミが咲いている。

過疎化が進む一方で、街角には人があふれ、慌ただしく時間が流れている。交差点のあちこちからは、絶えず電子音が鳴り響いている。仕事柄、接することの多い高校生たちにとって、携帯電話はかなり重要な存在であるらしい。

車社会に加えて、パソコン、ケータイは暮らしのなかに浸透し、時間の流れを猛烈に加速させている。有益な情報が容易に入手できる代わりに、誰もが「知る」ことを半ば強要され、それを頑《かたく》なに拒む者にとって、この社会は決してやさしくはない。

もちろん僕も、二酸化炭素を撒き散らして車を乗り回し、快適な住宅に住んで、現代文明の恩恵をたっぷり受けている一人だ。コンビニを頻繁に利用し、ファストフードのにおいに釣られ、肌を露出したお姉さんたちに見とれて、けつまずいたりもする。それはわかっている。それは承知のうえだ。

だが、本当に科学技術の発展によって、人類や地球の未来が拓かれるのだろうか。心の奥底で何かが訴えている。どこか違うぞ、どこか嘘っぽいぞ、と。

先日、地学の授業で火星についての講義を行なった。配るプリントはあくまでも手書きにこだわっている。生徒たちに「汚ねー」と言われようが、それが生きている人の文字というものだ。

わずか数億年前、火星には水がふんだんに存在し、そこには生命が誕生していた可能性がある。もしかしたら、今も地中で想像もできないような、生命が息づいているかもしれない。ヒートアップする僕の熱意と反比例するように、生徒たちはなぜかシラケていく。

ところが「火星改造」なるビデオを見せると、彼らの目は途端に輝きだす。そこに登場する近未来社会、ロボットの発明、資源採掘、人類の移住……。僕は少し寂しくなった。生徒たちの興味をそそるものと、僕の伝えたいことが、あまりにかけ離れている。確かに科学技術の進展なしに、火星の生命を探ることはできない。

しかし、地球を飛び出す一番の意味は、ほかの惑星に生命を見つけ出し、自らの存在を見つめ直すことだと僕は思っている。地球というこの星の中で、あらゆるものが循環しなければ未来はない、そう感じている。


遡行者のたどり着いた民家と、そこに流れるゆったりした時間。それはもう、半世紀も、一世紀も前に失われた時間なのかもしれない。

だが、現代に生きる僕をどうしようもなく惹きつけるのは、そこで暮らす人々が、渓谷に依存する生き物の一種類にすぎなかった時代だからだろう。

野山に糧を得て、夜の闇に畏れを抱き、死して、再び山や谷に還っていく。

今の生活水準に固執したまま地球環境を論じるなど、虫がよすぎる話だ。かといって、過ぎ去った時代を安易に賛美することも慎みたい。貧困や差別が横行していた。

争いも多く生まれていたことだろう。だが、僕らは一度、それを経験してきた。2度目はそれらを克服できるはずだ。

一度、手に入れた物質的な豊かさや便利さを再び手放すのは、簡単なことではない。だが、一歩、また一歩と、それを積み重ねていかなければならない時が来ている。

真の豊かさとは何か、美しさとは何か。沢登りという行為が原始的であればあるほど、僕にそれを教えてくれているような気がしている。

2009年　元旦　成瀬陽一

はるかな地平の向こうに
何が待っているのか

レユニオン島トゥルー・ド・フェール。絞り込まれた地球の底をまたぐ。両岸のそば立ちは計り知れない（写真／佐藤裕介）

台湾 豊坪渓

上流部に現われた10m滝と神秘的な大淵。左壁に走る一条のクラックに望みを託す（写真／青島 靖）

北アルプス
称名川 ハンノキ滝

中段に待ち受ける核心に向かってスラブ帯を登る。連続写真（写真／青島 靖）

石鎚山 高瀑

ついにたどり着いた高瀑落ち口。「おまえはイカレてるー」、佐藤への最大限の讃辞だった（写真／佐藤裕介）

1ピッチ目からすでに垂直。上半部50mは水流が空を飛ぶ。日本最難級の大滝。（写真／佐藤裕介）

ハワイ カウアイ島
ワイアラエストリーム

峡底から13ピッチ。2日がかりで安全地帯に抜け出すと、上流にはみごとな連瀑が……(写真／成瀬陽一)

レユニオン島
トゥルー・ド・フェール

ミノタウロスの洞窟付近。激しい飛沫と瀑風が洗濯機のように谷間を洗い尽くす（写真／佐藤裕介）

地球の底からの脱出劇。前方には250m級のマゼリン谷の大滝が地獄の穴に落下している
（写真／成瀬陽一）

日本最後に残された地図上の空白地帯。峡谷内に宝石のような滝を41数えた（写真／成瀬陽一）

称名滝落ち口の奔放なジャンプから下ノ廊下の溯行が始まる。失敗は許されない（写真／成瀬陽一）

均整の取れたF3をへつる。廊下内の滝は小さいがどれも登り応えがある（写真／成瀬陽一）

台高山脈
往古川小木森滝

紀伊半島最高の課題。核心となる最終ピッチを前に一息つく（写真／小林敏之）

北アルプス 剱沢
三ノ窓雪渓滝ノ谷

広大な右壁に妥協なき新ラインを引く。高差200m。落ち口ビバークもよい想い出だ（写真／青島 靖）

タヒチ島
オロヘナ山と渓谷群

最高峰オロヘナの威容。その懐深く、未踏の峡谷が数多く刻まれている（写真／成瀬陽一）

ニュージーランド
カスケードクリーク

秀麗なる南島の渓谷。大滝の上、スカイラインに沿って特異なゴルジュが展開した（写真／成瀬陽一）

ボルネオ島
キナバル山
ローズガリー

ローズガリー出合の滝にルート工作をする3人。上部に控える側壁登攀は悪絶の一言。奥には問題の洄棚が……（写真／小林敏之）

1時間後、スコールに誘発されて次々と土石流が発生。一帯は修羅場と化した（写真／小林敏之）

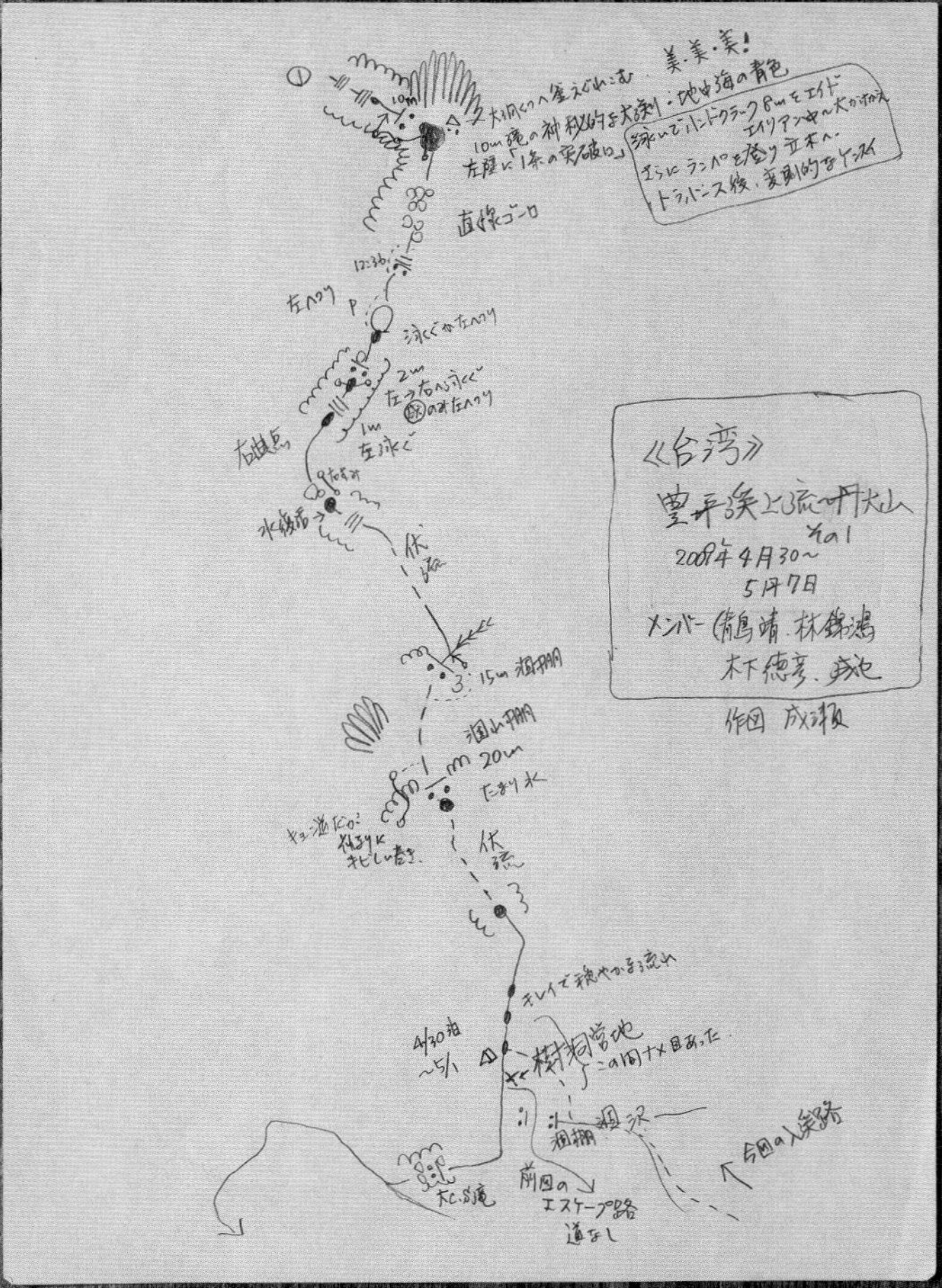

《台湾》
豊平渓上流～丹大山へ
その1
2008年4月30～5月7日
作図 成瀬
美・美・美!
地中海の青色
直線ゴーロ
左へつり
泳ぐか左へつり
左泳ぐ
水線沿
休憩
15m 滝
20m
たまり水
休憩
キレイで穏やかな流れ
4/30泊
～5/1
今回の入渓路
前回の
エスケープ路
道なし
大C.S滝

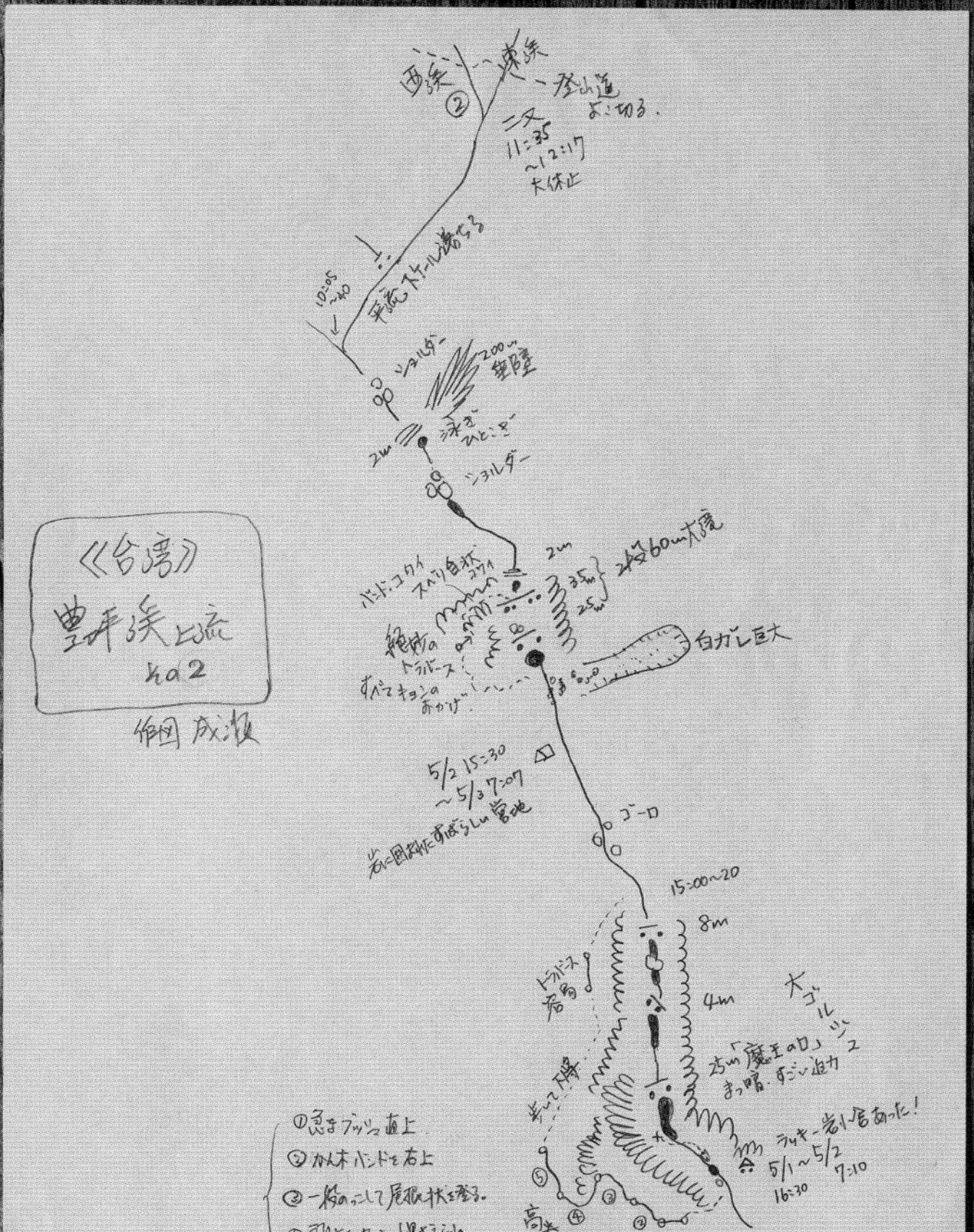
《台湾》
豊坪渓上流
その2
作図 成瀬
西渓
②
東渓
登山道
よこ切る。
二又
11:35
~12:17
大休止
平流 スケール感なる
10:05
~40
シヨルダー
200m
壁
2m
泳ぎ
ひとこぎ
シヨルダー
バンドコワイ
スベリ台状
コワイ
2m
35m
25m
2段60m大滝
絶妙のトラバース
すべてキョンのおかげ
白ガレ巨大
5/2 15:30
~5/3 7:07
岩に囲まれたすばらしい営地
ゴーロ
15:00~20
8m
トラバース
容易
4m
大ゴルジュ
25m「魔王の口」
まっ暗、すごい迫力
歩いて下降
ラッキー 岩小屋あった!
5/1~5/2
16:30
7:10
高巻き 5ピッチ 厳しい。
一見 絶望的だが…。
① 急なブッシュ直上
② かん木バンドを右上
③ 一段のっこして尾根状を登る。
④ 頭上をカベに押さえられ絶妙なトラバース
⑤ 段差をのっこして、ゆるい尾根へ。

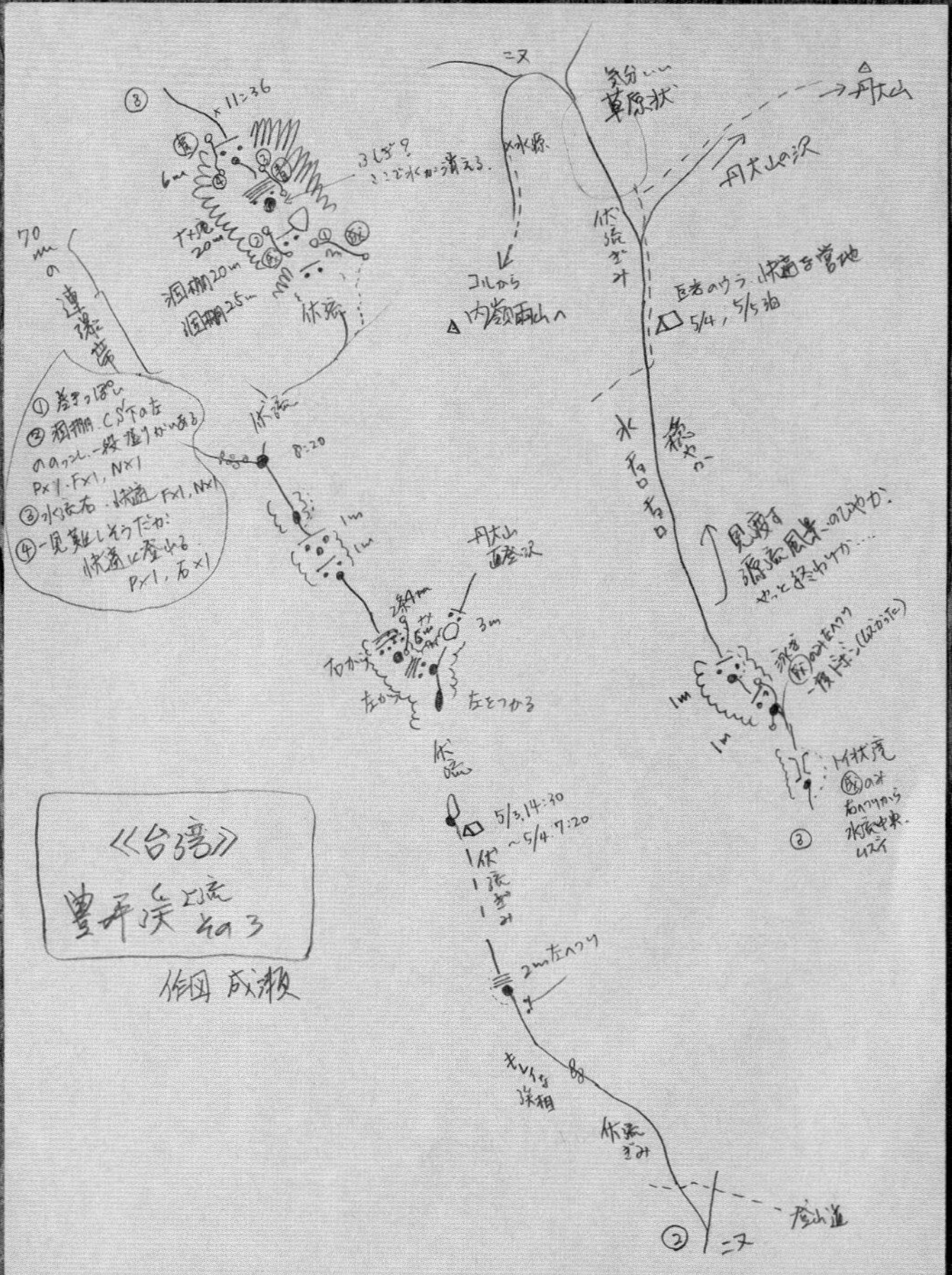

《台湾》
豊坪渓上流 その3
作図 成瀬
③
11:36
6m
ろじ？
ここで水が消える。
十＊滝
20m
洞棚20m
洞棚25m
伏流
70mの連瀑帯
① 巻きっぽい
② 洞棚、CS下の左のハングル、一段登りがある
P×1、F×1、N×1
③ 水流右、快適 F×1、N×1
④ 一見難しそうだが快適に登れる
P×1、右×1
伏流
8:20
1m
1m
2条4m
6m
3m
丹大山直登沢
右から
左から
左をつかる
伏流
5/3 14:30
~5/4 7:20
伏流ぎみ
2m左へつり
キレイな渓相
伏流ぎみ
登山道
②
二又
二又
水源
コルから
内嶺爾山へ
気分いい
草原状
丹大山
丹大山の沢
伏流ぎみ
巨岩のウラ、快適な営地
5/4、5/5泊
水ちょろちょろ
森ヤブ
見渡す渓流風景のひやか、やっと終わりが……
1m
1m
一段下る
トイ状滝
右へつりから水流中央
③

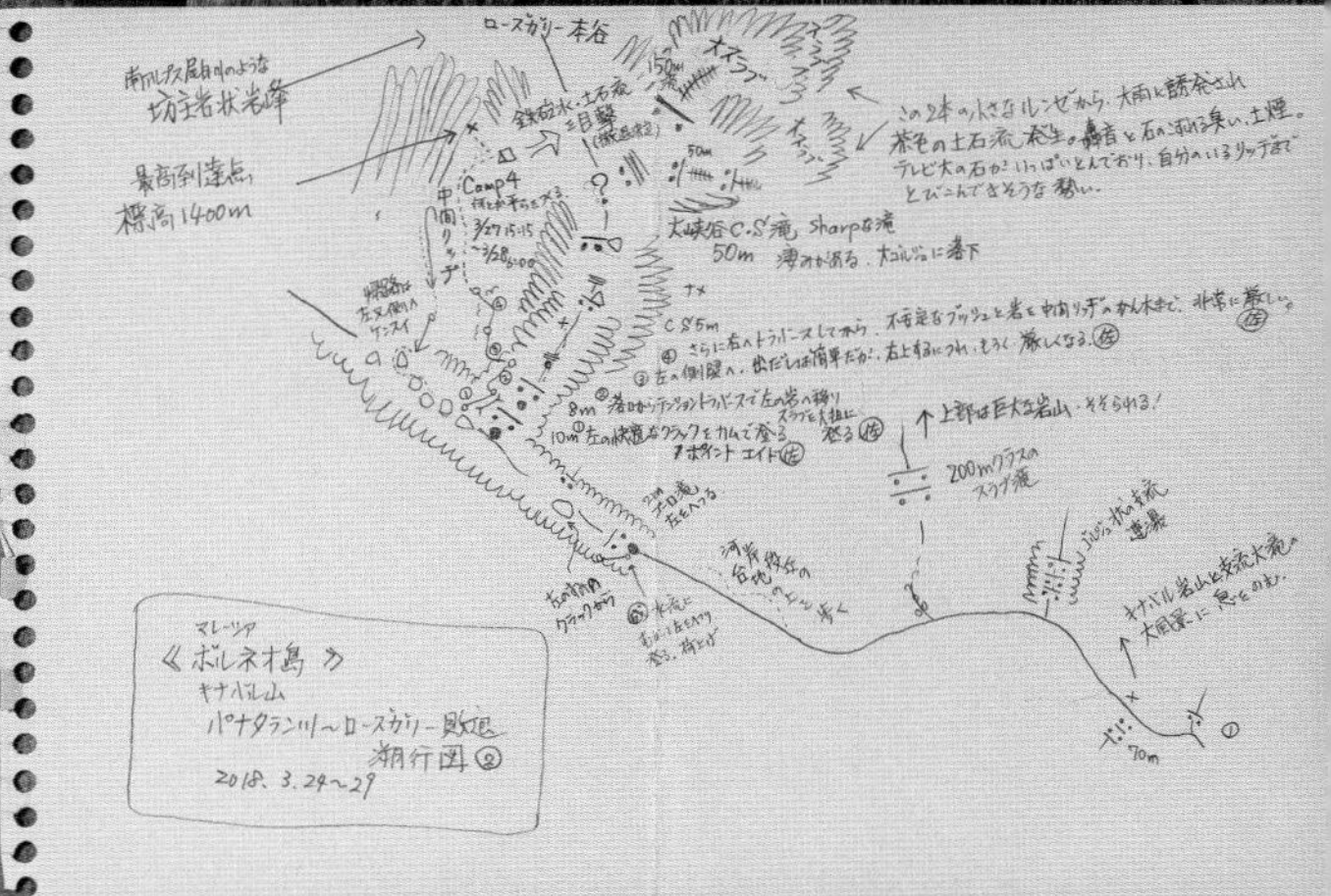
ロースガリー本谷
南アルプス甲斐駒のような
坊主岩状岩峰
最高到達点
標高1400m
鉄砲水・土石流
目撃
Camp4
中間リッヂ
3/27 15:15
~3/28 6:00
150m滝
オネラブ
この2本の小さなルンゼから、大雨に誘発され
茶色の土石流発生。轟音と石の流れる臭い、土煙。
テレビ大の石がいっぱいとんでおり、自分のいるリッヂまでとびこんできそうな勢い。
50m
大峡谷C.S滝 Sharpな滝
50m 滝つぼがある。大ゴルジュに落下
帰路は左又側へケンスイ
C.S 5m
さらに右へトラバースしてから、不安定なブッシュと岩を中間リッヂのかん木まで。非常に厳しい。(佐)
④ さらに右へトラバースしてから、右上するにつれ、もろく厳しくなる。(佐)
③ 左の側壁へ。出だしは簡単だが、右上するにつれ、もろく厳しくなる。(佐)
8m ② 落口からテンショントラバースで左の岩へ移りスラブを大胆に登る (佐)
10m ① 左の快適なクラックをカムで登る 1ポイント エイド (佐)
↑ 上部は巨大な岩山。そそられる！
200mクラスのスラブ滝
2m ナロ滝 左をへつる
左の草付のクラックから
河岸段丘の台地のヤブを歩く
ゴルジュ状の支流 連瀑
キナバル岩山と支流大滝の大風景に息をのむ。
70m
①
マレーシア
《ボルネオ島》
キナバル山
パナタラン川～ロースガリー 敗退
溯行図 ②
2018. 3. 24～29

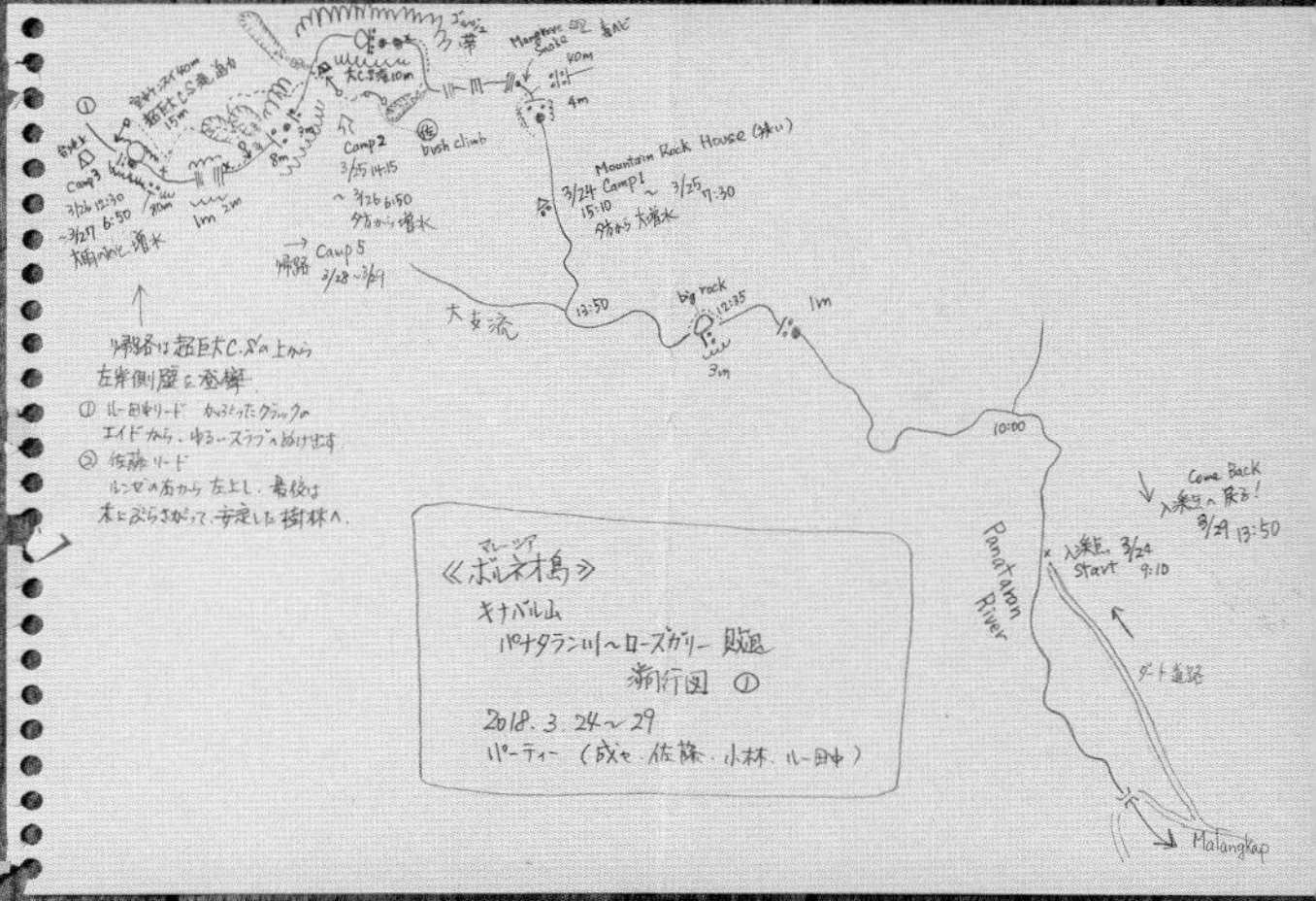
①
台地
Camp3
3/26 12:30
~3/27 6:50
大雨のため増水
超巨大C.S滝 迫力 15m
80m
1m 2m
8m
3m
大C.S滝10m
ゴルジュ帯
Camp2
3/25 14:15
~3/26 6:50
夕方から増水
(佐) bush climb
Mangrove Snake 毒ヘビ
40m
4m
Mountain Rock House (狭い)
3/24 Camp1 15:10 ～ 3/25 7:30
夕方から大増水
帰路 Camp5
3/28 ~ 3/29
大支流
13:50
big rock
12:35
1m
3m
帰路は超巨大C.Sの上から
左岸側壁を登攀
① ル-田中リード かぶったクラックのエイドから、ゆるいスラブへぬけ出す
② 佐藤リード
ルンゼの右から左上し、最後は木にぶらさがって、安定した樹林へ。
10:00
Come Back
入渓点へ戻る！
3/29 13:50
入渓点 3/24
Start 9:10
Panataran River
ダート道路
Malangkap
マレーシア
《ボルネオ島》
キナバル山
パナタラン川～ロースガリー 敗退
溯行図 ①
2018. 3. 24～29
パーティー（成々、佐藤、小林、ル-田中）

《Hawai Caua'i》 Wai'alae Stream

アメリカ ハワイ州 カウアイ島 ワイ・アラエ・ストリーム《ワイメアキャニオン支流》 溯行

2012年 4月28～5月1日 パーティ（青タイ・佐藤・宮城・成セ）

火山島の壮大なるゴルジュにかかる連瀑帯

その荒涼たる大峡谷からの脱出、登攀全16ピッチ

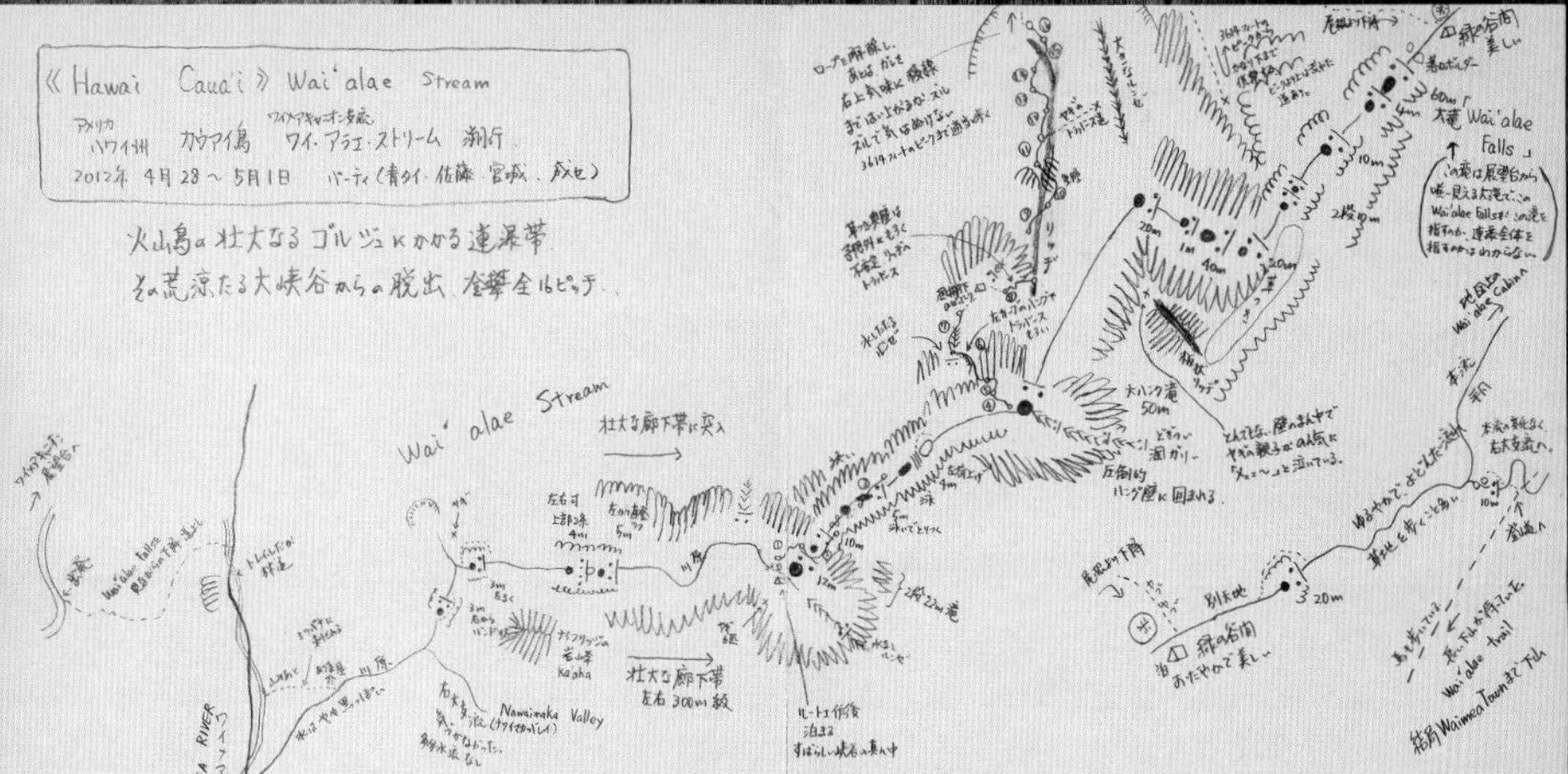

〈登攀メモ〉

① 宮 45m 2段20m滝 下段12mは、左からバンド状に出て右へトラバース。立木から直上して岩のブロックをこし、裏側をクライムダウン。左壁を登って落口へ。

② 成 25m 上段10mは、ぬめる落口をとびわたり、シャワーから快適な右壁。

③ 佐 35m 流れにさからって泳ぎ、ナメ滝の左へとりついて登り、最後は垂壁を左上へのりこす。

④ 宮 50m 大ハング50m滝のまきは、まず落口左の草つき壁を左上して立木へ

⑤ 青 40m ずるずるの草つき斜面を壁下へ。落口への右上は厳しく断念。

⑥ 佐 30m 左へカーブするハング下の凹角を左上するのが唯一の脱出路。極端にもろく、デリケートなエイドで、最後はかん木にぶら下がり上へぬける。厳しい。

⑦ 佐 50m 快適なルンゼを直上。ゆるいルンゼを歩き奥壁下へ。

⑧ 成 50m 易しいと思った草つき奥壁は非常にもろく不安定。イボイノシシを何本か使い、エイドを混じえて右上のリッヂへ。シビア。立木へ。

⑨ 佐 20m リッヂを登り、ちょっと悪く上からロープたらす。

⑩ 佐 25m すっぱり落ちたリッヂ右の垂壁を登る。立木へ。

⑪ 宮 40m ズルズルの凹角からリッヂ、ヤギバンドまで

⑫ 宮 50m ヤギバンドは行けず、もろいリッヂを直上

⑬ 佐 50m もろいリッヂから左へトラバース

⑭ 佐 35m ゆるい壁直上

⑮ 成 50m リッヂを反対側にこして右上、適当に切る。

⑯ 成 50m 出だしの垂壁にカムをきめてこし、ゆるい岩場を登る。終了。

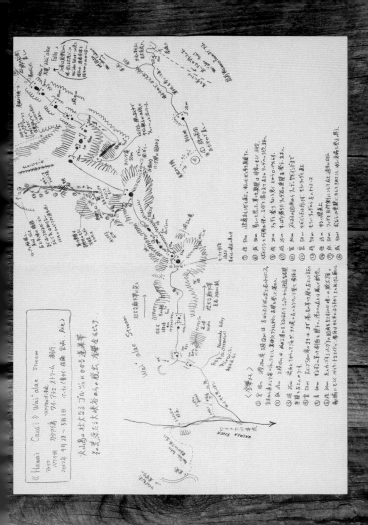

《Réunion島》

「Trou de Fer」地獄穴

Bras de Caverne 溯行

2013年8月11〜14日

メンバー（佐藤、ル-田中、成セ）

その1

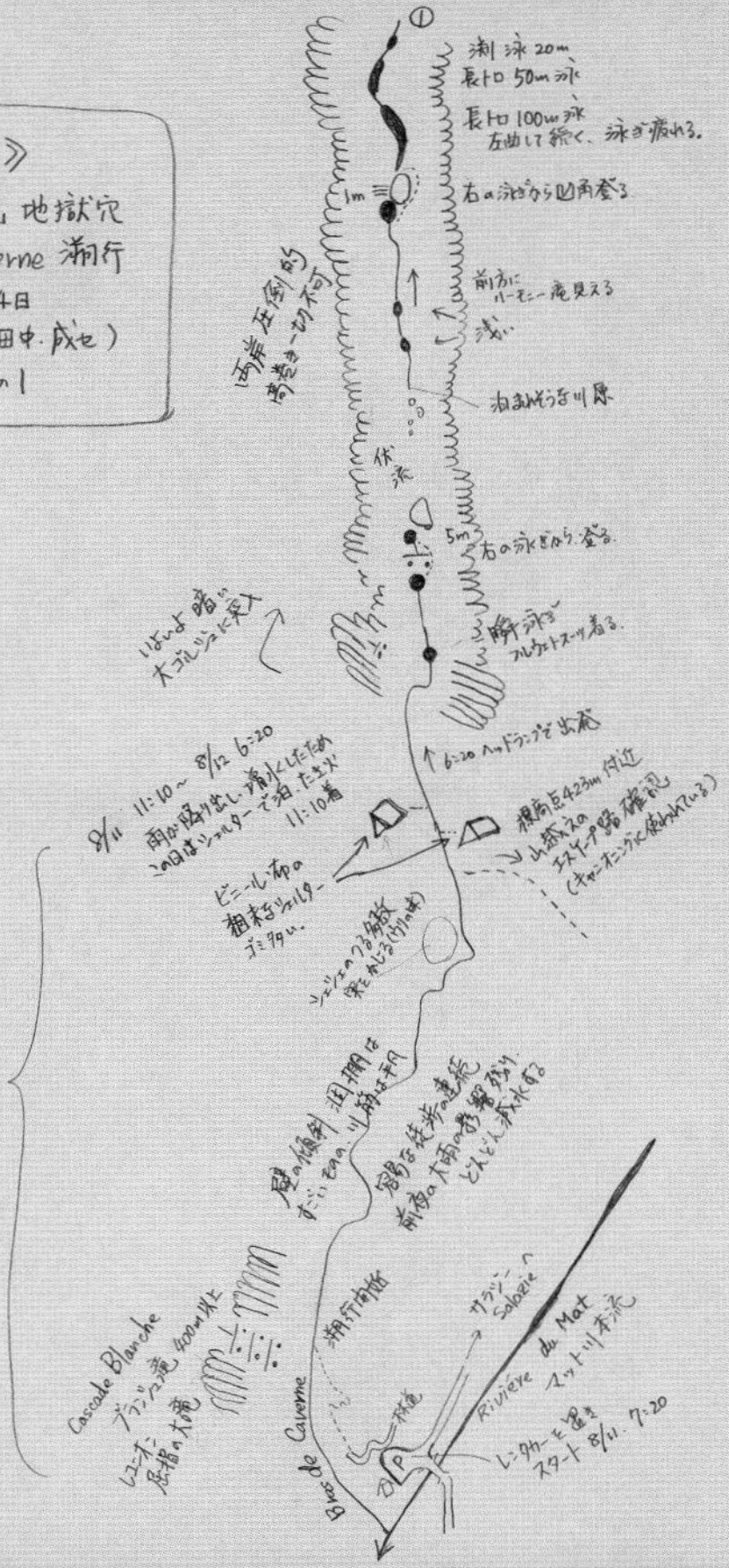

この図、Trou de Ferまでの半分を占めるが
変化すくなく、圧縮した溯行図となっている

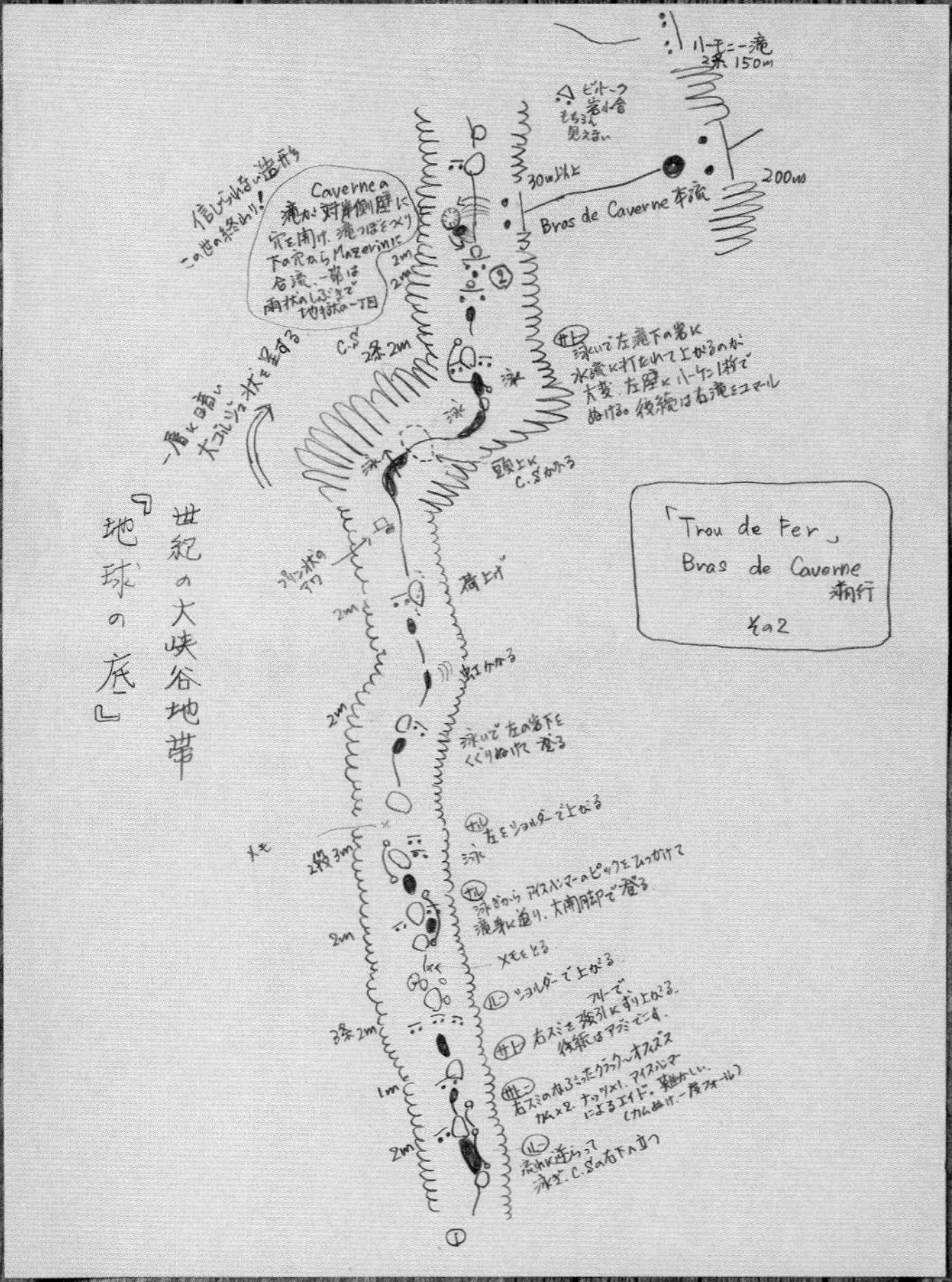

「Trou de Fer」
Bras de Caverne
溯行
その2
世紀の大峡谷地帯
『地球の底』
一層に暗い
大ゴルジュ状を呈する
信じられない造形
この世の終わり!
Caverneの
滝が対岸側壁に
穴を開け、滝つぼをつくり
下の穴からMazerinに
合流。一帯は
雨状のしぶきで
地獄の一丁目
ハーモニー滝
2条 150m
ビドーク
岩小舎
もちろん
見えない
30m以上
Bras de Caverne本流
200m
2m
2m
C.S
2条 2m
泳
泳
泳
②
井上
泳いで左滝下の岩に
水流に打たれて上がるのが
大変。左壁にハーケン1枚で
ぬける。後続は右滝をユマール
頭上に
C.Sかかる
プリン状の
テワ
荷上げ
2m
虹かかる
2m
泳いで左の岩下を
くぐりぬけて登る
ナル
左をショルダーで上がる
泳
メモ
2段 3m
ナル
泳ぎからアイスハンマーのピックをひっかけて
滝身に迫り、大開脚で登る。
2m
メモをとる
ルー
ショルダーで上がる
3条 2m
井上
右スミを強引にずり上がる。
フリーで。
後続はアブミで。
1m
井上
右スミのかぶったクラック〜オフィズス
カム×2、ナッツ×1、アイスハンマー
によるエイド。難しい。
(カムぬけ、一度フォール)
2m
ルー
流れに逆らって
泳ぎ、C.Sの右下へ立つ
①

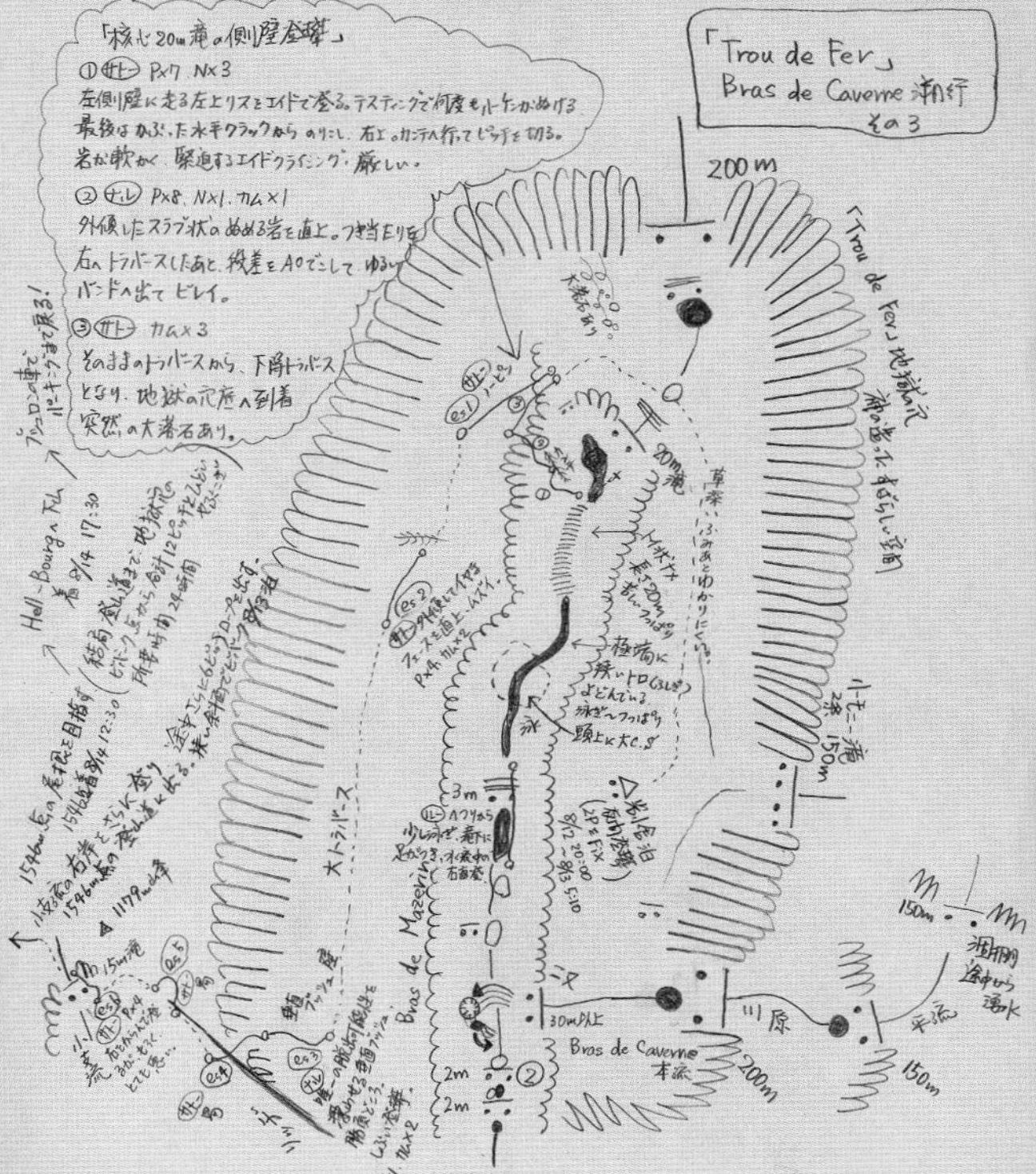

- Caverne と Mazerin の合流点は絶えず激しいしぶきで嵐の中。由布峡みこやしき滝を思い出す。左岸からの Caverne が右岸側壁に穴をあけ滝つぼをつくり、下の穴からあふれる。ここは地獄の一丁目なのか。
- 地獄の一丁目ゴルジュをぬけて地獄穴に這い上がり、さらに地獄の穴底から台地へ脱出する。
- Trou de Fer 地獄穴は意外に広い。そして3つの巨大滝は圧観な光景

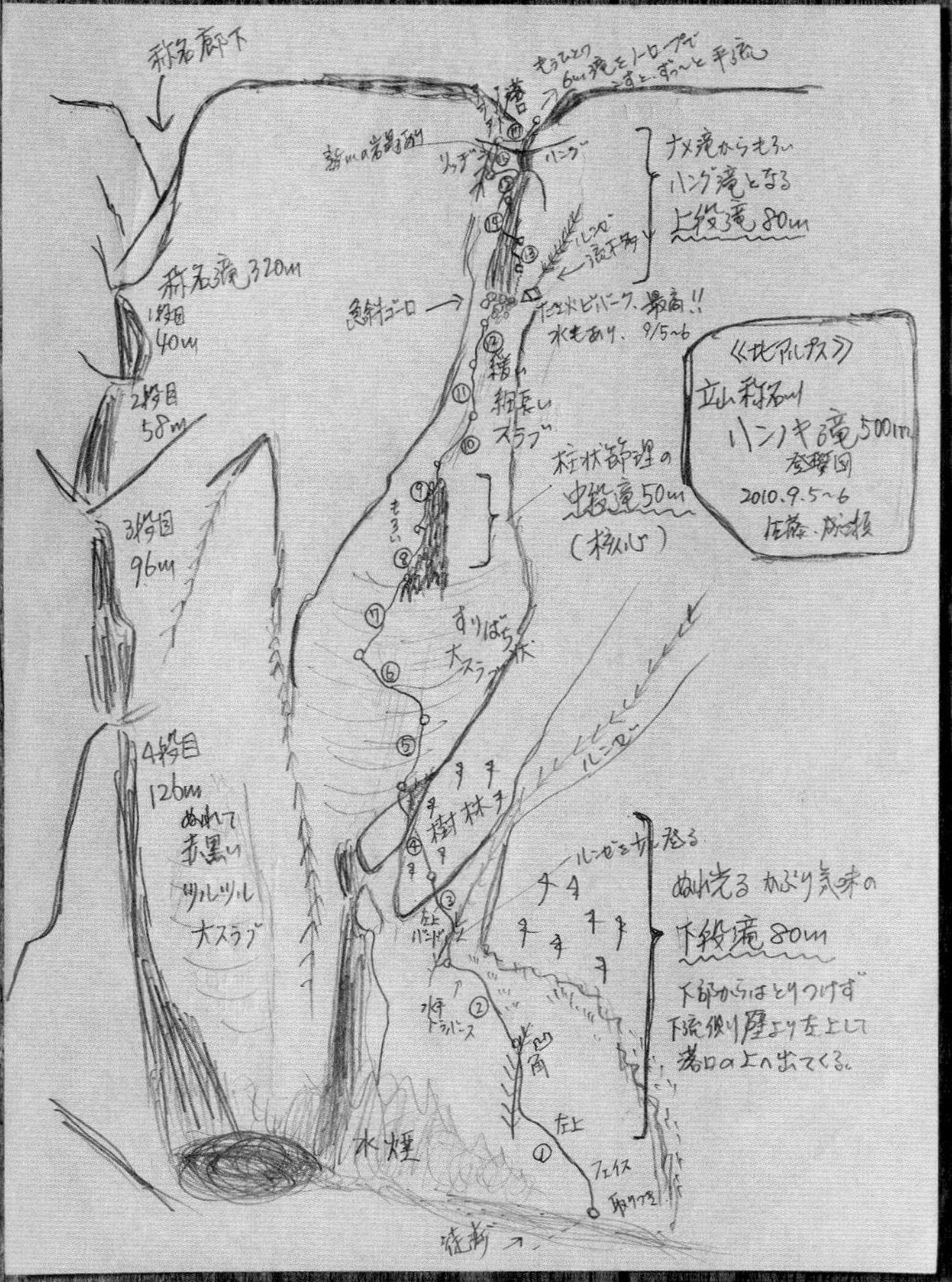
称名廊下
もうひとつ 6m滝をトロープで
ずっと、ずっ〜と 手う流
落口
ハング
リッヂ
ナメ滝からもろい
ハング滝となる
上段滝80m
ルンゼ
流木多
急斜ゴーロ
たき火ビバーク、最高!!
水もあり。9/5〜6
《北アルプス》
立山称名川
ハンノキ滝500m
登攀図
2010.9.5〜6
称名滝320m
1段目 40m
2段目 58m
3段目 96m
4段目 126m
ぬれて 赤黒い ツルツル 大スラブ
緩い 斜長い スラブ
柱状節理の
中段滝50m
(核心)
もろい
すりばち状 大スラブ
ルンゼ
樹林
ルンゼを登る
ぬれ光る かぶり気味の
下段滝80m
下部からはとりつけず
下流側り壁より左上して
落口の上へ出てくる。
左上 バンド
水平 トラバース
凹角
左上
フェイス
取り付き
水煙

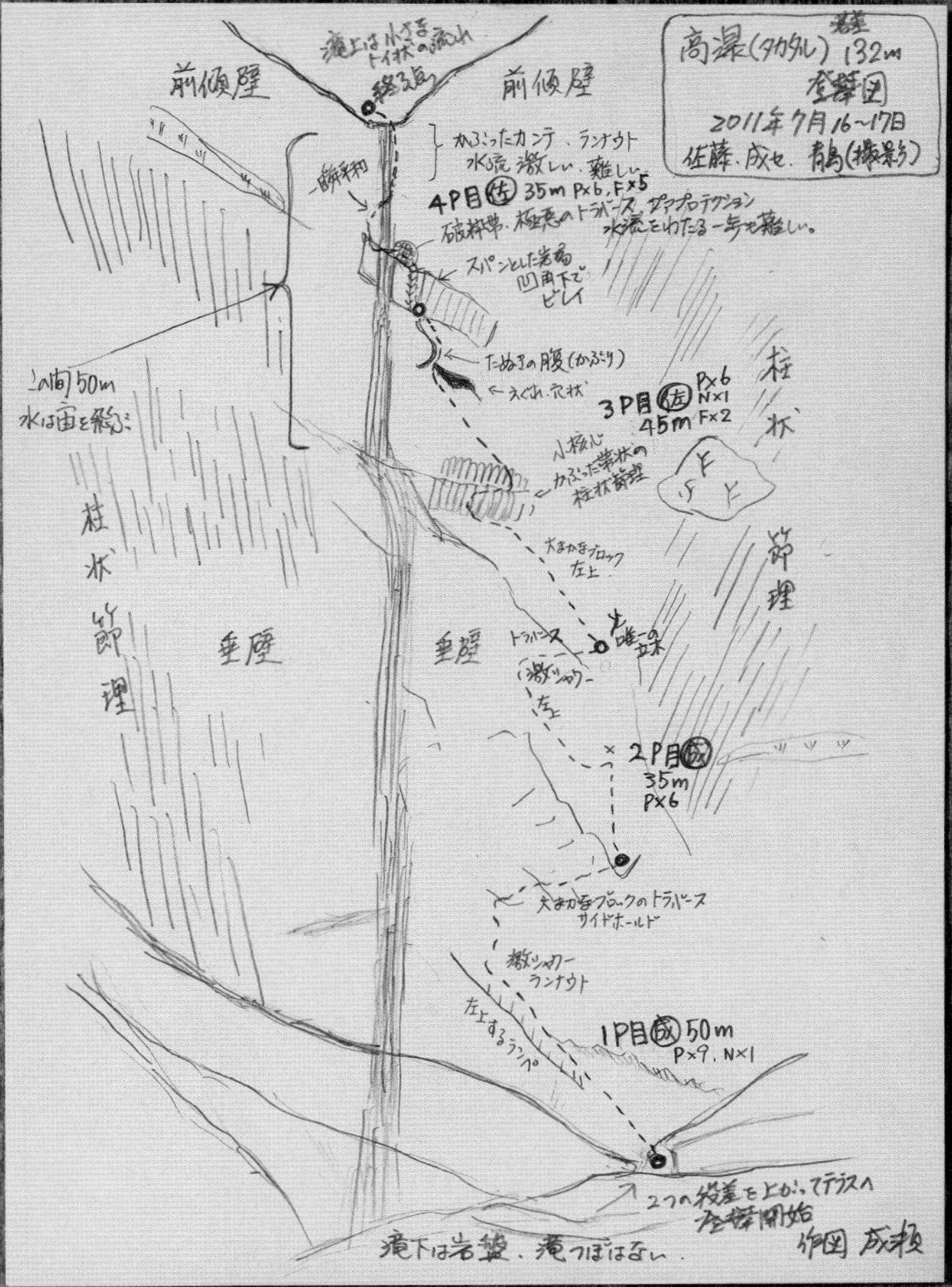

高瀑(タカタル) 落差 132m
登攀図
2011年7月16~17日
佐藤、成セ、青島(撮影)
滝上は小さなトイ状の流れ
終了点
前傾壁
前傾壁
かぶったカンテ、ランナウト
水流激しい、難しい
一瞬平和
4P目 佐 35m P×6、F×5
破砕帯、極悪のトラバース、ノープロテクション
水流をわたる一歩も難しい。
スパンとした岩場
凹角下でビレイ
たぬきの腹(かぶり)
えぐれ、穴状
二の面50m
水は宙を飛ぶ
3P目 佐 45m P×6 N×1 F×2
小核心
かぶった帯状の
柱状節理
柱状節理
柱状節理
大きなブロック
左上
唯一の立木
トラバース
激シャワー
左上
垂壁
垂壁
2P目 成 35m P×6
大きなブロックのトラバース
サイドホールド
激シャワー
ランナウト
左上するランプ
1P目 成 50m
P×9、N×1
2つの段差を上がってテラスへ
登攀開始
滝下は岩盤、滝つぼはない
作図 成瀬

《北アルプス》

槍沢ババ平対岸。中央大滝 登攀

高差120m (上部垂直部70m＋下部スラブナメ滝50m)

2014年9月22日　(青タイ、成セ)

ババ平わずか上流 対岸の横尾尾根には3本の細い大滝がかかる。中央の大滝は傾斜も強く端正な姿で申し分ない立派な大滝であった。

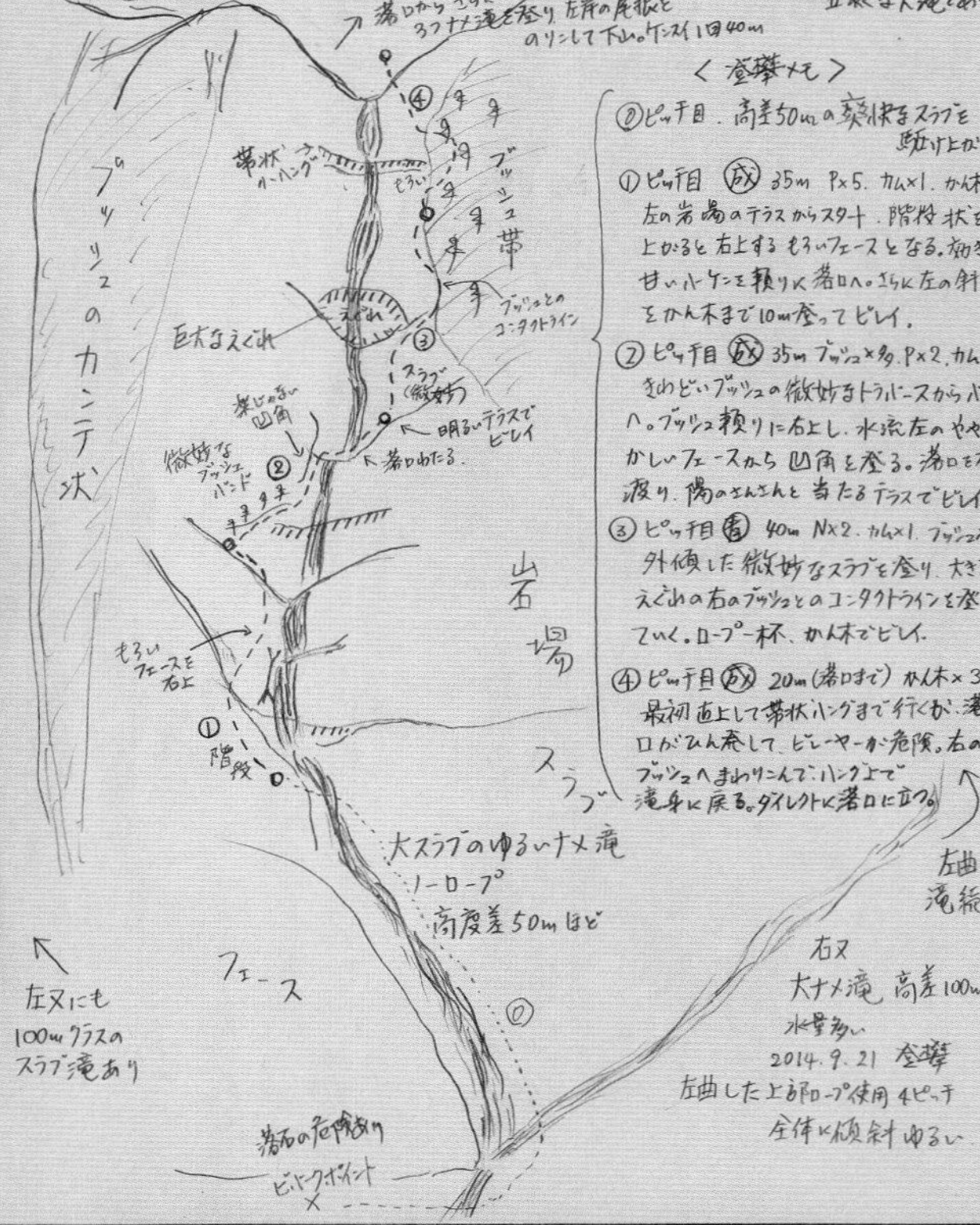

＜登攀メモ＞

⓪ピッチ目．高差50mの爽快なスラブを駆け上がる。

①ピッチ目 (成) 35m P×5．カム×1．かん木×1
左の岩場のテラスからスタート．階段状を上がると右上するもろいフェースとなる。効きの甘いハーケンを頼りに落口へ。さらに左の斜面をかん木まで10m登ってビレイ．

②ピッチ目 (成) 35m ブッシュ×多．P×2．カム×2
きわどいブッシュの微妙なトラバースからバンドへ。ブッシュ頼りに右上し．水流左のやや難かしいフェースから凹角を登る。落口を右へ渡り．陽のさんさんと当たるテラスでビレイ。

③ピッチ目 (青) 40m N×2．カム×1．ブッシュ×3
外傾した微妙なスラブを登り．大きなえぐれの右のブッシュとのコンタクトラインを登っていく。ロープ一杯、かん木でビレイ．

④ピッチ目 (成) 20m(落口まで) かん木×3
最初直上して帯状ハングまで行くが、落口がひん剥して、ビレーヤーが危険。右のブッシュへまわりこんで、ハング上で滝身に戻る。ダイレクトに落口に立つ。

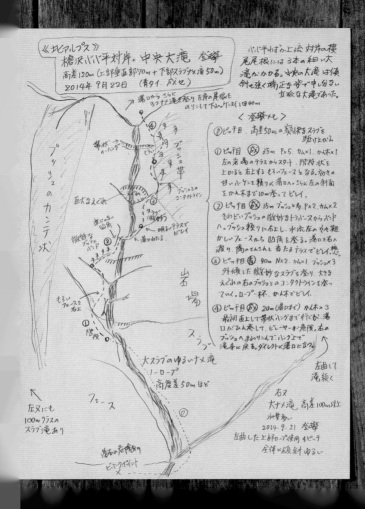

《北アルプス》
槍沢バハ平対岸
「左又白いスラブから始まる
大連瀑」高差150m 登攀
2017年8月12日
（成セ、ユカコ）

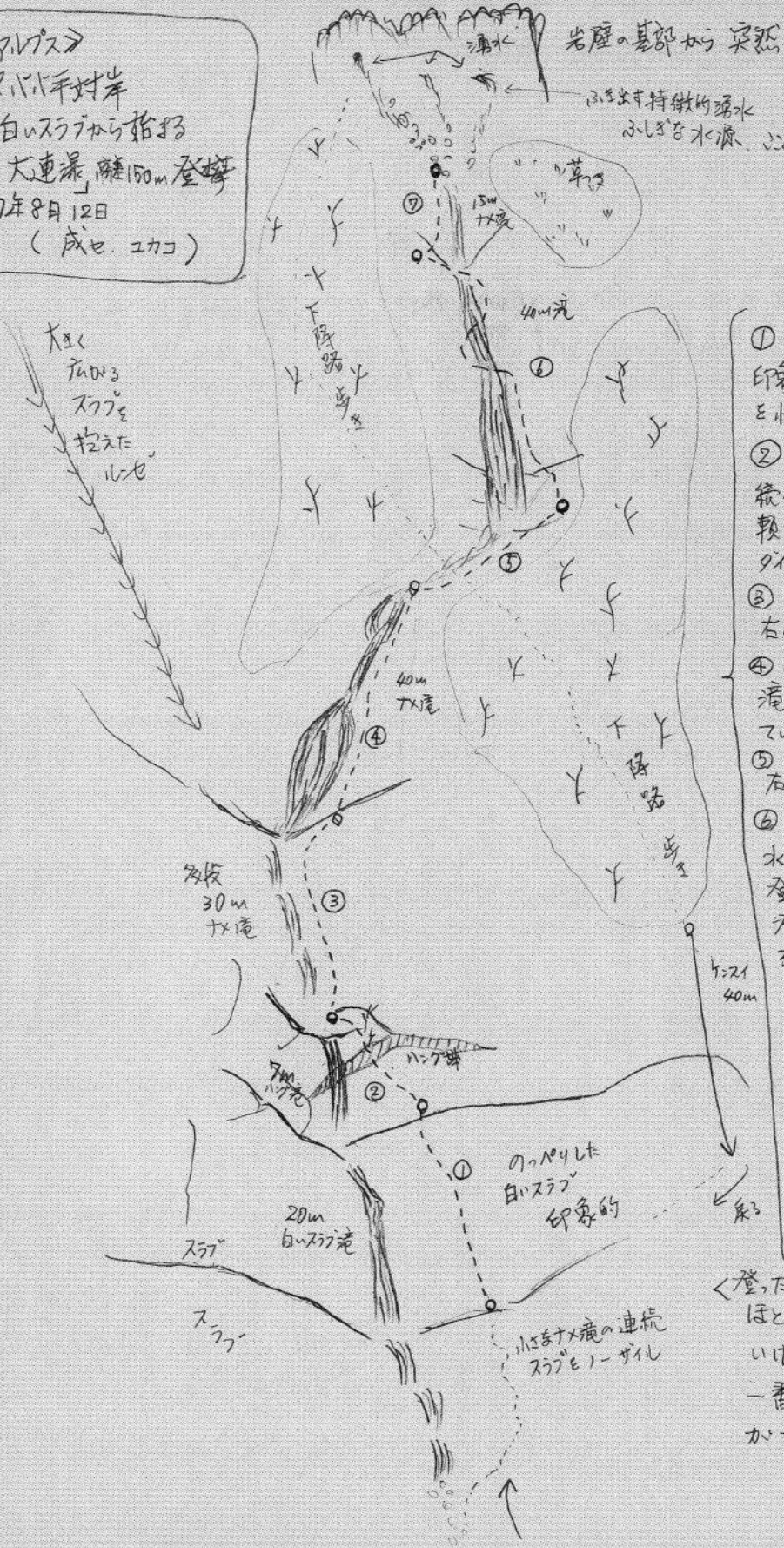

＜登攀メモ＞

①ピッチ目　25m　P×1、カム×2
印象的な白い20mスラブ滝の右壁を慎重に登る。フリクション気持ちいい。

②ピッチ目　15m　P×1、ブッシュ×2
続く7mハング滝は、2本のブッシュを頼りに、すぐ右の小ハングをA1アブミでダイレクトにのりこす。

③ピッチ目　ブッシュ×1　40m
右のスラブ壁を登る。容易

④ピッチ目　ブッシュ×2　50m
滝右壁の厚い苔をふんで登っていく。

⑤ピッチ目　木×1　30m
右を行く。容易

⑥ピッチ目　P×2、N×1、カム×2　ブッシュ×1　50m
水流右の垂直フェースを一段登り、水流に沿ってシャワーで登る。右のブッシュに支点をとり強烈シャワーで横断。さらにハーケンを1枚うって今度は激シャワーで右へ渡り返す。吹きとばされそう。段差をぬけまたまた左へ渡って立ち木でビレイ。核心。

⑦ピッチ目　ノーピン　20m
ナメ滝を慎重に登って落口上でビレイ。終了

＜登った印象＞
ほとんど滝の脇を登っていける好ルート。バハ平の大滝の3本の中で一番クライミングらしい登りができる。

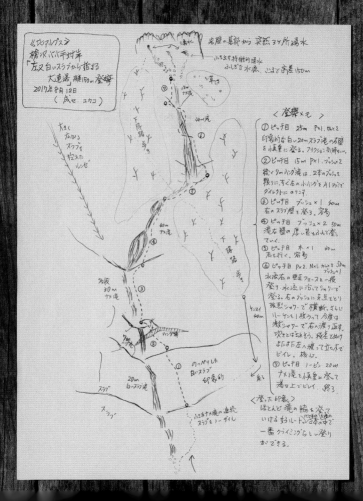

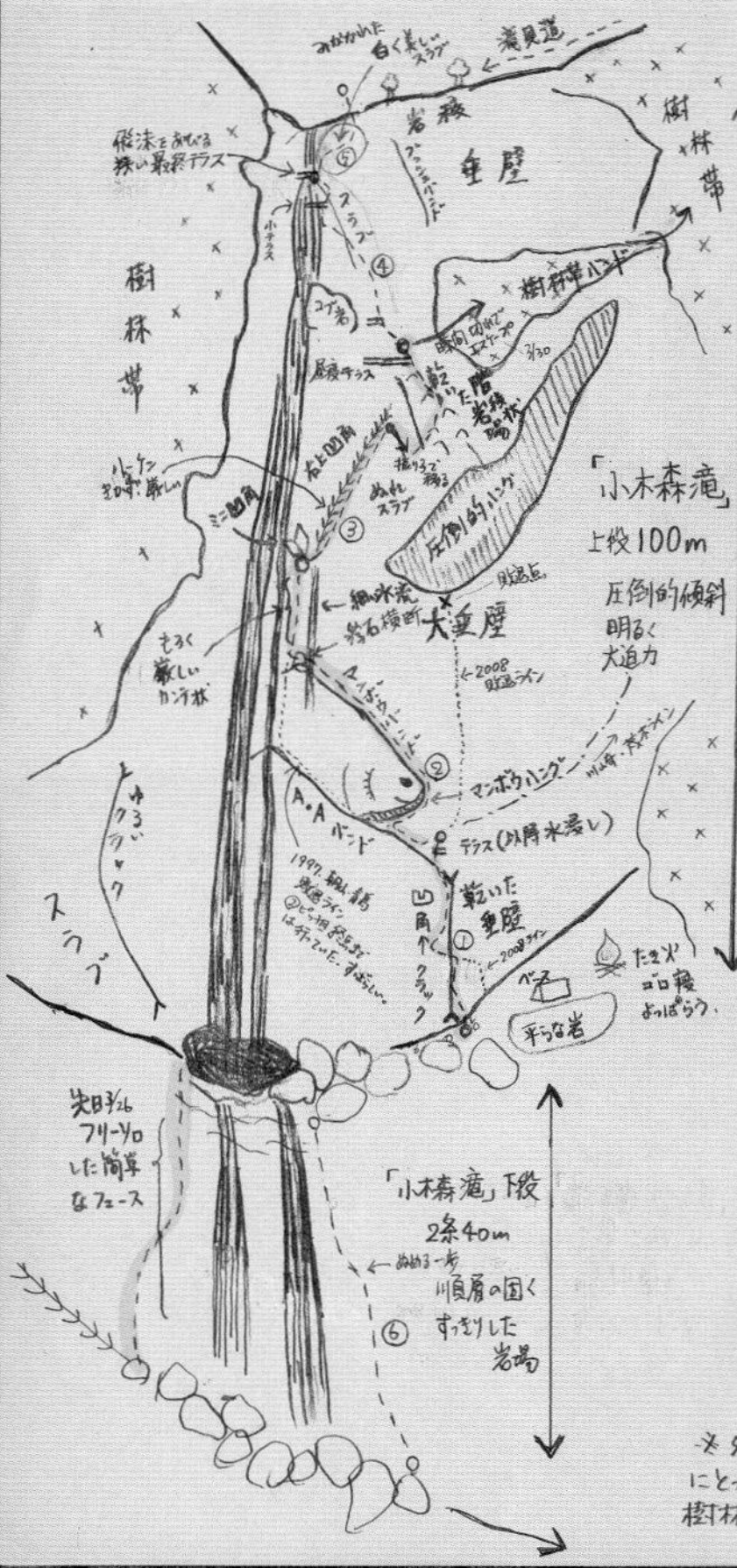

《台高》 2段140m

往古川 小木森滝登攀その1

2013. 3. 30 ①〜③ピッチ
（下部から上部樹林バンドまで）
3. 31 雨のため撤退
（パーティー 小林トシゾー、成セ）

④、⑤と⑥ピッチは 2013. 4. 5登攀

ルート名「2013. マンボウライン」

＜登攀メモ＞ 2013. 3. 30

①ピッチ目 (成) 40m Ⅳ、Ⅴ+ P×7, カム×3
滝右壁の乾いた岩場にある顕著なクラックから凹角にとりつく。上部したたりあり。神経を使う。右上のバンドに立つと残ボルト。ここから左へイヤなトラバースをして凹角左のスラブに出、再び右上して凹角に入り、段差を越していく。最後の段差がややムズかしい。バンドを左へ行き、ヌレた岩を登って大テラスへ。

②ピッチ目 (成) 30m A1 P×13, カム×7
テラスからはずっと浸りを頭上から受ける。A・A（朝山・鶴）バンドは行かず、すぐのマンボウハングをカムのエイドでのっこし、マンボウバンドへ。バンドを左上していくと、大きな浮石。これを控え、細い滝をあびて横断すると核心部。もろく厳しいカンテ状をハーケンの人工で直上。特にビレイ点直下3〜4mがもろく、極どい。しぶきをあび強引に外傾スタンスでハンギングビレイ。ビレイ点は、奥のミニ凹角にカムをきめ、ハーケン3枚で補強。

③ピッチ目 (成) 35m A1・Ⅳ・Ⅴ+ P×10, カム×10
右上する顕著なクラック〜凹角に入る。②ピッチ目と同様にシャワークライム。はじめの右上フィンガークラックをこすと、ハーケンの入らない段差。フリーでもこせず、時間をくう。何とかハーケンをきめのっこすと、あとは右上する凹角。なかなかにぬめって厳しいフリーでつき当たりまで上がり、ハーケンをきめて振り子ぎみにぬれたスラブを横断。右の乾いたスラブへ出て、一段難かしいのっこし後、ゆるい右手の段々の岩場を登って、コブ岩下の快適なお昼寝テラスへ。ついに核心を脱出。

※ 多少時間はあったが、上部の楽しみは翌日にとっておく。何より、たき火と宴会のためにも樹林バンド経由でベースへ。翌日は雨。無念。撤退。

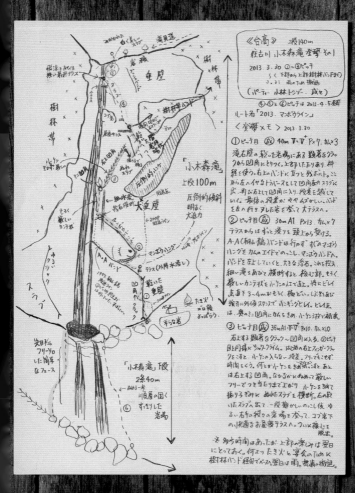

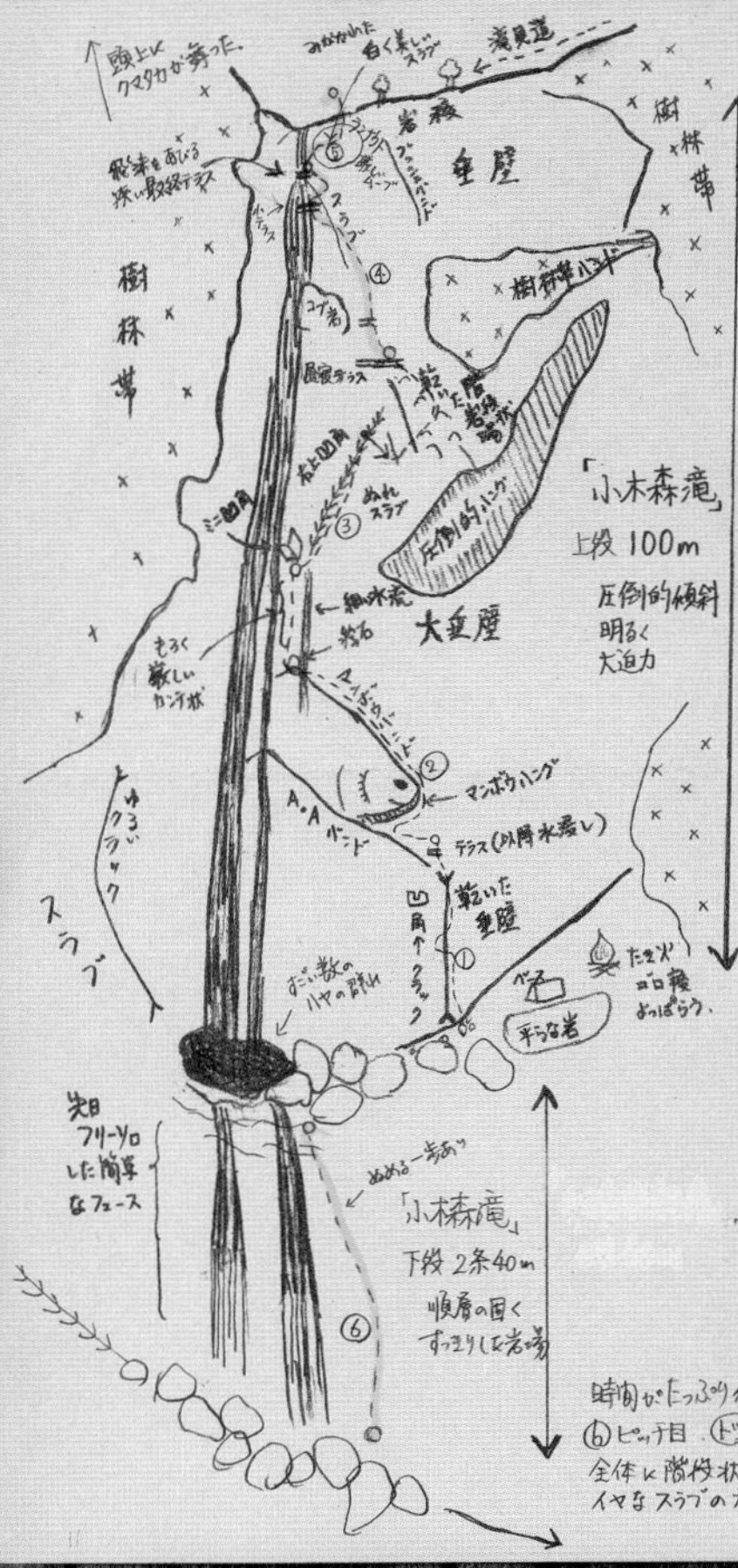

《台高》　2段140m

往古川　小木森滝登攀その2

2013.4.5　④と⑤ピッチと
下段滝の⑥ピッチ
（これですべて完登）
（パーティー　小林トンゾー、成也）

①〜③ピッチは2013.3.30に登攀
ルート名「2013 マンボウライン」

〈登攀メモ〉2013・4・5

雨で撤退してやり残した上部の登攀をするため、落口より40mケンスイでコブ岩下のお昼寝テラスへ。

④ピッチ目　(トン)　35m Ⅴ$^{+}$　P×5、カム×4

テラスより簡単な段差をのりこすとコブ岩横のテラス。足元にハーケンをきめ微妙なスラブを上がり、ここでカムをきめる。スラブに導かれるように瀑心に向かって左上していく。ぬれてぬめるスラブを左へ横断し、たてのクラックにカムをきめ直上すると、狭いテラスへ出る。頭上にハーケンをかためて打ち、大胆なムーブで右へ一担出て再び左へ。そこは落口直下瀑水右の最終テラス。ハーケンをかためどりしてビレイ。プロテクションは限られ気はぬけないが、楽しいフリークライム。

⑤ピッチ目　(成)　15m A1・Ⅵ$^{-}$　P×3、カム×3
SH×1、ペッカー×1

白くみがかれた美しいスラブ状フェース。ここを直上できるかでこのライン全体の価値が決まる。テラスより水流ぎわのフェースを一段強引に上がる。浅打ちハーケンで右トラバースから直上。完全なランナウト。最後のつるっとした垂壁下で、ペッカー2つで気安めのランニングをとり、スラブを右へトラバース。草つきの窪みにカムがきまり一安心。無難にエイドでカムとハーケンで支点をとり、ついにクライマックス。落ちられないランナウトの核心となる。サイドホールド、遠いカチホールド、ハイステップで最後の垂壁をフリーでのりこし、雄叫びをあげた。ここに小木森滝上段100mの5ピッチに及ぶ過激でハードすぎるダイレクトラインが誕生した。大滝万才!!

時間がたっぷり余ったので小木森滝下段2条40mを登る。

⑥ピッチ目　(トン)　55m Ⅳ$^{+}$　カム×2

全体に階段状の岩場だが、上部に1ポイントぬめるイヤなスラブの登りがあった。(祝)小木森滝完登!

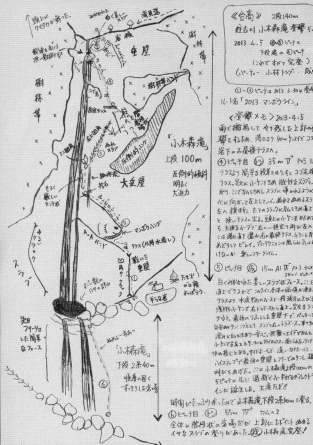

《北アルプス》
剱沢源流 三ノ窓雪渓
滝ノ谷大滝 200m
（青タイ、成セ）
2012年7月28〜29日
入山27日、下山立山縦走30日

〈登攀メモ〉

1P目 (成) 45m ラープ×1、ペッカー×1、P×1、カム×5、ヘキセン×1
快適クラックを左上して滝身へ、カンテ状をフリーでスラブを直上しびれるピッチ。

2P目 (青) 5m 一段のっこす。

3P目 (成) 45m P×8、再びランナウトのスラブ。ブッシュを使わず岩を登る。最上部で唯一ブッシュに触れる。流水右5mのレッジでピッチを切る。左へよれば水もくめる。

4P目 (青) 40m P×1、ブッシュ×5 滝右のスラブ状フェイスから滝下のブッシュバンドへ着き、右へ。

5P目 (成) 40m ブッシュ×？ 垂壁部をブッシュを使ってのっこし、左へブッシュバンドをたどる。簡単な岩場を登ってビレイ。

6P目 (青) 45m P×3、ヘキセン×1、ブッシュ×3
流水右の顕著な凹角と右のカンテを巧みに使って登り、一度ブッシュを左上して最後は落口右の短いチムニー状凹角から岩の上に立ちのりこす。変化に富み、おもいきりもいり、いいピッチ。

7P目 (成) 40m ブッシュ×1 上段40mにとりつく。右の凹角の弱点から外傾ぬれスラブ。次の核心下のクラックでカムビレイ。

8P目 (成) 30m P×3、カム×2、ブッシュ×2
左右ある凹角は、かぶった左の凹角を選ぶ。クラックにカムを使いA0でのりこす。上部の凹角も悪い。ハーケンA1から、ジャムをきめて強引に上がる。

9P目 (青) 7m カム×1 ゆるいワイドクラックをレイバックでのりこし、テラスへ。

10P目 (成) 40m カム×2、ブッシュ多数
かぶったブッシュ壁をムズかしいフリーでのっこし、外傾スラブを左へトラバース、滝身が見えるが出られず、上のブッシュの段差をのりこし、最後は流水脇を登って終了。

※さらにゆるいナメを登ると水源となる雪田に着く。この日は時間切れで落口ビバーク(寒)

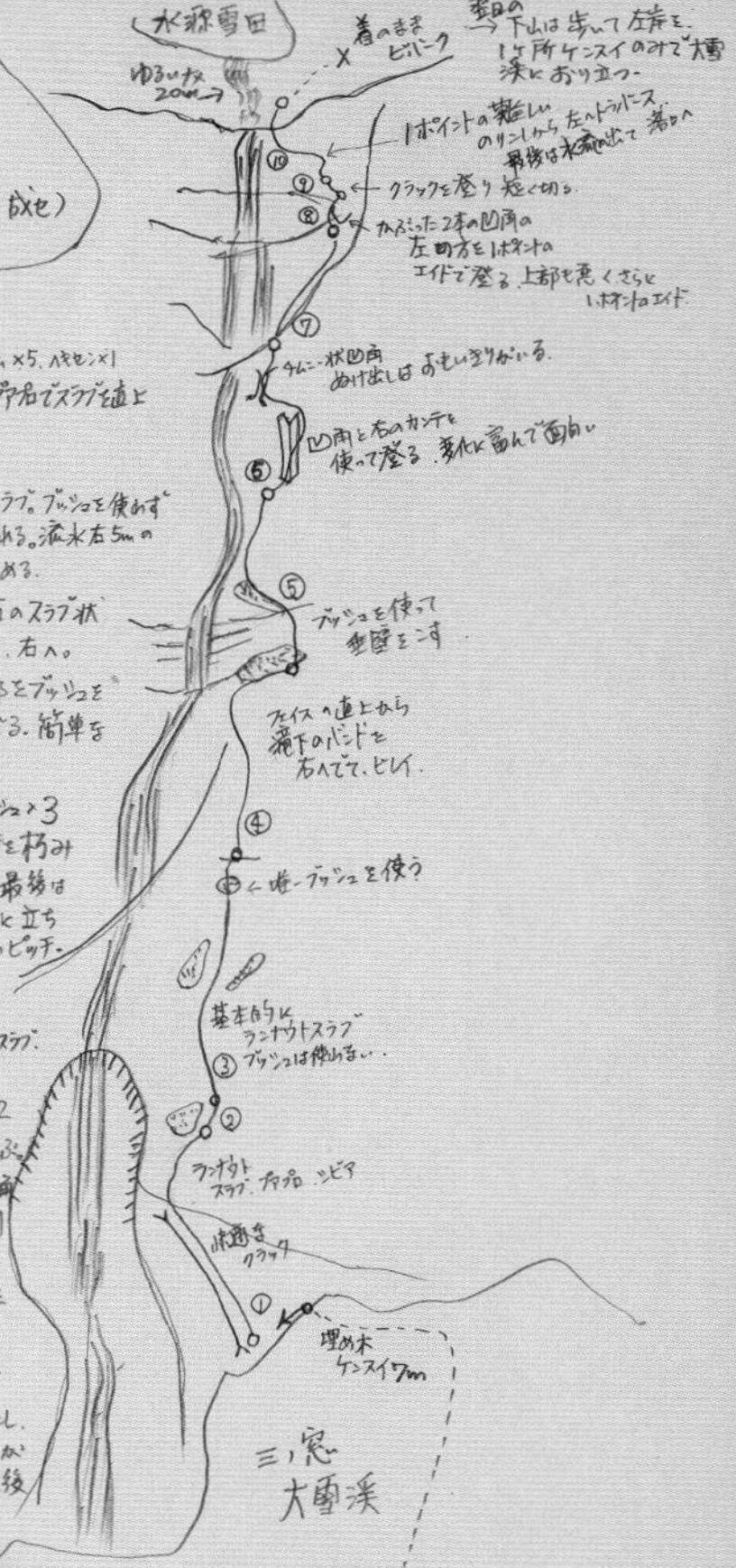

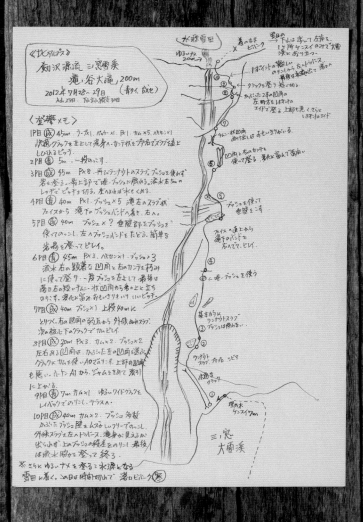

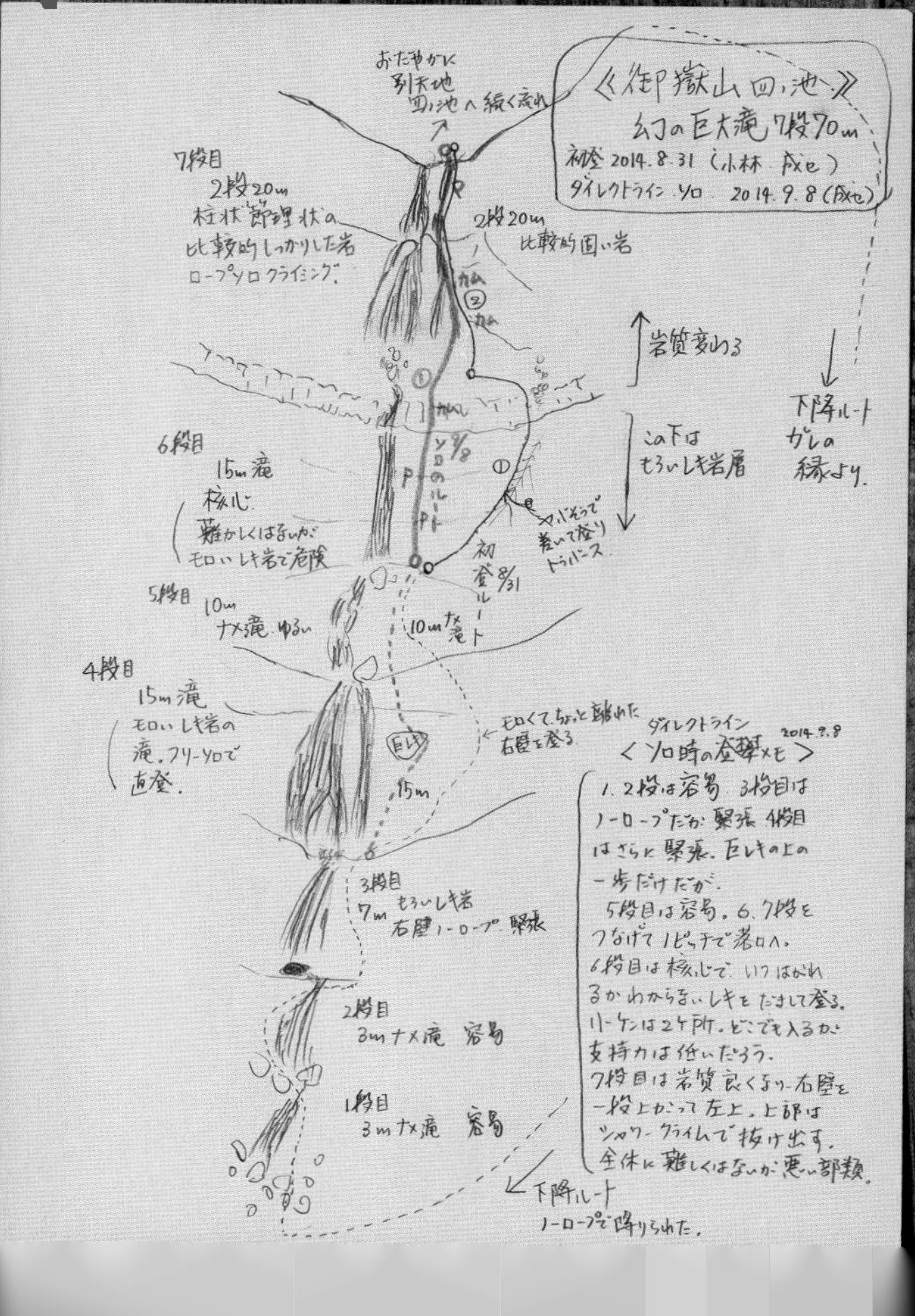
《御嶽山 四ノ池》
幻の巨大滝 7段70m
初登 2014.8.31（小林・成也）
ダイレクトライン ソロ 2014.9.8（成也）
おだやかに
列天池
四ノ池へ続く流れ
7段目
2段20m
柱状節理状の
比較的しっかりした岩
ロープソロクライミング
2段20m
比較的固い岩
岩質変わる
下降ルート
ガレの縁より
6段目
15m滝
核心
難かしくはないが
モロいレキ岩で危険
この下は
もろいレキ岩層
ソロのルート
初登ルート
ハイマツで巻いて登りトラバース
5段目
10m
ナメ滝 ゆるい
10mナメ滝
4段目
15m滝
モロいレキ岩の
滝。フリーソロで
直登。
モロくてちょっと離れた
右岸を登る
巨レキ
15m
3段目
7m もろいレキ岩
右壁ノーロープ。緊張
2段目
3mナメ滝 容易
1段目
3mナメ滝 容易
下降ルート
ノーロープで降りられた。
ダイレクトライン
2014.9.8
＜ソロ時の登攀メモ＞
1、2段は容易。3段目は
ノーロープだが緊張。4段目
はさらに緊張。巨レキの上の
一歩だけだが。
5段目は容易。6、7段を
つなげて1ピッチで落口へ。
6段目は核心で、いつはがれ
るかわからないレキをだまして登る。
ハーケンは2ケ所。どこでも入るが
支持力は低いだろう。
7段目は岩質良くなり、右壁を
一段上がって左上。上部は
シャワークライムで抜け出す。
全体に難しくはないが悪い部類。

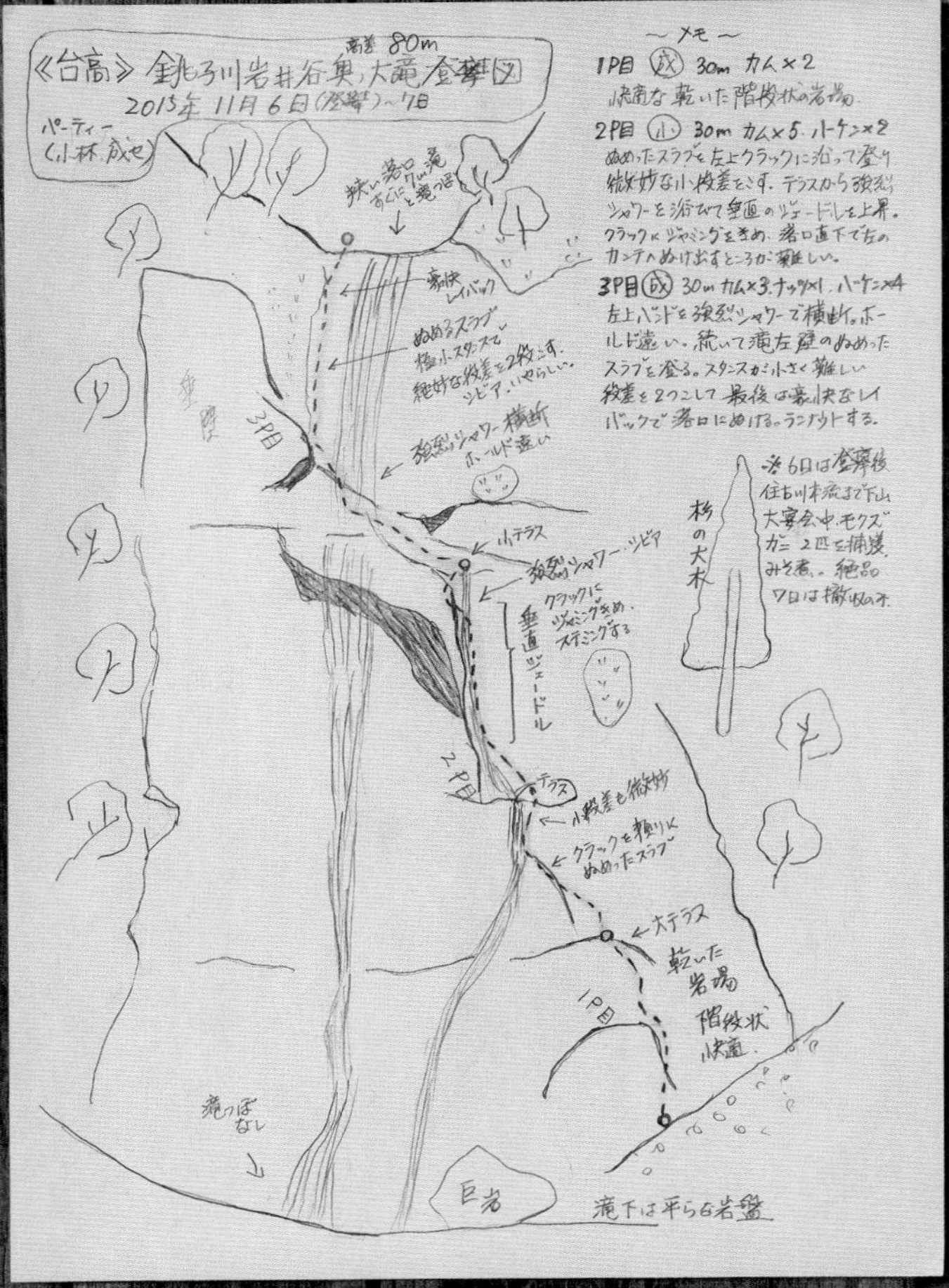

《台高》銚子川岩井谷奥ノ大滝登攀図
高差 80m
2015年 11月6日(登攀)〜7日
パーティー
(小林、成也)
狭い落口 ワッと滝すぐに左と滝つぼ
豪快レイバック
ぬめるスラブ 極小スタンスで絶妙な段差を2段こす。シビア、いやらしい。
垂壁
3P目
強烈シャワー横断 ホールド遠い
小テラス
強烈シャワー、シビア
クラックにジャミングきめ、ステミングする
垂直ジェードル
2P目
テラス
小段差も微妙
クラックを頼りにぬめったスラブ
大テラス
乾いた岩場
階段状 快適。
1P目
滝つぼなし
巨岩
滝下は平らな岩盤
杉の大木
〜メモ〜
1P目 (成) 30m カム×2
快適な乾いた階段状の岩場。
2P目 (小) 30m カム×5、ハーケン×2
ぬめったスラブを左上クラックに沿って登り微妙な小段差をこす。テラスから強烈シャワーを浴びて垂直のジェードルを上昇。クラックにジャミングをきめ、落口直下で左のカンテへぬけ出すところが難しい。
3P目 (成) 30m カム×3、ナッツ×1、ハーケン×4
左上バンドを強烈シャワーで横断。ホールド遠い。続いて滝左壁のぬめったスラブを登る。スタンスが小さく難しい段差を2つこして最後は豪快なレイバックで落口にぬける。ランナウトする。
※6日は登攀後住古川本流まで下山大宴会中、モクズガニ2匹を捕獲。みそ煮。。絶品。7日は撤収のみ。

第2部

沢登りの地平線

〜続・俺は沢ヤだー！

序章　沢登りの地平線 レユニオン島の沢登りを終えて

２０１３年の夏の終わり、レユニオン島から帰ったばかりの僕は、明け方まで眠れない日々が続いていた。帰国してからの日本での生活は比較的平穏のはずだったが、僕の頭の中では、レユニオンでの沢登りの体験が生々しくリピートされていた。

今晩こそはゆっくり眠ろうと布団に身を横たえた途端、たとえようのない昂ぶりが心の奥底で渦を巻き始め、僕を睡魔から遠ざけていた。

それは不快な感覚ではなく、全身を満たしていくような満足感、充実感に近かった。だが同時に、僕の生活リズムを徹底的に混乱させるものでもあった。多量の脳内麻薬が分泌されている。その原因は一つだった。それは長い間、追い求めてきたテーマ「沢登りの地平線」が、レユニオンでの経験からおぼろげではあるが、やっと見えかけたような気がしたからだった。

沢登りに魅せられて走り続けた若い日々。その情熱とは裏腹に一方で僕は、大海に取り残された漂流者のような不安と孤独にいつも襲われた。身の丈１６６cm、目方は58kgというちっぽけな体で僕は半径６４００kmという、この星の可能性を探ろうとしてきた。

がんばっても、たかだか100年というヒトの寿命のなかで、4600万倍もの歴史をもつこの星の変遷、その激動を知りたいと思って生きてきた。

すべては巨大なつながりの環の中にある。僕は地球の一部であり、地球もまた僕自身なのだと、そんなだいそれた考えをいつしかもつようになっていた。だから地球の可能性を探ることは、自分自身の可能性を探ることにほかならないと悟った。

だが、現実的には僕はあまりにも小さな存在だった。どんなに遠くて高い山に駆け上がっても、その向こうには、さらに高い山が誘いかけてくるものだ。

沢登りの地平も、いつも同じだった。僕の見た最初の地平は、学生時代を過ごした静岡市内を流れる「安倍《あべ》川流域」であり、そのすべての沢を駆け上がったとき、その向こうに「南アルプスの谷」「御嶽《おんたけ》山の谷」が立ちはだかった。そうしてまた、その地の沢に没頭しながら、自分自身の地平を広げていった。

ついには日本を脱し、台湾の巨大な渓谷に魅せられた。当初、未知のベールに包まれた台湾東面のいわゆる怪物《モンスター》群に身震いした。手の届きそうもない、台湾の谷の地平が延々と広がっていた。

莫大なエネルギーを費やした、それからの20年間。先輩や仲間たちとの地道な努力の甲斐あって、気がつけば未知のベールの多くを解き明かすことができた。

だが、さらに大きな視野で、台湾の向こうに広がる世界の谷を意識したとき、僕は今度こそ観念した。世界の地平というヤツが、まったくつかめなかったのだ。自分の存在が、いかにちっぽけかを思い知らされた。

それでも諦めることのできない僕は、世界の谷に出かけ、沢登りを実践してみた。お隣の韓国を手始めに、中国大陸にも福建省、雲南省、四川省と3度にわたって沢登りに出かけた。憧れのニューギニアにも足を運び、山の民と共に暮らし、民と共に谷を溯った。有袋類の楽園オーストラリアのタスマニア島、ハワイの火山カウアイ島では、期待どおりのすばらしい沢登りも実践することができた。

だが、世界の谷の地平は一向に近づくことはなく結局、僕は大海に取り残された漂流者のままだった。

2013年、幸運にもNHKから取材の依頼が入り、5月、8月の2度にわたって、僕は日本から最も遠い場所の一つである、マダガスカル島の東方、インド洋に浮かぶレユニオン島に行くことができた。そこはキャニオニングのメッカといわれる場所でもあった。

未知なる世界を探し求めて奥地をめざす沢登りと、確実な支点を設置し、安全を確保しながら遊び下るキャニオニングとでは、おそらくその出発点から精神面で大きな相違がある。

しかし、キャニオニングはフランス人たちが主流となって、すでに世界に広がり、各国にルートが拓かれている。沢の下降におけるロープワークも高い技術をもっているのは確かだ（残念ながら沢登りが行なわれている国は、ほとんどないといっていい）。

そんな経験豊富な彼らキャニオニアーにとっての聖地が、まさしくレユニオン島だというのなら、その最高の舞台で日本流の沢登りを実践することにより、僕は見極めたいと思った。世界の谷の途方もない広がりを。そして、日本の沢登りのなんたるかを。

ここからの第2部は、前作『俺は沢ヤだ！』の出版から今日までの十数年間を、印象に残る海外溯行や大滝登攀を中心に振り返ってみたい。

第1章

台湾の怪物

台湾 豊坪溪完結編

残された最後の源流部13kmと遠き頂、丹大山《タンダー》（標高３３２５ｍ）。それを踏むために、僕らは3度目の豊坪渓《フォンピンシー》にやってきた。この谷は40km超という長さだけでなく、スケールや峻険さにおいても、数ある台湾渓谷群のなかで抜きん出た、まさに怪物《モンスター》である。

初めてこの谷と対面したのは、２００６年11月。最下流部から入渓したものの、鳥肌が立つような大水量に圧倒され続けた。いくつもの修羅場をくぐり抜け、二俣までたどり着けたのは奇跡と思われた。青島の徒渉能力が光っていた。

右俣に入り40ｍの直瀑まで確認し、がむしゃらに尾根を登ってエスケープした。入渓点からの溯行距離は約22km。所要日数９日間。それでも、この巨大渓谷の約半分の地点に達したにすぎなかった。

2度目は、２００７年から08年にかけての年末年始。二俣上部より山頂をめざして入渓した。この年は異常な低温に苦しめられた。沢の中はもちろん、高巻き中も焚き火にあたっていてさえも、24時間ほとんど僕らは凍えていた。

しかも、渓谷の本当の核心はむしろこれから始まった。両岸のそば立ちはクライマックスに近づき、絶望的な地形のなかに滝や淵が連続した。凍るような大淵を泳ぎ、苦労して一つの滝場を越えても、必ずさらなる悪場が待ち構えていた。

ゴルジュ突破の喜びは束の間、結局振り出し（ゴルジュ入口）に戻され、焦燥へと変わった。この急峻な地形を高巻けるのか。敗北ギリギリの瀬戸際で、活路を拓いていった。7日間かけて稼いだ溯行距離はわずか7㎞ほど。丹大山ははるか遠かった。明らかにこれまで台湾で溯ってきた谷とは、何かが違っていた。

日本に帰ると激しい偏頭痛で半月もの間、睡眠を取ることができなかった。過酷な山行は、想像以上に肉体にダメージを与えていた。だが、不思議と悔しさはなかった。むしろ、僕は感謝していた。豊坪溪という途方もない怪物に出会えた、この幸運に。どこまでも美しく、困難に、僕らの前に立ちはだかればいい。

だが、必ず正体を見届けてみせる。溯渓《そけい》を完結し、怪物の搾り出す第一滴を確認してみせる。不敵にも僕は、そんなことを考えていた。

一条の突破口

3度目の入渓を果たして間もなく、下流部の怒涛の流れが嘘のように水量が激減した。涸れかけた二つの滝を越すと、ついに水流は途絶え、白い河原が空しく続いた。

このまま終わってしまうのか。期待を裏切られたような気持ちと安堵感が交錯する。だがここは、怪物・豊坪溪だった。間もなく水流が復活。さっそく泳がされ、谷は勢いを取り戻しつつあった。直線的なゴーロの突き当たりに、大理石の立派な壁が見えている。その曲がり角にたたずんだメンバーたちは息をのんだ。そこには、想像を超えた美しく巨大な淵が横たわっていた。その奥まった向こうには10mほどの滝が白い筋を落としているが、滝音も波紋も、淵のスケールに吸収されてしまっていた。

鏡のように静まり返った水面に、大理石の真っ白な岩肌が映し出されている。木漏れ日が水底深く沈む岩にまで届き、透明度を際立たせていた。水色は透き通るような青から翠へと変化し、明るい南の海を思い起こさせた。「地中海の青」と誰かが言った。

われに返り、あらためて周囲を見回す。一帯を取り囲む側壁には弱点がなかった。高巻くにも取り付ける場所はない。一転して重たい空気が流れる。だが、よく見ると淵の中ほどから、クラックらしきものが真っすぐ延びている。これに賭けるしかない。

標高2000mを超えての泳ぎは、この季節といえど厳しいものがある。防寒に雨ガッパを着込み、泳いで壁を回り込む。と、そこにはみごとなハンドクラックがつながっていた。唯一の弱点ともいうべき一条の突破口。この谷への執念を見せたわれわれへの、神様からの贈り物だろうか。

泳ぎながらジャミングを決め、カムをセットする。ここは手堅くエイドで8m上昇するが、1セットしかないカムの掛け替えで、ランニングビレイを取ることができず、上部は緊張した。後続はユマーリングとなり、さらに5m登ってバンドを伝い、最後は変則的な懸垂下降で落ち口に降りる。見下ろす淵の色彩も絶品だった。

突破の喜びも束の間、たたみかけるように暗黒の大ゴルジュが待ち構えていた。悪場の上にはさらなる悪場、前回の苦い経験を思い出す。胸まで浸かり、内部に侵入する。強烈な長瀞《ながとろ》の奥、ハングした30m滝が僕らをのみ込まんとしていた。

精霊の棲むような先ほどの空間とは対照的に、ここには魔王が潜むような、おどろおどろしさが漂っている。入口まで戻り、地形をじっくり観察する。左右とも高巻ける地形とは到底思えない。だが、どちらかを明日は行くしかないのだ。

怪物が僕らを試している。ささやかな岩小屋が見つかり、ここに泊まる。霧雨のなか一人、偵察に出た。

獣との駆け引き、そして丹大山へ

明くる朝、わずかな可能性が見いだせた右岸に取り付く。追い込まれるほど高巻きはおもしろい。獣との駆け引きが勝負を分ける。彼らの目的、特性、時に性格にまで考えを及ばせる。峡谷にせり出した一本の危なげな木の根元に大量のキョン（台湾、中国南部に棲む小型のシカ）の糞が見つかる。食べ物もないこんな場所へなぜやってくるのか。絶景を見下ろす快感が、きっと彼らにもあるはずだ。

においを嗅ぎ分け、垂壁の中に獣道を見いだす。それにしても悪い。痕跡を失うことは許されない。ロープを張り続けること5ピッチ、やっと緩傾斜帯に抜け出した。

上流に向かってトラバース、8時間ぶりに水を飲む。驚いたことに時は、午後3時を回っている。稼いだ水平距離はたったの300mほどだが、今日はここらで泊まらねばなるまい。そして、すぐ前方には、この谷最大の2段60m滝が……。

翌日、翌々日も、さまざまな変化を見せながら、豊坪溪は僕らを迎えてくれた。連瀑帯の登攀、標高2750mでの泳ぎ、伸びやかな平流……。

最源流部に入り、こだわりの第一滴を求めて、なおも本流筋をつめた。流れは草原に埋もれるようにして、とうとう消えていった。あの大河を僕らは4年かけて、ここまでつめ上がってきた。そう思うと感慨が湧いた。

疲れ果て、やっとたどり着いた丹大山の山頂で、台湾の林さんが青島、木下と抱擁していた。照れくさかったが、僕もそこに加わった。おどけてみせるものの、本当はみんな涙が出るくらい、うれしいのはわかっていた。

遠き頂、丹大山までの22日間。豊坪渓は最初から最後まで手を抜かなかった。台湾の渓谷の神髄がここにあった。

下山後、台東にまで足を延ばした。南国特有の緩やかに流れる時間のなか、庭先のハンモックに揺られて漂っていた。これだけ穏やかな気持ちになれたのは、いつ以来だろう。一つの大きな「祭り」が、僕の中で終わった。

台湾の人々の温かさ、山地に住む民族の神秘さ、今、口にしているマンゴーや釈迦頭といったフルーツ。食べ物も文化も歴史も決して多くは知らないけれど、この国のすべてに僕は感謝している。このおおらかな心の地平から、再び台湾溯渓の課題が湧き上がってくるのだろうか。今はただ、心のあるがまま、赴くままに任せたい。

台湾 豊坪溪溯行
1回目 山里集落~930m二俣
2006年11月4~12日/9日間
メンバー：青島 靖、林錦鴻、佐藤裕介、梅立青、成瀬陽一

2回目　930m二俣上流右俣～1730m樹洞營地
2007年12月27日～2008年1月2日／7日間
メンバー：青島靖、林錦鴻、田中暁、周林成、成瀬陽一

3回目　1730m樹洞營地～源流～丹大山
2009年4月30日～5月7日／8日間
メンバー：青島靖、林錦鴻、木下徳彦、成瀬陽一

第2章

眠れる巨龍

称名川 ハンノキ滝登攀

背後に広大な空間を感じながら、僕はアブミにぶら下がり、ゆらゆら揺れていた。滝壺からすでに250m。それでもここは、まだ滝の中間地点にすぎない。足元から続くクラックは頭上へと延び、先細りになって消えている。

極小のバネのおもちゃ（カム）を最後に決め、アブミの最上段に立ち上がると、もうクラックは閉じてリス（岩の皺）へと変わってしまった。おもむろにアングルハーケンを取り出し、その皺に当てて、ハンマーを振り上げた。

待った、待った！ どこからかそんな声が聞こえた気がして、思いとどまった。

冷静に考えてみると、それは自殺行為に等しかった。この付近の柱状節理は、積み木を重ねただけのブロックの集合体だ。人ひとりを支えるのが精いっぱいかもしれない。その隙間にハーケンなど叩き込めば、それと連動してクラックが広がる可能性は充分にある。

その結果、わずか数ミリの差で、小さなカムは開ききって次々と外れ、僕は空間に投げ出されることになる。はるか下、巨大な滝壺が口を開けて待っている。ならば突破口をどこに求めればいい？ なんとかここまで登ってはきたが、9ピッチ目、大きなヤマ場を迎えようとしていた。

膨大な積雪量を誇る立山《たてやま》に、遅い雪解けの春がやってくると、天に向かって延び上がる白い水の帯が出現する。それはあたかも巨大な龍が目覚めるようだ。

その勢いは、融雪や梅雨の影響で6月ごろにピークを迎えるが、夏の終わりから秋へと徐々に水量を減じ、再び春までの眠りにつく。

驚くべきは、その途方もない500mという落差である。国内の大滝ではもちろん比類するものがない。大雨の際に滝と化すルンゼの類なら、このサイズもまれにはあるだろうが、この滝は落ち口から緩やかな流れが、さらに源頭へと2km以上続いている。そう考えると、岩壁に突き上げる「ルンゼ」ではなく、奥行きをもった「滝」と呼ばれて然りである。

滝の名はハンノキ滝。別名「涅槃《ねはん》の滝」とも呼ばれる。他の大滝を寄せつけない高さを誇りながら、知名度が低いのは隣の称名《しょうみょう》滝の存在感が、大きすぎるせいかもしれない。こちらも落差は4段320mと破格的だ。立山西面、室堂一帯からの豊富な湧水を集めて豪快に水を落とす名瀑として知られる。

この称名滝を取り巻く岩壁にハンノキ滝は懸かり、滝壺を共有している。いや、正しくは滝壺を拝借しているといったほうがいいかもしれない。水の涸れた晩秋に黒く染み出すだけで、称名滝の引き立て役にすぎない（もちろん登攀は、この時期しかない）が、エネルギーが頂点に達した初夏は様相が変わる。

2本の大滝がV字形に収束してなだれ込む巨大な滝壺は、100m四方に立ち上る水煙と耳をつんざく瀑音に包まれ、何者をも寄せつけない。そこは風雨、荒れ狂う混沌とした世界。滝壺のビッグバンなどと呼んでみたくなるほどだ。

経験したことのない壮大な風景を前にたたずむとき、人はなかなかスケールや距離感をつかめない。ずっと以前、称名滝の観瀑台に立った僕は、どこまで称名滝が見えていただろうか。

これらの大滝とそれを取り巻く山々の真の姿を理解するには、人間の視点を超え、大空から、このダイナミックな景観を俯瞰するのがいいのかもしれない。どこかで見た空撮写真を思い出し、目を瞑《つむ》って空に舞い上がる。

はるか上空を旋回する猛禽となって、立山から富山湾へと続く一帯を見下ろす。2万5000分ノ1地形図があれば、失速することはない。地形図は航空写真を基に作られており、今度はその逆の作業で風景を思い描けばいい。

空から眺めると、あらためていろんな事実に気付く。一番の収穫は、現在だけではなく、過去から今日に至る称名川の変遷を感じられることだ。

弥陀《みだ》ヶ原《はら》と大日平《だいにちだいら》が称名川を挟んでほぼ同高度で並ぶのは、立山火山の噴出物が一帯を平坦に埋め尽くした結果だろう。数万年という歳月をかけて、その中央に下ノ廊下の峡谷が刻まれていくのが目に浮かんでくる。緩やかな台地の末端から突如、称名滝を要する巨大な馬蹄形の断崖が広がっている。なぜ、こんな地形ができたのか。

そもそも称名滝はどこで、どのように誕生したのか。常願寺《じょうがんじ》川合流点で称名滝の原形が生まれ、現在の位置まで後退したという説を聞いたことはあるが、それだけでは、320mもの落差を有することの説明にはならない気がする。いっそ、旧称名川は火山噴出物の堆積によって北に向きを変えられ、牛首《うしくび》辺りでザクロ谷を経由して雑穀《ざっこく》谷に流れ込んでいた、などという突拍子もない考えが浮かんだりもする。

下ノ廊下が刻まれる以前なら、高度的な移り変わりも、流れの向きもそんなに無理はない。そしてある日、大規模な崩壊によって旧称名川の左岸が現在の称名平方面へと崩れ落ち、流れが略奪されて、そこに称名滝が誕生した。台湾にある第二の巨瀑・九華《チュウファ》瀑布（280m）も河川が略奪された地形だと記憶する。

まあ、ちょっとドラマチックすぎたかもしれない。これを主張するには、地表の地形だけでなく、足元に隠された地質学的な裏付けが必要だ。だが、事実は小説より奇なり。まだ、誰もたどり着かない歴史が隠されていても不思議ではない。上空からの俯瞰はでっかい風景とともに、でっかい想像力を呼び覚ましてくれる。称名川の北側に並走するザクロ谷と、台地上を緩やかに流れてハンノキ滝を懸ける谷も見逃せない。本流をそっくりミニチュア化したようなザクロ谷は、美しくも通過困難な峡谷を創っている。もっとも、称名川本流の前では、かわいらしい流れにすぎないが。

一方、弥陀ヶ原の末端から、称名滝の滝壺へとハンノキ滝が落ち込んでいる。滝上からの奥行きわずか2㎞。その狭い集水域では浸食力が弱く、ザクロ谷のような峡谷を作ることはできなかった。代わりに弥陀ヶ原からの標高差をそのまま保ち、500mという、途方もない高さの滝を現在も懸けている。この二つの谷は好対照だ。

これから先、称名滝周辺の浸食はさらに上流側へと向かって進むのだろうか。前人未到の下ノ廊下も、称名滝が後退すれば大きく姿を変えていくだろう。未来その時々、どんな景観が出現し、どのように移り変わっていくのか。興味はますます尽きない。

ハンノキ滝500m登攀

6月末のある日、パキスタンのラトックI峰北壁から帰って間もない佐藤裕介から連絡があった。日本の楽しい沢登りがしたいと言う。きっと、絶えず雪崩や落石に叩かれ続ける修羅場で心底そう思ったのだろう。世界を舞台に活躍するこの男の原点は、やっぱり沢登りなのだとちょっとうれしかった。

けれど、凡人の僕らが楽しめるような谷で、ヤツは満足するだろうか。あれこれと候補を考えてみたが、どうにもこれだというものが思い浮かばない。そんなとき、どうしても登りたい滝があったことを思い出した。北アルプス立山の称名川ハンノキ滝。そうだ、こいつがあった。

佐藤は、2002年に称名滝最下段をみごとに初登した功績者でもある。打診してみると、ハンノキ滝も学生時代から特別想い入れの強い滝だったという。こうなれば行かない手はない。気まぐれのようだが、行き先はひらめきで決めている。

僕がこの滝を意識し始めたのは、1998年から99年にかけて、この周辺を何度も訪れたときからだ。称名滝の登攀、その上流に続く称名廊下や源流部の溯行。残雪期の称名川スキー踏査。なにかにつけて、称名滝を観瀑台から見上げることが多かったが、隣に懸かるさらに大きな黒い涸滝の存在がいつも気になっていた。

こっちのほうがでっかいじゃん！　単純にそう思った。称名滝の飾り、という一言では片付けられない巨大な個性が、そこに横たわっていた。

どのラインなら、上まで抜けられるだろう。垂直部はどう越せばいい？ あんな滝の途中で宙ぶらりんのビバークをするのか。水の確保はどうする、などなど。具体的に考えだすと、胸がどきどきした。怖さと好奇心が入り乱れた。やるべきことは山積みだったが、いつかはこの滝を登らなければならないと思った。

9月4日。夕刻、称名平に車を乗り入れる。対岸から、今回の登攀シーンを撮影してくれる青島と合流し、暮れかかる称名滝の滝壺へと急いだ。この日のうちに取付点と登攀ライン、そして、水量を偵察しておきたかった。

いくつかのカーブを回り込むと、ぐるりと取り囲まれた帯状の岩壁を断ち割って、称名滝が姿を現わす。いつ見ても、別格のスケール。南米ギアナ高地に懸かる滝を連想させる。そして、その横にひときわ高い壁の頂上部から、ハンノキ滝がわずかな水流を滴らせていた。春には巨大な龍となって目覚めるこの滝も、今は眠りについている。登るなら、こんなときしかない。

ハンノキ滝は三つの垂直部と、その間に挟まれる二つのスラブ帯で構成されている。垂直部の最下段は80mほど。称名滝の滝壺の側壁でもあり、ヌメったうえに、完全にかぶっている。さらには、取り付くためには直径60mもの波立つ釜を泳がねばならず、抜け出せる可能性は限りなく低かった。下流側から取り付き、左上して迂回するラインしかなさそうだ。

広大なスラブを挟んで中段の垂直部は約50m。柱状節理のブロックでできているようだが、傾斜がきつく、ここが核心となるのは一目瞭然だった。再び狭長なスラブが続き、最後に80mほどの垂直部でハンノキ滝は終わる。ここも難しそうだが、遠くてよく見えない。まあ、あそこまで行ったら、何がなんでも登るしかない。高さはトータル500m。一般的な大滝をいくつつなげればいいのだろう?

夜遅く、佐藤がやってきた。未明からの行動を考えて早く眠る予定だったが、ビールを開けると話に花が咲きだし、またいつものパターンとなってしまった。未明に出発するのに、いつまで飲んだくれてるんだ。いい加減成長しろ、オレ!

9月5日。アタックの朝がやってきた。といっても、寝たのは2時間前だし、辺りが暗いのは眠る前も同じ。時刻は午前3時半。眠気をこらえてさっさと出発する。この時間帯がいちばんつらい。山でも下界でも、本当に朝が苦手だ。

まだ明けやらぬ称名川を徒渉して、ハンノキ滝取付に至る。滝壺の下流50m辺りだろうか。濡れ光る赤っぽい側壁に唯一、フリーでいけそうな場所があった。

それにしても、ここは絶えず称名滝からの横殴りの飛沫に見舞われている。雨ガッパを着込んでも、たちまち濡れていく。おまけに足元は流れに洗われている。ビレイヤーはつらい。じゃんけんで勝ち、記念すべきハンノキ滝1ピッチ目を担当させてもらう。以下つるべ。

クライミングシューズに履き替え、ザックを一つにまとめて佐藤に預け、空身で登りだす。辺りも徐々に明るくなってきた。

クラック、リスは多く、プロテクションに問題はない。滑りそうな出だしを一段、二段乗り越して、おおまかな岩場を左上していく。凹角に入ると、そこから直上。ホールドは遠いが、おおむね快適な岩場だ。草付帯に出る手前でピッチを切った。

2ピッチ目は佐藤。赤い側壁と上部の草付とのコンタクトラインを、左上から水平トラバース。ハンノキ滝最下段に近づいていく。支点も限られ、リード、フォローとも気が抜けない。上部から落ちてくる顕著なルンゼの手前でビレイ。思いのほか緊張させられた。

3ピッチ目。左に出てルンゼを5mほど登り、左上バンドを伝って灌木帯に入る。下を見れば、対岸の高台から撮影する青島の姿があった。きっと成功させてくるよ、と手を振ると応えてくれた。大きな勇気をもらった。

4ピッチ目。この灌木帯を抜け出すと、目前には広大なスラブが現われた。足元はスッパリ切れて、滝壺に向かって急落している。ここまでは手の付けようのない最下段垂直部を迂回するラインだ。これより、いよいよハンノキ滝本体の登攀が始まる。スラブの突き当たりには、核心となるだろう中段の垂直部が待ち構えている。あそこを登れるのだろうか。緊張感が湧き出してくる。

5ピッチ、6ピッチ、7ピッチ目は、大迫力の称名滝を間近に見ながら、快適に高度を稼いでいく。痺れるようなすばらしいロケーション。広大なスラブと、ちっぽけな自分。気ままにロープを延ばす自由と孤独。右から左へと横断して、中段垂直部の基部の平らなテラスの上に着く。

8ピッチ目。核心部の登攀が始まる。ここからの50mは柱状節理のブロックで構成されている。傾斜は垂直。最上部はかぶっているように見える。相当な困難が予想されるが、「ここは俺が上まで抜けます」と佐藤の頼もしいお言葉。ちょっとばかり、ホッとしてしまった。

一見、段状のようだが各ブロックの傾斜は強く、難しいフリーで一段一段越していく。おまけに各ブロックは思いのほかもろく、落石にも気を使うデリケートな登攀となる。それでも佐藤は、ヒールフック、キョン、マントルと楽しむように登っていく。だが、ロープの重さのせいか、かぶり気味の最上部10mほどを残して動きが止まり、左に寄ってビレイに入った。

ザックを背負って、自分もフリーで登れるだろうか。ぶら下がったら、佐藤はきっとニヤリとするにちがいない。慎重に段差を乗り越していく。ビレイ点手前のマントルはかなりきつかったが、なんとか佐藤の隣にたどり着いた。

だが、そこはテラスなんてものではなく、壁にしがみついたまま、ザックとギアの受け渡しを行なう。あまりにも不安定な場所にいることが、高度感を余計に助長した。見上げれば、抜け口までの残り10mはそそり立ち、とんでもなく悪そうだ。

9ピッチ目。「佐藤、もう1ピッチやってみたいだろう。いいよ」「いやあ、つるべですから。どうぞ」。短いやりとりの後、登攀を再開する。結局、最悪の部分は自分がやることになってしまった。神様、これはいたずらでしょうか。それともサービスでしょうか。

出だし、ライン上にある座布団大の不安定な浮き石を二つ、グラグラ揺すって落とした。下のスラブで八方に砕け散り、ものすごい勢いで滝壺めがけて落下していった。

その光景にビビったわけではないが、早々にフリーを断念する。オフウィドゥスの上をまたぎ、かぶった節理に走るクラックにカムを決めて、アブミを掛け替えながら登りだす。クラックは次第に細く、ついには閉じて、リスへと変わってしまった。

アングルハーケンを取り出し、叩き込もうとハンマーを振り上げて、思いとどまる。もしリスが少しでも広がれば、必然的にアブミで立ち込む足元のカムも、次々と外れ……。こんなときになって、佐藤のビレイ点が心配になってきた。あのブッシュ、やけに細くなかったっけ？　さっきの落石シーンが頭をかすめた。佐藤とロープにもじゃかって（絡まって）、２５０ｍも下の称名の滝壺にダイブは避けたい。大きなヤマ場を迎えたようだ。

結局、クラックを諦め、左のフェイスへ一歩踏み出す。見かけ以上に傾斜がきつく、頭上を押さえられる形で身動きができなくなった。以前、ケービング中にこんな窮屈な体験をした。苦しい体勢で奥へと手を伸ばすが、届いたホールドは無常にも剝がれていく。予想外のもろさ。

そんな岩の間に、苦し紛れのカムが決まった。だが、これはどれだけの荷重までなら耐えられるのか。バランスを取るだけにして、太極拳のようにそっと立ち上がる。かなり心臓に悪い。さらに2、３のムーブをこなして、なんとか節理の上へと這い出した。もう充分、満腹です。

だが何者かに試されるかのように、もう一段のブロックが待ち構えていた。やはりここも岩が浮いている。まずは落ち着こう。強度に不安はあるが、とりあえずカムも決まった。ゆっくり慎重に、だが最後は大胆に登り、核心の垂直部を完全に抜け出した。傾斜が落ちるとともに、ふうっと安堵感が押し寄せてくる。

ずいぶんと時間を食ってしまった。佐藤はザックを背負って、フリーでフォローしてきた。かなり腕が張ったとはいうけれど、ヤツならフリーでリードしたかもしれない。役者が違いすぎる。僕には、これが精いっぱいだった。

10、11、12ピッチ。ここからは細長い階段状のスラブが続いている。クライミングシューズを履きっぱなしの足が痛くて、裸足で登ってしまった。

最上段垂直部の下、急に岩場が途切れてゴーロが出現した。見上げた、あの滝の途中とは思えないほどの安定した世界だ。こんなところでロープを解くことができようとは。しかも、きれいな流水と多量の薪もある。時間はあるが「ここに泊まろう」、どちらからともなく言い出した。

一段落《いちだんらく》したところで、わずかな酒をチビチビやる。何はともあれ、こいつだけは外せなかった。いっとき通り雨にやられて慌てたが、すぐに青空が戻ってきた。暗くなると称名のレストハウスの灯だけが、ポツリ寂しく浮かび上がった。下界から、こんな危なっかしい滝の高みに光を見つけたら、なんと思うだろう。まさか極上のひとときを過ごしているとは誰も思うまい。

着の身着のままのビバークとはいえ、薪に不足はなく、寒くもない。ただ、膝を抱えてウトウトすると、アチッ！と起こされる繰り返しだ。佐藤も真っ赤な火の粉にまみれて眠っている。暖かそうだ。もう少し眠ろう。明日は穴だらけだな。

9月6日。空が明るみ、出発準備を整えながら上段垂直部を見上げる。最後の最後はハングした滝となっている。こいつは、もうひとヤマありそうだ。右手のおおまかな岩場をノーロープで登り、適当なところから始める。

13ピッチ目。まずは右手から流水際へ左上して抜ける。短いピッチ。

14ピッチ目。水流を渡ってから、左手の快適な岩場を登る。

15ピッチ目は佐藤。出だしをボルダームーブで越してから、水流際を外傾した細かいフットホールドを拾い登っていく。プロテクションは浅打ちハーケン。かなりデリケートな登りで、さすがの佐藤も緊張したようだ。突き当たりはハングした滝となっており、案の定、登攀不可能。左のリッジへトラバースする。

16ピッチ目。今度は自分の出番。リッジの先は、数メートルの手掛かりのないスラブが露出している。簡単には巻かせてくれない。取付から足場はなく、ペッカーの掛け替えによる人工登攀。第二登者のものと思われる唯一の残置ボルトを利用させてもらった。枯れ木にぶら下がって抜け出し、樹林の中でビレイ。バキッと音がしたので、もうこの枯れ木も時間の問題だ。

17ピッチ目。あくまでも落ち口をめざす。右側へぐっと回り込み、急峻な側壁を水平トラバースして、流れに戻る。高度感は抜群だった。滝はまだ続いており、フェイスを快適に登ると、佐藤が笑って出迎えてくれた。

ついにハンノキ滝の落ち口に、たどり着いたようだ。ちょっと心配になって、先をのぞく。両岸も緩やかになり、どうやら何もない。標高差500mという、途方もない滝の登攀が今、完結したのだ。ロープを解き、穏やかな平流となった沢筋をつめる。

時折、ブッシュにじゃまされるものの、足取りは順調だ。パートナーのせいか、脳天気な話に花が咲く。笑いが絶えない。傍から見れば、きっとおしゃべりなパーティなのだろう。小一時間で木道が横切り、溯行を終了する。

ドライブウェイに出て、くねくねと道路を歩きながら佐藤がつぶやいた。

「いやあ、今回は成瀬さんの無様《ぶざま》な姿が見られなくて残念でした。ワッハッハ！」

つ、ついに言いやがったな。昨シーズンの米子不動《よなごふどう》でのアイスクライミング。滝の最上部から15mもぶっ飛んで、佐藤の真ん前にぶら下がった屈辱を思い出した。

だけど、どんなに無様でも格好悪くても、なんだかんだで登ってしまう。それが自分流のスタイルだ。

今回の登攀も然り。「強いクライマー」などからは程遠くても、せめて「味のある沢ヤ」でありたい（まあ、どこまでも伸びやかな佐藤というこの男。何を言われても憎めないが）。

八郎坂からの下山道は、称名滝、ハンノキ滝の展望コースといっていい。下部から上部までの登攀ラインがはっきりそれと指摘できる。二つの大滝が刻一刻と姿を変えていき、急な下りも苦にはならなかった。遊歩道に降り立ち、称名滝の滝壺へ挨拶に行った。

昨日未明、重苦しい圧迫感を感じたハンノキ滝も、登攀を終えると愛しいほどの宝物に変わっていた。念願だった一つの大仕事が無事終わった。これでまた、新たなるステージに向かって動きだせる。それがうれしかった。

北アルプス 称名川ハンノキ滝500m登攀
2010年9月5～6日／所要1日半
メンバー：佐藤裕介、成瀬陽一

第3章

神話の誕生

四国 高瀑登攀

大人になりそびれたまま、ここまで来てしまった。人生が永遠に続くものではないという、そんな当たり前の真実を今もなお、受け止めきれずに僕はいる。50歳という年齢がもう間近に迫っている。その現実にまるで正面から対抗するように、今日も目いっぱい走り回った。

理科の授業は相変わらずフィールドワークに出かける。滝の形成だの断層だのひととおり説明し終わった途端、ザボーン！と真っ先に滝壺めがけて飛び込むのは、僕だ。生徒に煙たがられながらも、週3回、体育の時間に現われ、バスケやサッカーに精を出す。特に秀でた才能を持ち合わせてもいない僕にできることは、ただ「自分を諦めない」ということだけだ。

一歩、ほんの一歩でもいいから、昨日より前に進んでいたい。目の覚めるような新鮮な体験を、宇宙へと続くような深い瞬間を、僕は求めずにはいられない。大滝を巡り、敬い、そこに身を委ねて攀じるとは、そういうことだと信じている。

この5月の連休中日、初めて高瀑《たかたる》を目の当たりにした。元は計画にさえ、組み込まれていなかった滝だった。御来光の滝と稜線を挟んでちょうど反対側にあることから、二つの滝を見比べてみたいと思った。実際に目にすると、今まで見てきた四国のどの滝よりもインパクトは強く、驚かされた。高度差132m。傾斜は緩むことなく全体を通じて垂直。厳かな柱状節理が幾重にも重なって広大なハング壁を形成し、その中央部から一直線に水を落下させている。特に上部50ｍの前傾度は著しく、水は宙を飛んで、どこにも触れることはなかった。あそこをどう登るというのか。今までの経験からも、登攀の対象とするにはあまりにも重たかった。

突然、後ろから「ラインが見えたー！」。そんな声に振り向くと、佐藤裕介がうれしそうに笑っていた。この男の頭の中には、いつも春が来ている。おそらく佐藤の目には、本当に見えているのかもしれない。決して簡単ではないだろう、下部の登攀を楽々こなし、最上部の水流際のハング帯を背後に、大空間を感じながら猛烈なランナウトで登っていく自分の姿が。

身長170㎝ばかり。僕とさほど変わらぬ体格の、この男の体の中に、どれほどのエネルギーが隠されているのだろう。人はどこまで自分を高められるものなのか。まさに怪物。この男なら本当にやれるかもしれないと思った。

この日、滝上に回り込み、ハングした落ち口から偵察を試みた。投げ降ろしたロープは宙を漂い、50ｍ近く滝壁に触れることはなかった。懸垂でわずかばかり降りてみたが、猛烈な高度感に襲われた。これ以上、降りれば空中ユマーリングは避けられず、薄かぶりの壁を大胆なフリーで登り返した。佐藤は50ｍロープいっぱいまで降り、結局、ユマーリングを交えて帰ってきた。

そしてわかったことは、この滝はまれに見る逸品であり、とてつもない登攀の可能性を秘めた大物であるということだった。岩質は硬い安山岩。柱状節理とはいえ、極めて緻密でクラック、リスは閉じられ、プロテクションは限られる。よって、エイドクライミングにも向かず、必然的にランナウトしたまま、困難なフリーのムーブの連続とならざるをえない。一歩間違えばロングフォール。それは、大きなリスクを背負ってのクライミングとなろう。あとはただ、この凍るような水が温み、水流が減るだろう夏まで息を潜めて、待つだけだった。

高瀑132m登攀

海の日の連休がやってきた。アタックの日はここと決めていた。例年だと、まだ梅雨が明けきらない可能性もある時期であるが、カラコルムのウルタルへの遠征を間近に控える佐藤にとっては、今季最後のチャンスでもあった。

幸い、今年の梅雨明けは思ったよりも早く、すでに1週間以上、四国は夏空にさらされていた。水も温み、きっと水量も前回より少ないにちがいない。撮影に専念してくれる青島靖も合流し、3人で一路、四国へと向かった。

眠気をこらえ、順番に運転を交代しながら、高瀑登り口の林道終点に着いたのは朝方6時過ぎであった。そのままアタックも考えられたが、なんせ眠い！　これだけ大きな課題に、コンディション不良のまま取り付くのは得策ではなかった。

それに、想い入れが大きいぶん、滝と向かい合う時間を長く取りたいと思った。今日の午後、前半の2ピッチを仕上げ、滝下に泊まって明日、核心となる上部の登攀を完成させる。それが理想だ。とにかく、まずは眠ろう。

駐車場脇の小屋で仮眠を取っていると、なにやら騒がしくなり目を覚ます。どうやら高瀑見物のパーティが到着したらしい。一般的に、この滝の存在は大きく知られていないようだが、この地の事情に詳しい人たちの間では、「四国最大級の滝」として人気があるのかもしれない。

前回の偵察時にも、また、この2日の間にも見物に来た幾人かと出会った。今回の登攀でいちばん気にしているのは、滝下に来る彼ら見物客のことだった。下手に落石を起こせば大事に至るかもしれない。登攀中は細心の注意を払うことになる。

今までの経験では、それだけでグレードがワンランク上がってしまうようなプレッシャーを感じてきた。時計は10時過ぎ。僕らもそろそろ起きて始めよう。

ロープ3本、カム類、ハーケンなど重たい登攀装備に、楽しみなお泊まりセット（酒、つまみ含む）が加わり、よちよちと登山道を高瀑に向かった。青島は撮影のために三脚を4本も持ち上げており、恐ろしくてザックに触れることもできなかった。今回の登攀をしっかり記録しようとする、強い意志の表われだ。

いつも思うのだが、青島のこのモチベーションはどこから来るのだろう。計り知れないパイオニア精神とその情熱は、僕らの到底及ぶところではない。今回のチャレンジの実現に至るまでの道程にもまた、青島の存在は欠かせなかった。

この2カ月、何度も頭の中で試登を繰り返したであろう佐藤は、「きっと、高瀑は小さく見えますよ」と言った。それは、きっと高瀑の厳しさに気後れすまいとする彼なりの強気の発言だったのだが、確かに滝が小さくなるという傾向もあるにはあるものだ。初めて見たり、出会ったりしたものに、人は冷静な状況判断能力を失うことがある。だから再会したときに、滝が小さく見えたり、ゴルジュの迫力が軽減されることも少なくない。

しかし、尾根を回り込むと前回と変わらず、あらゆるものを拒む高瀑の威厳ある姿が目に飛び込んできた。そして、不思議とそのことは僕をホッとさせた。

今回だけは、誰もが恐ろしくて取り付けないような、高くてぶっ立った大滝を登ってみたい。今までにやったことのない、新鮮で痺れるようなクライミングを体験してみたい。もちろん、その主役は佐藤になるのであろうが、自分にできる最大限の能力を発揮し、あの大空間に身をさらし、かぶった落ち口に這い上がり、雄叫びを上げたいと願った。

前半登攀開始

滝下には見物客が数人、ゆっくりラーメンなどを食べながらくつろいでいた。落石の可能性を告げ、離れたところへ移動してもらうことに快諾を得た。青島も三脚を立てて、スタンバイしてくれているようだ。

滝の右に続く緩やかな岩の段差を、ノーロープで二段ほど上がるとテラスがある。さらに一段上がったところからも取り付けそうであったが、水流を浴びて直接滝身を登るほうを選んだ。今回だけは一歩も譲らず、真正面から滝と向かい合いたかった。

午後1時45分。いよいよ登攀を開始する。記念すべき1ピッチ目も80度ほどの傾斜で、楽ではなさそうだが、せめて今日の2ピッチ分は自分が担当しなければ、実りのないものになってしまいそうで譲ってもらった。

「ゆっくりやらせてくれ」、そう佐藤に声をかけ、登り始める。水流右寄りの左上するランペをたどる。プロテクションの鍵となる、リスやクラックの存在を確かめながらゆっくり登っていく。やはり節理は緻密で、思うように支点は取れそうもなかった。そしていやなことに、確実に5月に来たときよりも、ヌ、メ、る！　あのとき、ちょっと遊び気分で触り、濡れていても確かなフリクション感覚を得たというのに、この2カ月で大きく状況は変わっていた。水温の上昇とともに藻類が繁殖してしまった。ランペをたどり、カンテを回り込むとシャワーが激しくなる。やがて、ランペ状は消えて行き詰まる。ラインは直上か左トラバースか。二、三歩上がるが、ガバと思って持ったホールドはいずれもヌメったうえ、向きが悪い。ランニングビレイを取るリスもなく、ここはフリクションを信じて、ランナウトで数メートル先のホールドまで行くしかない。

だが、あのホールドも掛かりが悪くて、ヌメっているのは間違いなかった。支点が取れなかったら、さらなるランナウトが待っている。踏ん切りがつかず、何度もクライムダウンを繰り返してしまう。下を見るとヒマそうな顔をした佐藤が叫んだ。「何時だと思っているんですかー。もう3時ですよ！」。確かにノロすぎる。

「すまん、おやつでも食っていてくれ！」。再び突っ込むが、またまた戻ってきてしまった。今度は、「もう一歩も戻らないでください。死ぬ気で行ってください」とまで、のたまった。死んだら元も子もないけれど、ここくらい自分で登らなければ元も子もない。覚悟を決めた。一歩、二歩と直上を始める。壊れそうな岩の小突起にたどり着いてレスト。息を整え、再び上をめざす。

しかし、上がっても上がってもヌメった岩は続き、おまけにシャワーを頭上から浴び続けている。ラインの選定ミスかと思ったとき、岩場のブロックがおおまかになり、その右サイドがしっかりホールディングできた。ヌメらないのは、この方向しかない。右へとトラバースし始める。シャワーから解放され、やっと余裕が生まれた。ランナウトはもはや10m以上かもしれないが、落ちない自信はあった。岩場の右隅まで大きくトラバースし、佐藤を迎えた。

2ピッチ目もやらせてもらう。「おぅ、これは快適だな」などと言ってしまったが、取り付いてみると傾斜があり、相変わらずホールドも外傾している。見上げる最上部があまりにもかぶっているせいで、傾斜が緩いと錯覚してしまうようだ。つくづく人間の感覚は、ごまかされやすいものだと知る。結局、乾いた岩場の直上は諦め、弱点に導かれるようにして、濡れたラインを左上する。

やっと解放されたシャワーを再び強烈に浴びて、一段直上してから、またもや右へトラバースしてピッチを終える。今回のライン中、唯一の立ち木があり、ここでビレイする。上を仰ぐと、あれほど高く遠かった高瀑落ち口が、かなり近づいたように感じられた。明日への前哨戦とはいえ、半分近く登ってきていた。しかし、ここから上の2、3ピッチが本当の勝負となるのは明白だった。

気がつかないうちに立ち込めた陰湿な霧。その向こう、幾重にもたたみかけるように覆いかぶさる、前傾した柱状節理の段差。そして、宙に吐き出される高瀑のエネルギー。この先、どんなラインなら越えていけるのか。それとも、出口はないのか。期待に胸は大きく膨らみ、続いて不安に胸が押しつぶされそうになる。明日は、本当の冒険が待っていよう。今日は、これでおしまい。さっさと降りて、滝下で楽しく焚き火と戯れたい。明日のユマーリングのために、ロープをフィックスして下降した。

どこにも平地は見当たらなかったが、滝と離れて一夜を明かすのはつまらなかった。川原の隅っこを無理やり整地して、薪を集めた。いつも思うのだが、大滝の巡礼登攀ではこうやって火を囲みながら、滝下や落ち口で一晩を明かすという行為が重要な意味合いをもっている。

絵空事だと笑われるかもしれないが、滝と心通わせ、語らい、何かを得る時間でもある。見えないもの、不思議なもの、大いなるもの、そんな存在を僕は古い民のように信じていたい。とはいえ、酒を酌み交わして繰り出してしまうのは、相変わらずの馬鹿話ではあるが。騒がしくてすみません！　いつものようにタープも張らず、飲んだくれるうちに、焚き火の横で意識を失った。

後半クライマックス、神話は誕生するのか

夜が明けるとまずは佐藤が起き出し、ラーメンなどを作っている。朝にだらしない僕は毎度、その好意に甘えてしまう。焚き火の向こう、高瀑は昨日と変わりなくそこにあった。

朝7時半、ユマーリングを開始する。まずは、昨日の2ピッチ目の終了点まで登り返す。なにぶんユマーリングが不慣れな自分は、やけに無駄が多く、体力を浪費する（へったくそ！）。

昨日の終了点に着いて、ちょっと不審に思った。天気は昨夜もよかったはずだが、辺りは完全に濡れている。確か3ピッチ目の出だし部分だけは、乾いて快適そうに見えたのだが。見上げると、最上部からの落水が風向きによって、右に左に大きく振られていた。今日の風は、僕らの登る右壁側に吹き込むことが多く、そのたびにシャワ

ーが降り注ぎ、昨日より条件がよくないのは明白だった。

いつの間にやら、陰鬱な霧まで立ち込め、僕らを包み始めた。だが、佐藤はそんなことを気に留める様子もない。ロープを結び、淡々と登り始めた。さあ、見せて(魅せて)くれ。幾度となく修羅場を潜り抜けてきた、ホンモノの登りを!

ビレイ点より、左上するランペと並行する右側のおおまかなブロックを登る。濡れてしまったせいか、スリップに気を使いながら左上していく。その突き当たりには、ハングした柱状節理の段差が帯状に連なり、明らかにその乗り越しが悪そうだ。

案の定、支点は段差の基部にしか取れず、伸び上がって段差の上に手を伸ばすが、ヌメリのため、次の一手が出ずに迷っている。一度、クライムダウン。ブラシを口にくわえ、再び立ち上がって、苦しい体勢で根気強く、ホールドを磨いていく。窪みを見つけてカムを決め、難しそうなハンドトラバースから強引なマントリング。落ちればランペに叩きつけられ、負傷するのは避けようがない。絶対の自信に満ちたクライミング。心技体の充実が伝わってくる。

この上でやっとハーケンを打ち、こちらもホッとしたが、それも束の間。再び帯状の柱状節理の段差が現われた。洞窟状にえぐれた穴の左隅にカムを決めて、狸の腹のように膨らんだフェイスをランナウトで登っていく。なんの躊躇も感じさせないが、傾斜は垂直を超えている。支点を取ってくれ！　そう願っても、両手が離せない状況である。カムを受け付けるクラックもないこの壁では、ランナウトで確実に安定したポイントまで登りきるほか、もう道は残されていないのだった。

そして、その先にあるのは、水流を落とす恐ろしいほどにかぶったカンテ。高瀑登攀の最後の最後に現われる真の核心である。そのカンテの直下、スパンと切れ落ちた、みごとな凹角下の外傾テラスでピッチを切った。フォローの自分は、段差の乗り越しでヒールフックなども試みたが、ヌメリがひどく、不意落ちしそうな不安に終始付きまとわれた。悪い。ここだけでも、充分に悪すぎるほどだった。

いよいよ最後のピッチだ。このピッチを登る自分を、佐藤は何度も夢見てきたにちがいない。見上げれば激しい水流がカンテ越しに、頭上を飛び越えていく。無数の滴りはビレイ点にも絶え間なく降り注ぎ、長らく目を開けてはいられない。ゴーグルが欲しい。この状況で、ギリギリの登攀を凝視できるのか心配にさえなる。

出だしから、いきなり厳しいムーブが連続する。手掛かりのなさそうな凹角の右壁に小さなエッジを見つけ、際どく立ち込む。凹角上のバンドにマントルで立ち込んだ後、信じられないようなバランスで凹角を左側に横断する。ここはライン中、唯一の破砕帯で、もろい岩をすべて落として、硬そうな岩の突起を探り当てた。ホールドは引かず、押し付けるようにして、緩やかな体重移動。プロテクションは極端に悪く、かつデリケートで、沢独特のいやらしさを凝縮したようなパートであったが、佐藤はみごとにクリアする。

両手が離せず片手でハーケンを決めるが、その音から岩が浮いているのがわかる。ほかに支点は取れない。プアプロテクションに怯むことなく、さらに怒涛の水流中を左下のホールドへ、絶妙の一歩。一瞬たりとも気は抜けない。流れを突っ切り、カンテの向こうに姿を消した。この付近、絶対に墜落は許されなかった。

ビレイ点は相変わらず激しい滴りにさらされ、真夏といえど日が差し込まず、震えが止まらない。寒い。早く青空の下、太陽の下に飛び出したい。だが、こんな魔物のようなカンテなど越えられるはずもないのか。ロープの流れはしばらく止まったまま、なんの動きも示さない。

「ウォー!!」。突然の獣のような声にハッとして見上げると、頭上のカンテに佐藤が姿を現わしていた。ついに核心となる、かぶったカンテの登攀が開始された。

高瀑の全水圧を受けて、一手ずつ、一歩ずつ、段差に乗り上がっては苦しい体勢で片手ずつレスト。そして、ブラッシング。前腕のパンプが始まっているにちがいない。再び奇声を上げて、次のパートへと突っ込んでいく。

いつ落ちても、どんなロングフォールでも衝撃を吸収しながら、柔らかく墜落を止めてみせよう。滴りがまぶたに激しく降り込むが、視線は離せない。ランナウト、不安すぎる支点、ヌメリ、強烈なシャワー、低水温、激しく襲いかかるパンプ。考えられる条件は、どれも劣悪だ。それに心折れぬよう、ヤツは吼えているのか。

「ワォーッ!!」。僕も応えずにはいられなかった。言葉の意味など必要なかった。僕に残された力を届けたい。だから僕も何度も吼えた。それはもうクライマーというよりは、垂壁に取り残され、死地を脱しようとする2匹の獣と獣のやり取りだったかもしれない。

佐藤の姿が視界から消えて、どれくらいたっただろうか。「ヒャッホ～♪」というおちゃらけた叫び声が響いた。アイツ、やりやがったな。僕はうれしかった。それは最終ピッチの終了とともに、難攻不落を思わせた高瀑に、一筋の画期的なオールフリーのラインが誕生したことを意味するものであった。

僕の仕事はまだ終わってはいなかった。フォローながらこのラインを、ヤツの登りを検証しなければならないと感じていた。

いざスタートしてみると、信じられないような難しい動きを、ランナウトで次々にこなしていったことに、あらためて驚かされる。しかもこともあろうに、悪い凹角の横断では、意にホールドが剝がれて落ちてしまう始末。なんたる不覚。ビーンと張ったロープを見て、佐藤は喜んでいることだろう。水流を渡りきった一瞬を除いて、気の休まるポイントはなかった。

上部の前傾カンテの大胆な登りは、まことにフリーチック。一歩ずつ、難しい動きが待っていて楽しかったが、1カ所、ヌメリと激シャワーに根負けして、カムをつかんでしまったことも告白しておく。トップロープでさえ、このざまだった。支点の保証もなく、このカンテを華麗にリードした佐藤の登攀は、まさに神懸かっていた。

やっと傾斜が垂直に近づき、落ち口が近いことを知った。見上げると、佐藤がそこに立ってビレイしていた。思わず「おまえは、イカレてるー！」、そう叫んで僕は馬鹿笑いした。それは、佐藤への最大級の賛美だった。

僕は一手出すごとに「イカレてる！」を連発し、その度に佐藤も大きな声で、うれしそうに「ワッハッハ」と笑った。落ち口には待望の日差しが、たっぷり届いていた。

石鎚山 加茂川源流高瀑132m登攀
2011年7月16～17日／所要9時間
メンバー：佐藤裕介、成瀬陽一

第4章

常識を覆すハワイ火山島の渓谷群

カウアイ島
ワイアラエストリーム

宇宙から見た地球は青いという。それは、この球体表面の70%もの面積を占める海の存在によるものだろうか。あるいは、大気による光の屈折のせいだろうか。宇宙を、気の遠くなるような旅を続けてきた知的生命体にとって（彼らがいるとすれば）、この太陽系第三惑星は間違いなく、長旅の疲れを癒やす、宝石のような美しい星であると僕は信じている。

地球でいちばん大きな海、それは太平洋である。そして、どこまでも青く澄みきった大海原の真ん中に、どの大陸に寄り添うこともなく、またほかの島々とも遠く離れて、ハワイ諸島は存在している。日本人にとって、古くから移民や観光の島としてなじみ深いハワイであるが、地球儀を眺めれば太平洋上のほかの島々と比較して、その孤立度合いが、群を抜いているのがわかるだろう。

ハワイの島々は地質学的に見ても興味深い。それは、「生きている地球」の証しをまざまざと見せつけてくれている点だ。いちばん東端のハワイ島キラウエア火山では、今もなお、とろり溶けたマグマを間近に見ることができる。このハワイ島から西に向かって、ハワイの島々の形成年代が古くなっていく事実は見逃せない。

ハワイ島形成がわずか約43万年前なのに対し、いちばん西のカウアイ島は約510万年前と見込まれている。これは何を意味するのか。

地球には、内部にため込まれた熱を逃がす役割として、ホットスポットの存在が知られている。ハワイは、そのホットスポットの一つだ。そこでは地下深く、マントルから湧き上がってきたマグマが大量に噴出され、火山島が誕生する。できあがった火山島は、年間8㎝という太平洋プレートの移動とともに西へ移動し、ホットスポットからずれて火山活動を終えることになる。

そのころホットスポット上には、新たな火山島が産声を上げることになる。この繰り返しのなかで、ハワイ諸島は形成されてきた。現在のホットスポットは、ハワイ島よりもやや東寄りの海底にあるとされている。いずれそこには、新しい火山島が誕生することになるだろう。

さらに興味深い事実もある。ハワイ諸島最高峰のマウナケア山は標高4205mであるが、海底からの立ち上がりは実に1万mに達する。よく、エベレストよりも高い山だといわれる。その話の捉え方は人それぞれであるが、太平洋の真ん中に孤立する小さな火山島に、そんな話題となるような地形が存在すること自体、驚きに値する。僕にはある日、なんだかハワイが地球の極点の一つのように思えてしまったのだった。

これら魅力いっぱいのハワイの島々に、もしも沢登りに適する渓谷群が存在しているとしたら……。海あり山あり、渓谷あり。それは、極点にふさわしいパラダイスということになるだろう。けれどハワイ島を除いて、各島の最高峰はさほど高くない。ましてて火山島、加えて島の形成年代が若すぎることを考慮すれば、渓谷が充分に浸食される時間があるようにも思えなかった。そう、あの日、一本のカビの生えかけたビデオテープを見るまでは。

それは一本のビデオテープから始まった

冒険は、いつ始まるかわからない。そのテープは台湾溯渓《そけい》の先駆者であり、また僕の知るかぎり、ハワイにおける沢登りを実践した唯一の人物、清水裕氏からもたらされた。譲り受けた時点で、すでにテープにはカビが生え、レコーダーにかけると機械本体にテープが絡み付いて、故障しそうなほど危うい代物だった。

『ハワイアンバタフライ』と題されたそのテープは、実はカウアイ島を一周する（ハワイで盛んな）ヘリコプターツアーのデモテープであった。いかにも火山島らしい大滝がいくつも映されていた。数百メートルもありそうな、それらの大滝群はみごとであった。山襞はもろそうな岩稜となって、急峻に谷に落ち込み、滝を取り囲むように、コケやシダが一面をびっしり覆っていた。

それは太古の風景を連想させ、どこかから恐竜が現われても不思議ではなかった。実際、カウアイ島で映画『キング・コング』や『ジュラシック・パーク』などのロケが行なわれてきた。だがよく見ると、どの滝も同じように思え、個性に乏しく、沢登りや滝登りの対象として、多くをそそられるものはなかった。

湿潤な森林地帯から尾根を飛び越すと、風景は一変して砂漠地帯が広がっていた。こんな砂漠に理想の谷などあるはずもない。それが常識だ。集中が途切れ、ビールをゴクリと飲み干した。

ところが次のカットで、いきなり驚くような景観が映し出されていた。先導するヘリコプターがおもちゃのように、実に壮大な峡谷に吸い込まれていく。すばらしいスケール。谷は次第に深く刻まれ、恐ろしいほどに切り立ったナイフリッジを、右へ左へと縫うようにして、ヘリは進んだ。

そして、深い深いその峡底に映し出されたものは、漆黒の大ゴルジュと圧倒的なハング滝の連続。僕は手に取ったポテトチップスを口に運ぶのも忘れて、テレビ画面に食いついた。この絶望的な谷底に立ってみたい。恐れ慄《おのの》きながら、大ハング滝と対峙したい。そして、わずかな可能性を見いだし、滝を越えてゴルジュを脱し、谷の全貌を目に焼き付けたい。沢ヤとしての本能がよみがえった。

この日から、僕の冒険は始まっていた。どうしても場所を特定せねばならない。テープと一緒にもらい受けたカウアイ島の地形図を睨みながら、何度も何度もテープを見直した。ヘリの飛行コースを推測し、滝の位置や尾根の張り出し、谷の屈曲などを照らし合わせた。その結果、この砂漠の大ゴルジュが、観光地として有名なワイメアキャニオンの一大支流、ワイアラエストリームであることを突き止めた。

太平洋上に浮かぶ火山島での沢登り計画が、いよいよ本格的に動き始めた。

ワイアラエストリーム溯行

4月28日。僕らにとって、この南海の島での渓谷溯行の記念すべき第一歩は、雄大なワイメアキャニオンを見下ろすハイウェイから始まる。

アメリカ・アリゾナ州のグランドキャニオンといえば、ほとんどの日本人が知っている有名な景勝地だ。広大な砂漠の台地を深々と浸食したコロラド川の流れ。平均高低差1200mという深い峡谷にもかかわらず、この付近が沢登りの対象となりえないのは察しがつくだろう。それは、峡谷という名が与えられているものの、コロラド川は明らかに谷幅が広く、水流は泥のように赤茶け、ただ滔々《とうとう》と蛇行を繰り返す大河であるからだ。本流に激流や早瀬はあっても、滝などあろうはずもなく、探検的魅力を漂わせる場所ではない。むしろ、ここは地球のダイナミックな大自然を、豪快なラフティングなどで満喫すべき場所のように思われる。

このグランドキャニオンのスケールをひと回り小さくしたといわれるのが、ハワイ・カウアイ島のワイメアキャニオンだ。僕は以前からこの地を知っていたが、沢登りの対象になるような渓谷は、付近には存在しないと思い込んでいた。

雄大な景観を見せる、ワイメアキャニオンの谷底に向かって、トレイルを下り始める。見渡す渓谷に沿って、帯状に連なる断崖の高さはすばらしいものの、緑まばらな半砂漠地帯に食い入る谷は涸滝が多く、岩質も極端に軟弱そうで、どの谷もそそられはしなかった。

だが、ただ一つ今、下っていくトレイルの真向かいにあたる、あの谷だけは例外だった。そう、あの切れ込みのいちばん高みの辺りに、一筋の流れが遠く確認できる。あれが最後に控える大滝にちがいない。下部は深く、峻険なる山襞に幾重にも覆い隠されて、謎に包まれている。この谷は、明らかに特別な存在だった。「ワイアラエストリーム」、常識を打ち破る砂漠の大峡谷だ。

僕らの行く先にはどんな驚きと出会い、そして、運命が待ち受けているのだろうか。

何もかも、この地での実践は初めてであり、また、ビデオテープを譲ってくれた清水氏のほかに、僕は先駆者を知らない。すべては、ほぼ一からのスタートのようなもので、この恐ろしげな峡谷の中で何が起き、何ができるか、まるでわからないのだ。期待と不安が、何度も胸中を交錯する。

緊張をもって本流に降り立ってみれば、なんのことはない緩やかな流れがあった。これがワイメアキャニオン本流か。ちょっとばかり安心する。砂漠地帯を水源とするためか、清冽な流れとは言いがたい。トレイルに沿って本流を20分ほど下り、目的のワイアラエストリームの出合付近に着く。

右岸の不明瞭な踏み跡をたどり、ワイアラエの谷筋に向かう。下生えをかき分け、木のトンネルをくぐり、南国特有の、サボテンの仲間のような植物の脇を通り抜けたとき突然、腕に鋭い痛みを感じた。ハチ？　痛みの場所を押さえると、ミツバチ程度の大きさのハチが毒液を注入している。慌てて振り払い、その場を走り抜ける。踏み跡は粗末なあずまやで終わり、やっと川に沿って歩くようになる。もうここまでは、ハチも追いかけては来ないだろう。いよいよ溯行開始だ。

まずはゴーロ状の河原歩きから始まる。日本の中規模な沢の入口付近と、さほど変わらない。ただし、問題なのは水色。暗い緑色をして、とても飲む気にはなれない。

だが、暑さのせいでやたらと喉が渇く。持ち込んだ飲料水はさっさと飲み干してしまい、いよいよ、緑の沢水に手を付けることになる。

1ℓのペットボトルを取り出して水を汲み、佐藤が小さな容器からおもむろに、ぽたりぽたりと怪しい液体を垂らした。次亜塩素酸ナトリウム。実はこれ、プールに消毒用として投げ込まれる錠剤と同じものだ。というのも、ハワイ諸島の生水の中には、アライグマなどを媒介とするレプトスピラ菌という、恐ろしい細菌が棲んでいるのだ。

これに感染すると高熱が出て、すぐに医療機関での治療が必要になるということだが、ハワイの先駆者である清水氏からは、そんな注意事項など聞いた覚えがない。まず間違いなく、清水氏は生水をそのまま飲んでいると思われるが、レプトスピラ菌さえ、氏の体内では増殖できなかったのだろう。

もちろん、僕らにそんな真似はできるはずもなく、薬剤を垂らして待つこと10分。やっと飲用可能となったペットボトルに口をつける。う〜ん、やっぱり臭い。日本の清冽な渓流の貴重さを再認識する。

谷はやがていくつか小滝を懸けるようになる。直登、あるいは小さく回り込んで越えていくと、落ち口の岩盤に、一本のサボテンがへばりつくように生えている。さすが、この景観は南国の砂漠地帯だ。柔らかそうなサボテンの一部をナイフで切り取り、皮をむいて、こわごわ口に運んでみる。これはイケる！　アロエに似て、ヨーグルトに入れれば絶品だろう。緊急時の非常食として考えることにする。

荒涼とした谷は、やがて左右を壮大な岩壁に取り囲まれるようになっていく。高巻くという選択肢は瞬く間に奪われた。今のところ、谷の中はゴーロ歩きで行程もはかどるが、次第に袋小路に追い込まれていくような焦燥感が募っていく。この先、どんなに厳しい滝が現われても直登するほかない。それがダメなら、あるのは敗退のみ。

左手に大きな涸棚を見て、谷筋がぐっと右に折れると、ついにワイアラエストリームのF1が見えてきた。高度差は22m（下段12m、上段10m）と見た。滝の周辺は大きく開け、さらにその周りを、もろそうな大岩壁がぐるりと取り囲んでいる。

岩壁中ほどには、なんとヤギの一家がのんきに散歩などしていた。初めて見る（？）人間の集団に戸惑った彼らは、垂直に近い壁を上のテラスから下のテラスへ、レッジからレッジへと転げ落ちるように次々と飛び降りながら谷底へ立ち、僕らが来た下流へと走り去った。あれは神業か、捨て身か。途中でビビって一人、取り残された子ヤギが「めぇぇー」と鳴きながら、少々遅れて家族を追いかけていった。どこかで、こんなシーンを見たような気がして口元が緩む。確か、娘の保育園とかで。

F1落ち口上部からは深いV字の峡谷が続き、先は読めない。そこには何があるのか。その魅惑的な世界をのぞけるのは、この滝を登れた者たちだけに許された特権だ。まさに狭き門。本日はこの滝下をベースにして、宮城と成瀬でルート工作に向かう。一見、弱点のない手ごわそうな滝だが目を凝らすと、岩の凹凸が浮かび上がってくる。可能性があるとすれば、左壁からの変則的なトラバースしかない。これがダメなら、ヤギたちも下流へ逃げたことだし、上流へ向かう方法はないと思われる。

若さあふれる宮城が勢いよく、1ピッチ目を登り始める。左側壁手前から一段上がり、右へトラバース。急な凹角を登って、裏側をクライムダウンする。さらにカムを多用して、下段落ち口にエイド交じりで抜け出す。なかなかに登り応えのあるピッチだった。

F1上段となる2ピッチ目は成瀬の番。足元の岩盤は思いのほかヌメり、ちょっとばかり緊張した対岸へのジャンプから、快適に右壁を直登してF1を越す。上部はいよいよ狭いゴルジュとなり、暗い淵を右奥へとへつると長淵となる。その先には5m滝が懸かり、ここは泳がねば突破できない。時間も迫り、今日はここまでと引き返す。とりあえず、難関と思われたF1は越えられホッとしたものの、ますます深みにハマっていく怖さのようなものを感じた。

滝下に戻ると、青島、佐藤がすでに夕げの支度を始めていた。盛大な焚き火を前に、酒を注いで前夜祭を執り行なう。ハワイでも、僕らの沢登りスタイルは変わらなかった。大きな転石の上に寝転がり、ほろ酔いで星空を見上げた。ビッグスケールの岩壁に取り囲まれ、どこからでも落石の可能性はあるが、自分に与えられた強運を信じて、そのまま眠りについた。明日は「濃い」一日になりそうな予感がした。

4月29日。朝一番から、昨日フィックスしたロープを使って、F1右壁をユマーリングで登り返す。いよいよ今日が正念場だ。気合いが入る。昨日引き返したF2（5m）の手前で、いきなり佐藤が服を脱ぎだす。僕も負けじと全裸になったが、すでに佐藤に後れを取り、F2のトップの権利を持っていかれてしまった。

全裸にハーネスという怪しい出で立ちで、流れに逆らって淵を泳ぎ、滝身左に取り付く。水色は深緑を通り越して、黒く不気味だ。滝左手に這い上がり、水流に沿って登った後、難しい左手の垂壁を越す。次の滝も泳いで転石の左から荷上げした。この上で、裸族二人は乾いて快適な服を着た。

上流はさらにスケール感を増し、恐る恐る進むと、どこかで見覚えのある大ハング滝が、左手から猛烈な勢いで暗い峡底に落ち込んでいた。高さは優に50mを超えるだろう。滝壺は広く、落水により激しく波打っていた。正面には、幾段にもかぶった涸棚を懸けるドぎついガリーが落ち込み、滝を取り囲むハング壁の傾斜は極端に強い。

無論、登攀不能。周囲の障壁は高度差500m近い稜線付近まで延び上がっている様子だ。間違いない。これが、僕を虜にしたあの漆黒のハング滝だ。あの日、ビール片手にビデオに食いついたワンカット。今、僕らはその風景に入り込み、実際に滝を見上げている。予想したとおり、絶望感にのみ込まれそうになりながら。

だが、僕らは諦めはしなかった。一縷《いちる》の望みを託して、右岸の湿った草付にロープを延ばした。一段上がれば何かが見えてくるかもしれない。楽勝と思えたこのピッチも、ハーケンを打つリスが泥の中に埋まり、必然的にランナウトすることになる。足元が次々と崩れるのを騙し騙し登った、トップの宮城は冷や汗をかいたようだ。

一段上がった僕らを待っていたのは、朗報ではなかった。バンド状の草付灌木帯の上には、薄かぶりの垂壁が下流側からハング滝側面へとつながっていた。弱点を探して右往左往するが、どうにもラインが見いだせない。ただ唯一、左にカーブするハング下の凹角だけが、僕には可能性があるように思われた。メンバーそれぞれが意見を出し合ったが、協議の結果、この凹角に脱出路を求めることになった。この溯行の核心であった。

ここはエースの出番となる。ボルダーから高所登山まで、あらゆるクライミングをこなし、修羅場の数々をくぐり抜けてきた佐藤にここは任せるほかない。いきなりきつい傾斜の凹角登りから始まり、右手のハング下にホールドを求める。だが、案の定もろく、落石が頻発する。ビレイヤーともども巻き込まれないよう注意する。

いつ剝がれるかもわからないホールドを持ち、叩くと緩みそうなリスにハーケンを打ち、じわりじわりと上昇する。アブミを掛けて立ち込み、最後は小指の太さもない灌木に足を乗っけて、ブヨン、ブヨンと反動を利用して、みごと上部バンドへ抜け出した。あの枝、よく折れなかったものだ。正直、いつ落ちてもおかしくないと下から見守る側も緊張したが、佐藤はそれすら計算ずくだったのかもしれない。

さらに、左トラバースで上部へと続くルンゼに到着した。ロープに引っ張られながらフォローすると、さすがの佐藤も少々疲れた顔をしていた。珍しい。それほどに際どい、非常にデリケートなピッチであった。

次のピッチは快適。ルンゼを抜けて緩傾斜帯に抜け出す。ロープを解いて、そのまままつめると奥壁に突き当たる。涸棚の真下だ。時間も迫るなか奥壁右側の一見、緩そうな斜面に成瀬が取り付く。

土壁といっていいくらい軟らかい岩質で、粉になって砕けるありさま。騙し騙しで一段上がり、草付に出るが足元の不安定さは、日本の雪国の比ではなかった。これは火山島特有の地質なのか。土というより、サラサラの砂だ。粘りがないのでステップを刻めない。崩れだすと止まらず、岩盤が露出してしまう。滑り台に砂が乗ったような状態で、いつ滑り始めてもおかしくなかった。

こんなとき、たまたま持ってきた2本のイボイノシシ（ワートホッグ）が役に立った。砂の上からこれを叩き込み、直接アブミを掛けてのエイド登攀だ。もちろん、まれにハーケンも決まるが、緊張の登攀が長らく続いた。

右手の急峻な岩稜に出るころには、日も暮れかけていた。足元にしたハング滝の落ち口に降りて水を求めるには、もう時間がなかった。さらに上流側には、これまた猛烈なゴルジュと連瀑帯の一部が垣間見えて、谷通しの溯行は厳しそうだ。前進するには、このままなんの保証もない岩稜をたどるしかない。今日は奥壁の基部付近で泊まることにして、ロープをフィックスして下降した。

心配した飲み水であったが、ルンゼを下ったところにあった染み出しを佐藤、宮城が苦労して汲んできてくれた。青島とわずかなブッシュの枯れ木を集めて、焚き火をする。一瞬、天を焦がした炎はあっという間に燃え尽きる。それでも、この儀式が沢ヤには重要なのだ。あとは平らを見つけて、眠るだけ。

そのとき、ビューッという音とともに小さな落石が2度あった。ここは涸棚の真下。それでもここで眠るという3人と別れて一人、ルンゼへと下って、危うい斜面をバイルで整地した。転がれば一巻の終わりだが、落石の危険は多少軽減する。僕らはあのとんでもない大峡谷の、どの辺りで泊まっているのだろう。頭上には満天の星が広がった。とりあえず、明日の朝まで全員が無事でありますように。

4月30日。上のほうでヘッドライトの明かりがチラチラしている。食事と出発の準備が始まった。みんな無事に朝を迎えられたようだ。

薄暗いうちに、ユマーリングを始める。昨日の岩稜より、上部をめざす。左右の切れ落ちたリッジから垂壁の登攀となる。ムーブは多少難しいが、楽しむ余裕が出てきた。高度を稼ぐにつれ、谷の上流側が見渡せるようになる。手の付けようがない20mから40mの立派な滝が連続して懸かり、最終的に谷通しは不可能という結論に達した。とにかく上部へ抜け出すほかはない。ここまで来て撤退は御免だ。

「めええええー」。突然、拍子抜けした声がどこからか聞こえてくる。探してみると、対岸のとんでもない大岩壁の真っ只中に、またもヤギの一家がモーニングを食べに来ていた。それにしても、どこから来たのか。目を凝らせば対岸岩壁や急峻な草付の中に、何本ものヤギの獣道が交錯していた。きっと、あの道がアミダくじのように、上部台地からつながっているのだ。彼らにとってここは庭なのか。バランス感覚と蹄の威力に脱帽する。

気付けばポロポロとヤギの糞が、こちらの岩稜上にも見られるようになった。もしや初溯行の栄誉を奪われたかもと気落ちしたが、出だしF1の滝上から、先ほどの岩稜上の垂壁まで痕跡はなかったはずだ。彼らも、この間を通過してはいまい。

やがて岩稜の傾斜が落ち始め、ロープを解く。結局、大ハング滝の下から13ピッチ。2日がかりで側壁の登攀をしたことになる。あとは、気の抜けない砂漠のガレ場を稜線めざして登る。

南国の太陽光線が真上から脳天を直撃する。稜線をしばらくたどるが、先ほどの連瀑の全容を確かめようと再び、急なリッジをノーロープでクライムダウンしていく。谷通しの完全溯行を逃した以上、せめて全貌を明かすのが、沢ヤの執念というものだ。

最後はサボテンにつかまって下り、連瀑帯の上まで確認する。最上部の大滝、つまり、入山口から見えていた大滝60mが眼下に懸かっていた。そして、その上からは一転して、穏やかで美しい緑の谷間が広がっていた。

再び稜線上に戻り、最後の大滝の上流付近をめざして、うるさいヤブをこいで山腹を下った。青い空と、ところどころに巨大な転石を配する緑の谷間。そこは山上の別天地だった。大滝の落ち口に立ち、数時間前まで格闘していた大峡谷を見下ろす。あの狭間から脱出できたのが、奇跡のように思える。

振り返ると、佐藤と宮城がボルダーを始めていた。若い二人の遊び心はとどまることを知らない。ワイアラエフォールズ落ち口ボルダー・3級。この時間、そして、この空間は今、僕らだけのものだ。なんて贅沢なひととき。僕もボルダーに加えてもらう。心浮き立つような気分に体も軽く、もちろん一撃した（まぐれ?）。最後の晩はここで迎えることに、みんな異論はなかった。

5月1日。夜半から雨が混じるようになる。といっても、見上げれば星空。おそらく、カウアイ島の最高峰・ワイアレアレ山（標高1569m）の東側から飛ばされてくる雨粒だろう。山の向こうは湿潤なジャングルが広がり、こちら西側では砂漠地帯へと変化する。谷の姿にも大きな違いが表われることだろう。偏東風が卓越するこの緯度では、珍しくないことかもしれないが、日本に住む僕らにとっては不思議な感じがする。

緩やかで、ところどころ澱む流れの中は足を取られて歩けず、岸辺に沿ったグリーングラスの中を進んでいく。もう滝もゴルジュもない。緑の谷間が延々と続くのみだ。おそらく完全につめ上げれば、激しく蛇行を繰り返す湿地帯に捕らわれて、身動きできなくなるだろう。

踏みたかったワイアレアレ山の頂上は、この谷からでは行けないとわかっていた。

地形図に記された踏み跡を求めて、右岸の支流を上がった。高度差で50mほど上がると思いのほか、しっかりした踏み跡に出た。もちろん山頂まで続くものではなく、途中の雨量計か何かまでの歩道だ。現在、山頂に至る登山道はこの島にはない。僕らはここで溯行を打ち切り、麓に向かって下山を始めた。

うだるような南国の道程、尾根上には熱がこもっていた。ところどころ馬の蹄の跡があり、馬糞が落ちている。暑さにうっかり気を抜けば、渓流タビごと馬糞に埋没する恐れまである。

いつまでたっても近づかないワイメアの町が恨めしかった。あそこに行けば、冷たいビールにありつける。ハワイの地ビールはとてもおいしい。今回、ハワイ滞在のベースとしたコンドミニアムでは、毎晩銘柄を変えて楽しんでいた。その味を思い出し、気を取り直す。

何時間も歩いた。やがて車道歩きとなり、埃っぽい家屋が現われた。通りかかった気のいい地元民がポンコツ車の荷台に乗っていけと言ってくれた。めざすワイメアの町は目前だが、この厚意を受けないわけにはいかない。ハワイの民もまた、島の自然の一部なのだ。遠慮なく乗り込む。車はスピードを上げ、風を全身で感じた。頭上には南国の空が、ただ広がっていた。

この山行の2日後、ワイアレアレ山東側直下にあるブルーフォールという火口壁まで沢を往復した。激しいスコールのなか、火口壁からは300m級の大滝が無数に出現し、僕らを圧倒した。この大滝を攀じれば憧れのワイアレアレ山の頂がある。そのトライは次回への課題となった。

こうして、僕らのハワイでの沢登り第1章が終わった。

今遠征のメイン山行となったワイアラエストリームの溯行に関していえば、完全溯行はとても果たせなかったのが事実だ。核心となった峡谷部分では、約3分の1を谷通しに溯ったにすぎなかった。しかし、谷の全容をほぼ把握し、不可能と思えた側壁を攀じて、暗澹たる大峡谷から脱出できたこと、日の光降り注ぐ上流部の緑の谷間に到達できたことを素直に喜びたい。

さらに密度の濃い溯行は、後続の方々にぜひお任せしたい。僕らは火山島の猛烈な大峡谷からでさえ、なんとか脱出が可能だという事実を指し示した。技量次第ではあるが、どの谷にも突っ込んでみる価値はあるということだ。それを示せただけでも、今回の遠征の意味は充分にあったのだと思う。

所変われば、谷変わる。そんな当たり前だが、何よりも魅力的な現実を前に、僕ら沢ヤは、なぜ日本というこの小さな島国に閉じこもる必要があるだろう。

太平洋の真ん中に位置するハワイ諸島。その西端のカウアイ島一つを取っても、西面だけでなく東面にも興味深い谷が存在していた。ほかにも、モロカイ島、マウイ島、ハワイ本島など、探検せねばならない島々と渓谷がいくつもあるのは間違いなさそうだ。

世界の渓谷は果てしなく刻まれている。自分に与えられた時間というものは限られている。未知の渓谷を求めて、日本から沢ヤが流出していく時が来ている。

ハワイ火山島の渓谷群、恐るべし！　そして、まだ見ぬ世界の渓谷もきっと恐るべし！

ハワイ・カウアイ島 ワイメアキャニオン支流ワイアラエストリーム溯行
2012年4月28日～5月1日
メンバー：青島 靖、佐藤裕介、宮城公博、成瀬陽一

第5章

地球の底から地獄の穴へ

レユニオン島
トゥルー・ド・フェール

物語には表と裏がある。光と闇がある。レユニオン島の渓谷の王道タカマカを光と例えるなら、それと真っ向から対峙するように、闇を圧倒的な力で支配する渓谷があってもいい。

「TROU DE FER（トゥルー・ド・フェール）」は、まさしく闇の渓谷と呼ぶにふさわしい存在だ。トゥルー・ド・フェールとはフランス語で「鉄の穴」、もしくは「蹄鉄の穴」を意味し、ネージュ山北東部の台地上に、ぽっかり開いた巨大な馬蹄形の陥没孔を指す名称である。現地キャニオニアーたちは、FERの綴りの前にENを加えて「TROU DE ENFER」と呼ぶ。それは日本語に訳せば「地獄の穴」を意味する。穴の底に立って見上げれば、その意味がおのずとわかるだろう。

トゥルー・ド・フェールには250m級の大滝が、幾本か落ち込んでいる。それらの水を集めて流下するのが「BRAS DE CAVERNE（カベルネ谷）」である。カベルネとは洞窟を意味している。つまり、洞窟谷である。そこは、「地球の底」と表現したくなるような、深く暗い大峡谷となっている。

2013年5月、僕はヘリコプターからの偵察により、2本の谷に目を付けていた。一つは東の海岸線から、島の中央に切り立つ最高峰・ネージュ山（標高3070m）

まで続く、全長25kmのマルソワン川で、通称「タカマカ」と呼ばれていた。上空から見ると柱状節理を発達させた巨大な滝が、青々とした湖のようなプールを従えて連続し、その破格的なスケールは、レユニオン渓谷群のキングと呼ぶにふさわしかった。実際、キャニオニアーたちからも、「レユニオンで最も美しい谷」と称賛されていた。

そしてもう一つ、僕を虜にした谷があった。島の北東部のカベルネ谷だった。水量豊富なタカマカに比べれば小さな流れにすぎないが、その両岸の側壁は絶望的な角度で、稜線まで延び上がっていた。峡谷の底には、常軌を逸した狂気の世界があるのではないかと、目を凝らして谷底を眺めたが、当然ながら見通すことなどできるはずなかった。

やがてヘリは大峡谷からトゥルー・ド・フェールの巨大な穴に導かれ、圧倒的迫力で落ち込む大滝群に僕はめまいを覚えた。右の大滝はカベルネ谷本流、左の大滝はマゼリン谷で、ともに上流にはさらなる2本の大滝を懸け、台地へと消えていた。

安易にたとえるなら、由布《ゆふ》川峡谷から那智《なち》ノ滝三連発といったところだろうが、もちろん、こちらのほうがはるかにスケールはデカい。キャニオニングの聖地レユニオンにあって、トゥルー・ド・フェールに落ち込む、巨大滝の空中懸垂からカベルネ谷を泳ぎ下るのは、その最高峰ともいえるキャニオニングコースとなっていた。

ここを下るのではなく、溯りたい。カベルネ谷の底からトゥルー・ド・フェールに這い上がり、さらにはあの大滝群を越えて生還したい。沢ヤとしての本能がうずいた。まだ誰も溯ったことのないと思われるこの谷に、無性にチャレンジしてみたくなった。岩壁や大滝のスケールは常識外れだが水量は少なく、そこにわずかな可能性が残されていると感じた。

夏の本番、レユニオンの地を再び踏んだ。そしてNHK取材班とともに、タカマカの溯行を試みた。8日間かけて、なんとかネージュの山頂にたどり着いたものの、大滝群のほとんどが登れる形状ではないという、火山島の谷の厳しい現実を突きつけられた。高巻きで活路を見いだすしかなかった。だが、カベルネ谷では高巻きは不可能であり、たった一つの滝が登れなければ敗退は決定的となる。あの真っ暗な峡底で、水流と激闘しながら、一つ一つの滝を越して前進するしかないのだ。

この地で本当に沢登りが通用するものなのか。疑問が生まれた。はるばる遠くから、究極の谷の姿を求めてやってきたのだ。あの谷底を経験しなければ、日本には帰れないと思った。もはや帰国までに残された日数からは、下降に切り替えたほうが無難ではないか。僕の気持ちは揺れ動いていた。

ここは、タカマカで撮影隊のサポート役に徹して、不完全燃焼だった佐藤裕介の気持ちを最優先にしたいと思い、彼に尋ねると、「何もトライせずに日本に帰るのはいやだ。ダメでもいいからトゥルー・ド・フェールに沢登りでトライしたい」。きっぱりとした答えが返ってきた。ブレないこの一言で、僕の決心も固まった。成功するかわからないからこそ、やる意味がある。それが原点のはずだった。

8月11日、まだ暗いうちに南部サン・ピエールのホテルを出発する。島を半周して、サラジー谷へ向かう道に入ると、島内屈指の高さを誇るブランシュ滝が見えてきた。高度差は全段で600m以上あるといわれている。目的のカベルネ谷は、この先でサラジー谷へ続く本流と分かれ、ブランシュ滝の真下を通って奥地へと向かう。待ち構えるのは洞窟谷、そして、地獄の穴だ。

駐車場に車を止め、車道から家の脇を抜ける山道に入る。ブランシュ滝が正面に見えるところまで行くと踏み跡は消え、いよいよカベルネ谷の溯行に入る。

だが、どうも様子がおかしい。かなり水量が多いようだ。昨日のサン・ピエールは晴れていたが、遠くタカマカ地方は雲がかかっていた。朝まで雨が降り続いたようだ。河原の石はタカマカと同じように異様にヌメって、何度か佐藤や田中暁《さとる》（ルー）が転ぶのを目撃して笑った。もちろん僕も転び、その度、二人に喜ばれた。

左手の斜面を覆う、つる性植物のシュシュの葉のなかに、大きな実がなっているのに気がつき、足を止めた。でこぼこした薄黄緑の瓜のような実だった。確か、葉っぱは食べることができたはず。真っ二つに切って齧《かじ》りついた。ジューシーな果肉に見えたが、硬く締まっており、二口、三口で飽きてしまった。

流れの左右に突然、簡易的なシェルターが現われた。ここがキャニオニングの終了点で、左岸の山越えでサラジーの町にエスケープする地点のはずだ。探すと案の定、踏み跡が斜面を登っていった。天候は回復すると信じていたが、いつの間にか雨が降りだしている。この先から始まる大ゴルジュのことを考えると、突っ込むのは無謀すぎる。シェルターに潜り込み、やむのを待った。

1時間、2時間と時間は経過するが、雨は一向にやむ気配を見せない。それどころか次第に本降りとなり、じわじわと増水を始めた流れを見て、この日の行動はここまでと決めた。右岸のシェルターを今晩のねぐらとし、薪作り、シェルターの手直しと各自忙しく動いた。このまま降り続ければ、もうこれ以上、カベルネ谷の溯行は不可能になる。焦りが募ったが、できることは明日の天候回復を祈ることだけだった。

12日、奇跡だろうか。雨は夜中にやみ、星空が広がっていた。気がかりだった増水も収まり、ほぼ平水に戻ったようだ。暗いなか、ヘッドライトで出発する。ほんのり白んでいく空を背中に感じながら、あえて暗い谷間をめざして行く僕らは、きっとどうかしている。すぐに両岸は狭まり、いよいよカベルネ谷が、その本性を現わし始めた。

地球の底へと続く溯行

最初のプールが現われ、まだ空けやらぬ峡谷を泳ぐ。水温は、せいぜい12℃くらい。数日前、あれほどタカマカで震えていたというのに、今回は5㎜厚のフルウエットスーツを用意したおかげで、まったく気にならなかった。

崩壊によって堰き止められた河原状を過ぎると、谷は一段と深みを増す。そして、ついに100m以上はあろうかという暗く、狭い長瀞《ながとろ》が行く手を阻んだ。前方で左曲して、どこまで泳がされるのかは想像もつかない。

3人バラバラになって遠泳を始める。佐藤、ルーと屈曲点を越えて視界から消える。一人取り残されるような不安のなか、必死で泳ぎ後を追うが、距離が長いだけに、ちょっとした流れを越すのもつらかった。ヒーヒー言いながら泳ぎ、カーブすると、やっと二人の姿が視界に飛び込んだ。

この先から連続する泳ぎとなり、彼らについていくのがやっとだった。ザックを腰に細引きで連結し、浮かせて引っ張りながら、空身で泳ぐとけっこう楽だった。こんなところで一発、直登不能のCS滝でも現われれば、僕らのチャレンジは終わってしまう。

祈るような気持ちで進んでいくが、ついに悪相の滝が現われた。流れのきついプールに懸かるCS2m滝。もはやここまでとも思えたが、泳ぎ達者なルーが流れに逆らって、CS滝右下の窪みへ泳ぎ着いた。チョックストーンの乗り越しは佐藤の出番。ルーが確保に入る。側壁との間のかぶったクラックに軍手でジャミングを決め、エイドで這い上がろうともがくが、難しいらしく苦戦している。

ふと目を離して振り返った一瞬、フォールした佐藤がぶら下がっていた。カムが抜けていた。成瀬に借りたバイルのピックが引っ掛からなかったせいだと佐藤は笑ったが、彼が軽量化と称して持ってきたバイルは、幼い娘さんが使っている釘抜き付きのおもちゃのハンマーだった。100円ショップのものか。仕切り直して、今度は問題なく乗り越した。

ここからは、いわゆるウォータークライミングというやつだ。泳ぎ、マントル、ショルダーからシャワークライミング。ずぶ濡れになりながら、一つ一つの滝を越して地道に前進していった。この暗さ、ずぶ濡れ度合いは由布川峡谷「みこやしきの滝」

に、かなり近いものがあった。その経験から、どこに足がつきそうかなども少しばかり予測できた。

一瞬、光が峡谷深くまで差し込み、湧水の滝に虹を架けた。振り返ると壮大な峡谷が広がっていた。夢中になって目の前のことばかりを見つめ、全体の俯瞰を意識するのを忘れていた。僕らは今、地球で最も深い谷間にいるのかもしれない。猛烈な不安感と幸福感が、ごた混ぜになって共存していた。

前方はいっそう暗い大ゴルジュ状を呈し、右曲して続いていく。狭い両岸の真上に巨大トラックのようなチョックストーンが引っ掛かり、押しつぶされそうな重圧を感じる。右曲、左曲と繰り返すと、前方は暴風雨のような怒涛の谷間となっていた。激しい飛沫と瀑風が、狭い谷間の中を洗濯機のように洗い尽くしていた。

まっすぐ延びる廊下の底はマゼリン谷で、そこに左岸からカベルネ谷の30mの滝が落ち込んで二俣となっている。今やっと、本当の核心が始まったことを認めざるをえなかった。

目の前には2mCS滝が懸かっている。しかし、泡立つ流れに弱点が見いだせない。佐藤が白濁した泡に向かって果敢に突っ込み、流水直下の小石に激シャワーで這い上がると両手をいっぱいに伸ばして、突っ張りながら上へ抜け出た。小さい滝であったがかなり難しい登り。ガッツポーズが出た。後続は右の隅をユマーリングさせてもらう。

いよいよ洗濯機の中に突入する。絶え間ないシャワーと瀑風に、上から下からもみくちゃにされる。周囲には瀑音が鳴り響き、大声で叫んでも、まったく会話は成立しない。視界もかなり悪い。そんななか淵に浸かり、岩に這い上がり、冷静さを保ちつつ進んでいく。

ふと脇を見ると、ぽっかりと大穴が開いて滝壺が見え、そこから水があふれ出ている。なんとカベルネ谷の滝はマゼリン谷の流れを飛び越して、右岸側壁に穴を開けて滝壺を作り、下に開いたこの穴から合流しているではないか。右俣の流れが左から合流するという、驚くべき渓谷造形のマジック。こんな二俣があっていいものなのか。神様のいたずらとしか思えない。後日、ここは「ミノタウロスの洞窟」と呼ばれていることを知った。

世界を舞台にする男

怒涛の二俣を抜け出ると、若干の平和を取り戻したかに見えた。だが、状況は一向に変わっていなかった。目の前にはすぐに、厄介そうな3mナメ滝が現われた。ルーが右へつりから短く泳ぎ、滝の流芯をダイレクトに直登した。ここからはマゼリン谷を溯行することになる。

滝上から極端に狭まった瀞が始まっている。不思議だが、流れがまったくないように見える。家で飼っている金魚のキンちゃんを放してみたくなった。

瀞の泳ぎから突っ張りで進むと谷筋は屈曲して、もうこれ以上ないほどに絞られた。頭上には、またも巨大なチョックストーンが引っ掛かっている。真っ暗にそそり立つ両岸のそば立ちは、どこへ続くとも知れず、僕らは一体、どんな場所にいるのか。「地球の底」、そんなフレーズが頭に浮かんだ。

瀞の先は傾斜をもった長さ20mほどの、狭いトイ状ナメ滝が続く。流れは激しく泡立って、落ちるわけにはいかなかった。なぜか荷物がいちばん重くなってしまった僕は、非常に微妙で苦しい突っ張りを強いられた。

やっと滝上に立った僕は絶望した。目前にはみごとにえぐれたプールがあり、右手より、ゴルジュ帯最後と思われる20m直瀑が落ち込んでいた。前方高く、250m超のマゼリン谷の大滝がとてつもないスケールで懸かっていた。この20m滝の上部が、地獄の穴「トゥルー・ド・フェール」のはずだ。あと一歩で地球の底を抜け出し、地獄の穴を体験できるというのに皮肉にも、目の前のこの滝にはあまりにも弱点がなかった。ここまでがんばって溯ってきたが、最後の最後で追い返されるのか。今山行、最大のヤマ場を迎えようとしていた。

目を皿のようにして、滝周辺の側壁の凹凸を読む。ルーが右から登って回り込めるかもと言ったが、位置を変えてみれば到底無理な傾斜だった。ここよりさらに下流側、右岸側壁を左上する一本の、もろそうなクラックに目が留まった。ここしかない。二人を呼ぶ。協議の末、意を決し、佐藤がクラックに取り付くことになった。

登ってきたトイ状ナメ滝から続くスラブを、ブラッシングしながら上がり、左上クラックに確実なハーケンを一本決めてスタートする。アブミを掛け、次のハーケンを打ち込む。アグレッシブテストをすると突然、ハーケンが抜ける。見た目以上にクラックはもろく、ハーケンの効きも甘いようだ。この岩質では仕方ない。

再びハーケンを叩き込みながら、じわりじわりと前進していくのを見守っていた。何度もテストでハーケンは抜け落ち、そのたびに僕は滝右壁をもう一度、偵察に行くが見込みはない。上部へ抜け出すには困難かつリスキーな、このラインしかなかった。

だが、佐藤はさすがだった。基本に忠実に、だが鮮やかな身のこなしでハングの上に抜け出した。拍手。ヤツがオリンピックのメダリストなら、自分はせいぜい地方の草野球のエースくらいだろうか。その登攀力の差に歴然としたものを感じた。

ユマーリング回収にてこずりながら、佐藤とルーの待つテラスに這い上がる。この上のスラブは、歩くように登れることを祈っていたが、やっぱり甘くはなかった。外傾して微妙なスラブは上部で小ハングに突き当たり、右へ回り込んだ先に活路が見いだせるのか、依然として不明だった。

神経を使う登攀で、やや疲れた顔の佐藤からロープを渡された。なんとしても抜け出すほかなかった。時間的にも、もう引き返せる余裕はなく、こんな真っ暗な峡底で一夜を明かすわけにはいかない。天候が崩れれば命取りだ。スラブはプロテクションも取れるには取れたが、もろいうえにヌメって、墜落すれば吹っ飛んでしまうかもしれない。慎重に小ハング下にマントルで立ち上がり、右へとトラバース。絶望的な草付が現われたらと心配したが幸運にも、しっかりした岩が続いていた。

万全を期して垂直部をA0・1ポイントで上がり、緩いバンドに到着して、洞窟谷を抜け出したことを確信した。向かいには、憧れだったトゥルー・ド・フェールの馬蹄形の断崖に、250m超の滝群が並んで懸かっている。地獄という呼び名とは裏腹に、神の存在を感じさせる、神々しい大空間が巨大なスケールで展開していた。思わず、歓声を上げた。いや、吠えていたかもしれない。さらにワンピッチ、水平トラバースから狭いクラックを下り、地獄の穴へ僕らは到着した。

辺りはすでに夕刻の闇に包まれ始めた。突然、マゼリン谷の大滝側から落石の大音響が響いた。ここは地獄の穴。油断は許されない。キャニオニングで使われるという乾いた岩小屋を探して、向かいにある小高い丘へ歩き始めた。その向こうにはカベルネ谷の大滝が懸かっている。

草に埋もれる踏み跡らしきものをたどり、今晩のねぐらを見つけたが、思いのほか時間がかかった。どうやらまだ僕らは、このトゥルー・ド・フェールのスケールを理解していないようだ。大滝による飛沫で穴の底は、どこもかしこも濡れていたが唯一、その岩小屋の下だけが乾いている。よかった。本日の行動終了と、ザックを下ろしかけたときだった。佐藤が言った。

「明日、穴から本気で脱出するなら、これからロープフィックスに出かけましょう」

「……」

これが世界を舞台に活躍する男のモチベーションだろう。時間はもう18時半だが、確かに夜間登攀をしてでも、明日の目途をつけておくべきだ。若い二人で行ってもらおうと言いかけたが、ルーの表情は冴えない。もう疲れたよね、フツウなら。岩小屋の整備を任せ、佐藤と二人、先ほど抜け出たばかりの穴の縁へ、登攀具だけ持って戻った。

トゥルー・ド・フェールの脱出路は、ヘリ偵察や絵ハガキ写真などを集めまくって分析した結果、岩小屋から深い谷底を挟んだ、ちょうどカベルネ谷の大滝真向かいにあたる、急峻な斜面を登りきるしかないと踏んでいた。そのためには半円を描くように、延々たるトラバースを強いられる。先ほどの3ピッチ目の終了点より、今度は緩い岩場を左上し、ここにロープを一本フィックスした。斜面を100mトラバースした後、再び岩場が現われる。決してやさしくはない。佐藤は暗闇のなかで確実に、その作業をこなした。

よろよろと岩小屋に帰ったのは20時半を回っていた。まずはウエットスーツを苦労して脱ぎ、その場にへたり込み、わずかに残っていたラム酒を一口ずつ回し飲みした。うまい。前進を試みるなら、日程的に食料制限するしかない。わずかなアルファ米の雑炊をすすって、眠った。

脱出行

13日、朝の4時50分に出発。手持ちの食料やレユニオンの友人との約束から、今日中に下山せねばならない。ヘッドライトで2ピッチのフィックスをたどり、さらにヤブの急斜面をトラバースしていく。

やがて空は明け始め、カベルネ谷の大滝に光が差し込むと、みごとな虹が架かった。行き着けるところまでトラバースすると、上部から樹林が降りてくる場所が1カ所だけあった。だが、傾斜は垂直に近く厳しそうだ。ここを登れなければもちろん、ほかに脱出路はなく、天下分け目のピッチでもあった。

気合いを入れて登り始めるが案の定、立ち木の間隔は遠い。右往左往しながらも徐々にロープを延ばしていく。ふと下を見ると、二人が僕に背中を向けて談笑していた。ちゃんとビレイしてくれているのだろうか。これは落ちられないなと思うと、なおさら動きがぎこちなくなった。

なんとか上部の樹林につなげ、さらに簡単なトラバース1ピッチで尾根状に出た。時計を見ると時間を食いすぎている。急ごうと気持ちは焦るが、斜度は相変わらず緩まない。ノーロープで高度を稼いでいったが、それも限界となる。ロープを出さねばならない。これでは今日中に下山できる見込みはない。

この異国で遭難騒ぎにでもなったらややこしいこと、このうえない。佐藤にどうしようかと相談するが、相変わらずブレていない。

「ここをパッパと登って、あとはピークから450mアップで稜線はすぐじゃないですか！」。いとも簡単に言ってのける。ホンマかいな。ブッシュの登攀を続行し、ヤブこぎに辟易する。やっぱり、いつまでたっても……ゆっくりじゃん！

尾根はさらにぶっ立ち、左からかわそうと回り込むと、わずかな水流の20m滝が落ちている。地形的にここを登るしかない。佐藤がさっさと越してしまおうと取り付くが、どっこいこいつが難物だった。岩がもろいうえに冷たい水流を頭上から受け、さすがの佐藤も何度となく躊躇した。それでも最後は登りきってしまった。

ここから稜線まで標高差450mはあるだろう。もう今日中の下山は不可能と諦めた。傾斜は相変わらずきつく、ロープを必要とする岩交じりの急斜面。猛烈なブッシュとフルウエットスーツを仕舞い込んで、膨れ上がったザックでユマーリング中も身動きが取れず、瞬く間に時間は奪われていった。

トゥルー・ド・フェールの穴底から数えて9ピッチ目。ルーが登っている最中に、ついに真っ暗闇となる。頻繁に引っ掛かるザックを背負って、つらいユマーリングで終了点にたどり着いたが、そこはハンギングビレイが必要な崖の途中で、まったくビバークできる余地はなかった。それどころか天候が悪化して、タカマカのときのような嵐が来れば、一瞬にして僕らは窮地に陥るだろう。どうにかビバークできるポイントを見つけなければ。

10ピッチ目、暗闇とブッシュのため、ヘッドライトでの視界は限られたが意地で、大木の下に隠された1畳半の泥斜面を見つけ出した。フィックスし、二人を呼ぶ。ザックを取りに戻ってユマーリングし、ロープをたためば21時半であった。幸い、星がちらほら見える。僕らはとってもツイていた。

窮屈な格好で3人くっついて眠る。今日の下山どころか、これでは明日の下山も危うい。慣れぬ土地ゆえ、明後日の帰国便に乗れるのかどうかさえ、不安になってきた。でも、あと少しだ。あと少しでカベルネ谷から地獄の穴を通り抜け、上部台地へ抜け出すことに成功するのかもしれない。そして、そんな人間が今までにいたかどうかはわからない。ただ、カベルネ谷を登ってみて、キャニオニング以外に谷底を通過した形跡は見つけられなかった。

14日。朝、比較的ゆっくりの出発となる。もうすぐ斜面は緩むはずだ。そう地図からは読める。自分でなんとか片をつけたいと思った僕は、朝からさらに2ピッチを延ばした。激ヤブと樹林中の岩の乗り越し。昨夜には食料も尽き、残された一口、二口の行動食で動いたため、ヘロヘロになった。

だがついに、傾斜は落ちた。ロープを解いて、トゥルー・ド・フェール側をのぞき込むとカベルネ谷の最上流部に、もう2本の大滝が懸かっていた。ひどいヤブを佐藤先頭で進むと、念願の稜線登山道に出た。長かった。「やったぞー!」。大喜びで佐藤、ルーと握手を交わした。すでに4日目午後だ。下界で遭難騒ぎになっていないかと、再び心配事が脳裏をかすめた。

登山道からトゥルー・ド・フェールの台地に向かう。登山道はやがて立派な木道へと変わり、ペースもはかどるようになった。途中、ハリネズミと小ウサギのミックスのような、この島唯一と思われる野生の小型哺乳類に出会った。天敵がいない歴史のせいなのか、あまりにもおっとりしてかわいかった。

サラジーのシルク(圏谷)を見下ろす崖の上から、一気にヘルブールの町に駆け降りた。夕暮れが迫っていた。タクシーかバスを捕まえなければ、僕らはさらにデポした車の地点まで、3、4時間かけて、車道を歩かなければならない。連日の長時間行動で疲れており、そんな事態は避けたかった。

ヘルブールの町のそばに降り立ったのは18時前。慌ててバス停の場所を道行く人に聞くが、すでに時遅し。最終バスはもう出払ったという。おまけにタクシーはないらしい。われわれはうなだれ、車道をT字路まで下った。サラジーは右だ。ゴールは遠い。

歩き始めた僕に佐藤が言った。「せっかくだからヘルブールの町にも寄っていきましょう」。そうだね。T字路を左に行けばすぐだ。とぼとぼ歩く。町が近づき、車道に並ぶ車のなかに、一台の特徴的な白い車があった。

んんっ？　あれは！　僕は小走りから、最後は疾走して車に駆け寄っていた。車のあちこちにプリントされたキャニオニングツアーの宣伝の写真。場所はトゥルー・ド・フェールだ。やっぱり間違いない。この車、エミリックのものだ！　車内をのぞき込めば、懐かしいエミリックの顔があった。僕の顔を見て驚いた表情。家族の犬たちもやさしく出迎えてくれた。

この人、エミリック・ブシュロンは、レユニオンキャニオニングの教祖のような存在で、多くのガイドたちの尊敬を集める人物だ。5月の偵察や今回の本番でも、さんざんお世話になっていた。余計な苦労の多い沢登りをなぜわざわざやるのか、理解しようともしない頑固者だが、僕と同年代。こだわりの姿勢も似ていて、なんだか自分と同じにおいがするので親近感をもっていた。

まったくフランス語にならない僕と、英語すら覚えるつもりのないエミリックで会話が成り立つわけもなかった。それを見兼ねて、そばにいたレユニオン人が通訳してくれた（らしい）。ちなみに、遭難騒ぎどころか、下山が遅れている僕らを心配した人は誰もいなかった。

結局、エミリックの厚意でカベルネ谷入口のデポ地点まで送ってもらった。ありがとう、サンキュー、メルシー、シェーシェ！　ありったけの言葉を叫んで、宵闇のなか、エミリックの車を見送った。

佐藤の一言が、この幸運を呼び込んだ。考えてみれば、沢登り中の強引な決断も何もかも、結果的には最善の方向に流れたではないか。高いモチベーションは運すら、味方につけるのかもしれないと思った。

そんな佐藤とは逆に、のんびりしてギラギラ野心を見せないルーに挟まれて、満足のいく沢登りができたこと、そして、聖地レユニオンの神髄に触れられた幸運に深く感謝していた。

レユニオン島 カルベネ谷溯行、トゥルー・ド・フェール登攀
2013年8月11〜14日
メンバー：田中 暁、佐藤裕介、成瀬陽一

第6章

日本最後の空白地帯

称名川 下ノ廊下

遠い昔、日本にろくな地図も存在しなかった時代、秘境は至るところに存在していた。未踏の岩山も渓谷も入り江も洞窟も比較的身近にあり、人々はそんな環境に囲まれて生活するのが当たり前であった。たとえ誰かが「秘境」と呼ばれる場所に足を踏み入れても、その情報を共有することは、今とは比べ物にならないほど難しかった。人から人へと口伝てにされてきた、噂話や古くからの言い伝えが秘境を知る唯一の手掛かりだった。そのため、秘境は秘境であり続けることができた。言ってしまえば日本そのものが、秘境の時代であったのだろう。

沢登りの本質は、未知への探求にあると思っている。日本に人跡未踏の地があふれていた時代を、うらやましくも思う。

今や鉄の塊が海どころか、空にまで浮かぶ時代だ。かぐや姫のふるさとでアストロノーツが跳ねたのは、もはや何十年も昔の話。秘境は次々と白日の下にさらされ、人跡未踏の地を、この日本で探し出すのは、非常に困難な時代となった。

そんな現代の日本に、まだ誰も踏み込んだことのない、地図上の空白地帯が存在する。その距離わずか2㎞。芸術的とまでいえる、すばらしい景観を垣間見せながら、いかなる者の進入をも拒む夢のような大自然の城塞がある。しかも、登山客、観光客でにぎわう北アルプスの玄関口・立山黒部《たてやまくろべ》アルペンルートのすぐ脇に。それが、日本最後の空白地帯ともいえる称名川下《しょうみょう》ノ廊下（以下、称名廊下）である。

1998年、廊下との遭遇

称名廊下を初めて意識したのは、1998年の秋。台湾の溯渓《そけい》を通じて知り合った畏友・青島靖から称名滝の登攀をもちかけられたときだった。当時は大滝登攀の経験も浅く、すでにかなりの場数を踏んでいた青島から多くのことを教わった。

青島の話はいつも刺激的であった。それまで自分がやってきたことよりも毎回、山行のスケールがひと回り大きかった。このときも、高度差320mという日本最大の滝へのチャレンジである。当時は称名滝登攀の記録は少なく、決行に向けて緊張した日々を過ごした。

登攀当日、遊歩道を歩いて滝に近づくにつれて、周辺の岩壁の規模の大きさを実感した。そして、滝の迫力にも増して、落ち口上部のV字の切れ込みが異様な凄みを発していた。あの上には何が待ち構えているのだろう。青島に尋ねると、そこが前人未到の称名廊下だと教えてくれた。

僕には、そこがどんな意味をもつ場所かはつかめなかった。険しい日本有数のゴルジュ、その程度の認識しかなかった。当時の僕は、まだ何も知らぬ子ガッパだったのだ。

絶望的とされた最下段を巻く形で称名滝をなんとか登り、その落ち口で初めて称名廊下と対面した。みごとに絞られた壮大な廊下の中に、何一つ無駄のない岩壁と水流のみで構成された驚くべき造形が続いていた。流れの先に、にぎやかな室堂があるとは思えず、廊下入口が異空間への扉のように感じられた。

冷たい風に絶え間なく吹かれて、体の芯まで凍りついた。そして、あらゆるものをのみ込まんとする、得体の知れない怪物の強い意思を感じずにはいられなかった。

一歩踏み込めば、二度と戻れないかもしれない。あるいは豪放な水流に引き剝がされて、称名滝最上段から放り出されるかもしれない。

320mの大ジャンプ。それは沢登りに命を捧げた者の最期に、ある意味ふさわしいのかもしれない。一瞬、広大な空間を落下していく自分の姿が脳裏に浮かんだ。そんな恐ろしい場所であるからこそ、僕はこの廊下の真っ只中に身を置き、生きて渓谷の全容を解明したいと願った。初めて称名廊下に出会ったときの話である。

結局この年、称名廊下の可能性を探って、上流側と下流側から廊下内に踏み込んだ。しかし、狭い廊下内にあふれんばかりの水量が行く手を阻み、いずれも失敗に終わった。上流側から70m、下流側から150m。それが、当時の僕らの到達点である。よほどの好条件でなければ、沢登りにならないと思い知らされた。

ちなみに、そのとき僕らの到達点より先に、鉄杭が残されていたことが、今も忘れられない。それは、残雪期に観光的な施設を作ろうとした残骸か、あるいは戦前戦中の取水計画に関係するものなのか。詳しくは不明だ。

このときから長い間、あまりの厳しさに再びトライする機会を逸していた。しかし、これだけは言える。称名廊下の溯行について考えない年は一度もなかったと。気象庁の雨量データを逐一調べ、ライブ画像を睨みながら、毎年、チャンスをうかがっていた。だが、残念ながら、称名川が極端に減水することはなかった。

2012年、再び称名廊下へ

あれから14年間、称名廊下は秘境であり続けてきた。僕らの到達点よりも、廊下の奥へと踏み込んだ者はいなかった。2パーティほど側壁から廊下の底まで、約200m、懸垂下降で降りた記録があるほかに、僕は知らない。そろそろけじめをつけるべきだと思った。いつまでも称名廊下を想い続けていては、先に進めない。

2012年10月、再び称名との熱い日々が始まった。廊下に踏み込む前に、僕にはやっておかなければならない課題があった。称名滝最下段の登攀が2002年10月、金沢の同人・さわわらしの松本貴宏・佐藤裕介パーティによりなされていた。何度見ても、あの最下段にラインなど僕には見いだせなかった。だが、今や最下段を登ることなしに、称名滝を完登したとはいえないだろう。

最下段を登ろう。そして、あらためて全段をつなげ、称名廊下に踏み入ろう。どうせやるなら、すでに登られた左壁ではなく、右壁の濡れ光る広大なスラブの真ん中に、一条の新ラインを引いてみたい。左に称名滝、右にハンノキ滝に挟まれた三途の川の、中州のようなあの場所が、何年間も称名滝ライブ画像を見続けるうちに気になっていたのだった。

称名滝最下段右壁登攀（中退）

出発前、パートナーの田中暁《さとる》（ルー）から、何度も「大丈夫ですか、あのライン？」と尋ねられた。確かに、写真を見ても弱点となるクラックやリスなど、はっきりしたものは写っていなかった。困難なトラバースを経て、あのスラブに取り付けば左右は大滝、下方は巨大な滝壺となり、もう上にしか、脱出路はない。

スラブには亀甲状の模様がいくつも見られ、そこに支点が取れるはずだとルーを説得した。今まで重ねてきた大滝登攀の経験では、ほとんどの場合、現場に行けばなんとかラインがつなげられるものだった。今回も弱点が現われる、そう楽観していた。

10月9日。人目を避け、まだ明けやらぬ空の下、ヘッドライトで僕らは登り始めた。取付点は称名滝の滝壺下流50mほど、2010年に登ったハンノキ滝と同じ場所だ。

まずは慎重に、左岸のトラバースをこなしていく。2ピッチで、若干巻き気味となった前回のハンノキ滝ラインと分かれ、さらに称名滝側に近づいていく。トラバース計5ピッチで、わずかな水量を落とす、ハンノキ滝の最下段垂直部の真下を横断する。目的の赤茶けた大スラブがいよいよ目前に迫る。きっと、あそこにはリスがある。そう信じて、最後の支点から振り子懸垂で、大スラブの末端に到達した。

降り立ってみれば、期待どおり。惚れ惚れするような、広大な一枚岩が滝の右壁を形作っていた。このスラブは飛沫や染み出しでいつも乾くことはなく、そのせいか、赤茶けた印象的な色合いだ。滝下から見れば僕はきっと、とんでもない極上の場所に立っているはずだった。

しかし、肝心のクラックやリスが、どこにも見当たらなかった。スラブの登攀自体は、おそらく5・9〜10程度だが、途中のビレイ点も含め、抜け出すまで100m以上、何一つ、まともな支点は取れそうになかった。

遠目から見えた亀甲模様は、本当にただの模様であった。スラブ左端を水流が猛烈な勢いで滑り落ち、はるか下に直径60mほどの渦巻く滝壺をつくっている。登攀に失敗すれば、ルーとともにロープにもじゃかって（絡まって）、滝壺をぐるぐる回り続けることになるだろう。その賭けはデンジャラスすぎた。

続いて降り立ったルーが、わざとらしく僕の顔をのぞき込んだ。「このスラブのどこに弱点があるんですか？」。すかさず、「おまえは5・14cまで登っているんだから、ノーピンで行けるはずだ！」と答えたが、結局、ここ何年来、温めてきた至上の計画は諦めるしかなかった（最下段右壁は、2015年大西良治氏によって登られたが、スラブ中央を直上するラインはいまだ未登である）。

しぶしぶ懸垂下降で使ったロープをユマーリングして戻り、ハンノキ滝下段垂直部を見上げると、別の考えが浮かんできた。どうせならここを直登して、2010年に佐藤と登ったラインにつなげ、ハンノキ滝のダイレクトラインを完成させようと思いついた。

気分を切り替えて、ルーがリードする。水流を浴びつつも安定した登りで、凹角状にロープを延ばしていく。途中1カ所、引っ掛かった不安定なブロックが気になったが、みごと垂直部を越えて抜け出した。さらに簡単な次のピッチをこなすと、見覚えのあるビレイポイントにたどり着き、以前のラインと合流した確信を得た。

これにより、高度差500mのハンノキ滝を下から上まで、ノンボルトでダイレクトに越えていく（真のダイレクトとは滝壺からの直上であろうが、おそらくボルト必携）という、こだわりのラインが誕生したことになる。

称名滝右壁アタック敗退の副産物とはいえ、うれしく思えた。このポイントから下流側へトラバースを始め、最後は懸垂下降で展望台脇のルンゼに降り立って、この日の行動を終えた。

称名滝最下段左壁登攀

10月10日。称名滝最下段左壁を登ることにする。既成ルートとはいえ、内容は厳しい。だが、右壁に続いて、この左壁までも登れなければ、僕らが称名廊下に踏み込む権利などないと思えた。

滝壺に近づくと案の定、すごい飛沫だ。雨ガッパを着ていても、すぐに袖口から水が浸入してくる。本当に、ここから落ち口へラインがつながっているのか。見上げれば日本最大の滝の迫力に、戦意を失いそうになる。

前半2ピッチはルーに行ってもらう。一見、リスなどなさそうな鉱泉の染み出す、褐色のスラブ状フェイスだが、ポイントごとにハーケンが決まった。フリクションはよさそうだ。最後は右上して姿が消える。あまりの寒さにコールが待ち遠しかった。

フォローを始める段階で、すでに僕の両手両足の指の感覚は麻痺し、丁寧とはいえない登りでビレイ点に着く。

2ピッチ目は右上クラック。ルーに「ここはオンサイトだな」と、若干プレッシャーをかけてしまった。今日の状態はよいとはいえないが、カムでプロテクションが取れるぶん、気は楽だと言った。僕も荷を背負って、なんとか落ちずにフォローすることができた。グレードは5・9とされているが、もろもろの条件を考えるとワングレード は上だろう。

3ピッチ目からは自分。フリー化を狙う余裕はなく、エイドクライミングとなる。ハーケンを何本も連打し、タイオフが連続する。非常に根気のいる作業であったが最後はそのリスも消え、怖いランナウトでテラスに達した。

かつて核心とされたピッチだが再登者が現われ、情報量が多くなるにつれて、ずいぶん楽な気持ちになれるものだ。一方、冒険的要素は失われていく。初登者の喜びは計り知れなかっただろう。彼らの記録を読み、戦慄した記憶が懐かしい。だが、そのピッチが今は足元にある。こんな、すばらしいラインを拓いた男たちを僕は尊敬する。

4ピッチ目もランナウトするが、もう落ちる気はしなかった。落ち口目前でロープがいっぱいとなり、短い最終5ピッチ目をルーが登って、最下段落ち口に立つ。

結局、僕らには右壁スラブに新ラインを拓くことができず、左壁既成ラインから称名滝最下段を登る形になった。残念ながら、翌日は雨の予報なのでワンプッシュは諦め、下山した。帰り際に、ルーが一言。「なんだか昨日も今日も、成瀬さんの登り残しを完成させるために来たみたいじゃないですか。残りの上3段も付き合ってくださいよ」。確かに、結果的には……。

しかし、これで称名廊下がまた一段と近づいた気がして、下降するルーの後ろ姿を追いながら、こっそりほくそ笑むのであった（休みの都合でこの年は実現せず、残り1～3段の登攀は翌年まで持ち越しとなった）。

秘境・称名廊下アタック再開

称名滝最下段左壁の登攀から3日後の10月13日、僕は佐藤裕介と称名廊下入口に立っていた。予定では、最下段右壁を新ルートから登り、上の3段も14年ぶりに再登したうえで、称名廊下へのアタックを開始するつもりでいた。

だが結局、新ルートは登れず、最下段左壁を登っただけで、時間切れとなってしまった。後悔はなかった。僕は左右を巨大な滝に閉ざされた、孤立無援のあのスラブに立ちたかったのだ。そこは、とてつもなく魅力的な場所に感じられた。

あのトライを省いて既成ラインをただたどるのは、僕には納得がいかなかった。元来、パイオニアワークと登山効率は相反するものだ。新ラインの開拓は失敗に終わったが、心の中は清々しかった。いつも飛びっきり、新鮮な感動を求めて生きていたい。

高度差320mの称名滝落ち口から続く、称名廊下入口の景観は14年たっても何一つ変わらず、そのことがうれしかった。台風などで廊下内が荒れ果てて、ゴーロ帯と化していれば溯行の可能性も高まるだろう。

しかし、一切無駄なもののない完璧な廊下は、たとえ溯行が叶わなくとも永遠に完璧であれと願う。この14年間で、僕もささやかではあるが、世界各地の渓谷を体感してきた。称名川は日本を超えて、地球の大いなる可能性の一つだとさえ思えるようになっていた。

記念すべき、廊下アタック再開の1ピッチ目。それは、320mの落ち口を対岸へと飛ぶ、これ以上ない自由奔放なジャンプからスタートする。もちろん、トップ、フォローともロープを着けていても、絶対に足を滑らせることは許されない。これをこなせば、あとは簡単に右壁をトラバースして、F1（2m）の上に立つだけだ。次のF2（1m）は左壁のトラバース。問題はない。

F3（3m）は堰堤型の均整の取れた滝で、佐藤が左のへつりから左壁を直登。印象的な滝ではあるが、以前より難しくなっていた。滝上は吸い込まれそうなほど、澄んだ底なしの青白い淵である。おそらく、源流の地獄谷から流れ出す鉱泉水を含んだせいか、神秘的な色合いだった。

F4（2m）の左壁を、そのまま登った場所が14年前、パートナーの青島靖とやってきた最終ポイントだ。あのときの記憶が懐かしく思い出された。谷の溯行はここから、また一段と難しくなる。支点を残して懸垂下降。さらにトラバースから、また懸垂下降と、徹底的に弱点を突く感じで無我夢中で進む。F5、6、7と右岸をへつって、難関F8（4m）の前に立った。

幅広の立派な形状の滝で、深い滝壺から目の前を狭小な水路となって流れていた。短い足で思いきってまたぎ、対岸のハーケンにアブミを掛けて乗り移った。微妙な側壁のへつりから、落ち口に向かい左上する。無数のポケットから、効きのいいホールドを拾う。トラバース、クライムダウン、凹角の直上と気は抜けない。幅広い平均台のような落ち口に着き、右に延びる水平カンテに、わざとらしく寝そべってみた。佐藤が写真を撮ってくれるにちがいない。

前方にはF9のトイ状2m、左に折れてF10（3m）の下部の飛沫が見えていた。目前には廊下内、唯一の河原があり、なんと整地されているのには驚かされた。実はこの年、ソロイストとして知られる大西良治氏が、すでに試登を始めたという情報を得ていた。彼がビバークした猫の額ほどの平地に間違いなかった。

ここに至るまでも、彼のものと思われる残置ハーケンを使わせてもらったが、最小限のハーケンが的確な位置に残されており、その実力のほどを感じさせられた。大西氏はここから右岸の一見、絶望的な壁を登り脱出している。この寒風のなか一人、怪物の懐に入って眠る精神力は、ただ者ではないと思った。

渓相的にまだ進める見込みはあったが、この日の計画は速攻日帰りというやつだった。ここまでかかった時間を帰りも見込まなければならない。最後の落ち口ジャンプが暗闇では、まずいと思われた。最終到達点の光景をしっかり目に焼き付け、僕らは再び困難な道程を引き返した。

15日、廊下上流の渓相を確かめるため、大日平《だいにちだいら》から中間の屈曲部をめざして200

ｍの懸垂下降で峡底に降り立った。そこには、なんら弱点のないままの厳しい渓相が、相変わらず続いていた。称名廊下は、おそらく２㎞の間、芸術性を失うことなく、流れているにちがいない。人間なんぞの手には負えない、そんな大自然があってもいいじゃないか。僕らは笑うしかなかった。ふつふつと沸き起こる、廊下への捨て身のアタック願望と自己防衛本能の狭間で、ゆらゆらと気持ちが揺れ動いていた。

10月26日。先日の到達点Ｆ10から先の様子をどうしても見ておきたくて、単独で偵察に向かった。霧に覆われた谷底に向かって、ロープを投げ降ろして下降を始める。と同時に、僕は金属音を聞いた気がした。一瞬耳を疑ったが、しばらくすると確かに聞こえてくる。驚きながらも峡底まで降り立つと、その上流側30ｍほどに黙々と作業を続ける人の姿を確認した。それは、来年のアタックへ向けて、単独でトラバースの可能性を探っている大西氏であった。

僕らは、わずかな間隔を置いて、廊下の縁から、まっすぐ谷底めがけて下降していたことになる。よりによって二人の単独行者が、人跡未踏ともいえるこの場所で、ばったり出くわすとは。奇遇中の奇遇とはこのことだろう。意気投合して、その夜は大日平を流れる小沢の中で、小さな火を見ながら遅くまで話し込んだ。

翌日、さらにもう一度下降し、立派な釜をもつＦ11（３ｍＣＳ）から、上流の圧倒的なゴルジュを確認した。弱点となる、リッジもルンゼもブッシュも何一つない、完璧なる造形であった。そこは称名廊下の中で、最も壮大な景観を見せる場所であり、遡行に取り組めば、最大の難所になることが予想された。こうして、2012年の称名の幕が閉じた。

今回のアタックや偵察で、いくつかのヒントを得ることができた。一つは称名廊下の岩質が非常に良好であること。弱点となるリスやクラックも多く、また驚くほどにフリクションはよかった。ゆえに、思いきったクライミングが可能であり、高いパフォーマンスが発揮できること。

もう一つは、秋の終わり、思いのほか水量が減少すること。降り立った中間部付近の水量は、水に浸かりさえすれば、かなりの効率で遡行が可能と思われた。問題となるのは10月、6~7℃しかない低水温に、どう対処すればいいかだ。それさえ克服できれば、遡行の可能性は決して、閉ざされたわけではないと思えた。

2013年、称名廊下全貌解明に向けて

2013年、再び秋がやってきた。今年こそは、称名に決着をつけようと臨んだ年

だった。僕は、この年の気象条件からアタックより、廊下の全貌解明に全勢力を傾けることにした。

9月の週末ごとに降り続いた雨や、ときどき来襲する台風により、明らかに減水の季節が遅くまでずれ込んでいた。ルーとの約束である、称名滝1段から3段の登攀も果たしたが、秋とは思えぬ水量の多さに苦労させられた。10月に入っても依然水が多いこの滝を見て、作戦を切り替えることにしたのだ。

10月8日。まずはルーと本当の中間屈曲点（大左曲点リッジ）をめざした。実は昨年、佐藤と降り立った付近は中間点の手前であったことが、その後、航空写真などで判明していた。この付近の称名川には、地形図に出ない細かな屈曲があり、いくつかの紛らわしいリッジが存在する。

大日平の草原から、やがて苦しいネマガリダケのヤブをこいで下降点に向かう。称名廊下対岸、弥陀ヶ原《みだはら》の地形をよく見ながら、地図とコンパスで進路を取る。廊下内をじっくり探ることもあり、基本的には一日に1回の下降しかできない。間違って、いったん下降してしまうと登り返しのユマーリングや、深いヤブに阻まれて、相当なタイムロスになる。結局は、山勘がとても大切だ。ヤブに突っ込み、多少のロスはあったが今度こそ、本当に大左曲点リッジを見つけ出し、200mの懸垂下降に入った。

側壁は非常に風化が進んで、巨大な浮き石が各所に見られた。うまくラインを考えながら下降しないと、先行した自分が落石の直撃を受けたり、ロープが切断されたりする可能性が高かった。ハーケンで支点を取り、真下ではなく、斜めにロープを張っていく。称名廊下の側壁は最上部で帯状のハングが現われ、帰りは必ず、空中ユマーリングとなる。ハング帯の下で、リッジは幾本かに分かれたが、最も顕著なリッジを選んだ。

谷底近くまで降りると昨年、佐藤とやってきた、見覚えのある滝やプールが下流側に見えた。足元には、ちょうど左曲点に懸かる2m滝が、滝壺を激しく白く泡立たせていた。昨年から今日にかけて、これで廊下の下半部が、ほぼつながったことになる。あとは、ここから上半部の地形を、もれなく記録していけばいいのだ。

翌日、再びハング下まで下降した後、バンドを上流側へ2ピッチトラバースした。バンドが消えた地点から振り子懸垂を交えて、峡底に降り立つ。そこは滝の落ち口で、足を洗う水流がコークスクリューのように激しく、横回転しながら下の瀞へと落ち込んでいた。高度差は2・5mだが印象に残る滝だった。上流は狭い中に懸かる小滝、その上は、さらに峡窄したトイ状の水路で、溯行は厳しく思われた。その水路の上流は次の機会にめざすことにして、探査を終えた。

10月13、14日は小林トシゾーが付き合ってくれた。着実に実力をつけつつある彼にも、ぜひ称名廊下の光景を見ておいてほしかった。

13日、先週に決めておいた下降点をめざす。大日平のヤブは上流側ほど濃くなる傾向があるが、うまく草原をつないで、ヤブこぎを最小限にとどめることができた。懸垂で下降していくと、下流側には先週の峡窄した水路が確認できた。

しかし、上流側には、これまでとはやや異なる渓相が展開した。大石の間を縫って、水流が踊るゴーロ帯が始まったのだ。こんなに開けた場所は、今まで廊下内にはなかった。少しずつ出口が近づいているような予感がした。

谷底でウエットスーツに着替え、試しに溯行してみた。水流が少なければ、なんともないところだが水は多めで、油断はできない。泳ぐような徒渉から、次の白濁した泡の中に足を突っ込むと、岩下に引きずり込まれそうになる。トシゾーに確保してもらい、ここは豪快なジャンプに切り替えた。そのまま、フリクションのいい左壁を登ってトラバース。再び谷底に戻って、ゴーロ帯をつめる。しばらく進むことはできたが、前方の曲がり角の先に、美しい虹を懸けるナメ滝1・5mがあり、引き返した。

水量が少なければ、かなり遊べそうな場所だ。ナメ滝上流は再び両岸が狭まり、称名廊下らしい厳しさを取り戻すようだ。まだ終わりではないことを知って、僕はむしろ、うれしかった。

この日、初めて谷底を少しばかり進むことができた。とはいえ距離にして、わずか100mほどだが。息の詰まりそうな、厳しい渓相の連続する廊下内にあって唯一、ここだけが、オアシスのようにホッとさせてくれる、重要なポイントなのかもしれない。

廊下の果て、待望の時

翌日は、さらに上流側からの下降を試みた。大日山荘から流れ出す小支流が、向きを変えて廊下内に落ち込む場所だ。昨日の虹のナメ滝とつなげなければいけないので、下降点の選定は非常に微妙だった。廊下の解明には、抜け落ちたパートがあってはならない。支流の落ち口にロープをセットし、ルンゼの懸垂下降を始めた。やがて傾斜は増して垂直となり、左右のブッシュは消えて、廊下全体が見渡せるようになった。

下流側は、左岸側壁の凹凸から、昨日、見たナメ滝の上流であることが確認できた。そして、足元の泡立つ流れ、さらに前方に目を向けて「なにっ!」と、僕は声を上げてしまった。

そこには突如として、河原が広がっていた。それは、不意に現われた称名廊下の終点であり、確かに1998年9月、青島と称名廊下の下降を始めた場所だった。いくらも進まないうちに追い返され、自分たちのちっぽけさに打ちひしがれながら、焚き火で夜を明かした広河原だった。

懸垂下降を続け、廊下の底に到着する。長いプールを挟んで称名廊下を締めくくる、迫力ある3mCS滝があった。記憶ではこの滝はもっと小さく、僕らは今いる付近まで泳ぎ下ったはずだ(後日、写真と見比べて確認)。台風などによる大水で巨岩がさらに積み重なって、高差を増したものと思われる。帰りは、何十メートルも続く空中ユマーリングで体力を使い果たしたが、下ノ廊下の始まりから終わりまで見届けられた、という充実感は大きかった。

あとは家に帰ってから写真や動画を見比べ、すべての部分がつながっているかを確認しなければならない。それを頼りに「称名絵地図」を作り上げる、重要な作業が待っていた。沢の風景は、上流側と下流側からとでは大きく違って見える。滝の形や大きさ、側壁の形状や色合いを注意深く見つめていくと、突如、パズルが解けて、上流と下流がつながることがある。その瞬間の興奮は、滝やゴルジュを登りきったときの歓びに匹敵する。

最後の下降、そして祈り。称名廊下出口にて

10月も終わりに近づいた28、29日。僕は最後のけじめをつけるべく再度、称名廊下に一人、向かった。すでに木道には積雪があり、渓流タビでは足先がジンジン痛んだ。いまひとつ絵地図に書き落とせなかったパートをつなげるため、中間左曲点より一本下流側のリッジを降りた。このリッジの末端は、左曲点と間違いやすいので「ウソ左曲点リッジ」と名付けた。

降りるにつれ、対岸の猛烈な黒壁が、僕の視界の大部分を占めるようになった。しかも、今日は一面ベルグラを張り巡らし、いつもに増して凄みを感じさせる。下降中、何度も、そのベルグラが落下するのを目撃した。谷底は危険な冷凍庫だ。探査も、限界に近い。

何度もロープを左右に振って、できるだけ多くの部分を確認する。下流のF11辺りから、この付近までが称名廊下の核心ともいえる場所だろう。対岸には、への字形の帯状ハングがあり、上流と下流をつなぐ決め手になる。雪の季節は目前に迫り、最後の探査とするためにも、見落としは許されなかった。納得がいくまでとことん探って

から、帰路のユマーリングを始めた。

この夜、大日平のヤブに埋もれた小沢で、探査終了の祭り（沢ヤ流）を執り行なった。赤々とした神聖な炎に照らされ、御神酒をいただき、祝詞の代わりに鼻歌を口ずさんだ。一人きりでも寂しさはなかった。多くの見えないものに包まれて眠る、心地よさがあった。

翌朝、大日山荘の脇を抜けて、15年ぶりに称名廊下出口にやってきた。そこから見える光景に、大きな変化はなかっただろう。けれど、得体の知れない怪物だった称名川が今は、かけがえのない宝物のような存在へと変わっていた。廊下を見下ろす大岩の上に立ち、僕は柏手を打った。称名に取り組んだ長い歳月。あらゆるものへの感謝と讃美。そして、祈り。僕はいつまでも、そこにたたずんでいたかった。

秘境を探検するということ

こうして称名廊下の探査は終わった。峡底へ下降すること10回。確認した滝の数は41。ほんの一瞬さえ、称名廊下は、その芸術性を失うことはなかった。あれほど望んだ日本最後の空白地帯の絵地図を僕は、とうとう手作りで完成させることができたのだった。
なお僕の探査が終わった翌日、大西良治氏が称名廊下を3回に分け、延べ10日間ほどかけて溯行を完成させた。さらに3年後、2016年10月には、称名滝から浄土山《じょうど》まで単独ワンプッシュでの完全溯行という、快挙を成し遂げたことを追記しておく。

秘境探検とは、自分自身を探し出す旅であるのかもしれない。山肌深く、刻み込まれた清冽な流れに、産声を上げたばかりの純粋無垢な自分の存在を重ね合わせる。誰一人、足を踏み入れたことのない秘境を流れる渓谷の姿は、生まれたままの自分の姿、そのものでもある。そこに真理を求めて僕は、沢に向かっているのではないだろうか。
僕はなぜ、この星に生まれたのか。どこへ向かえばいいのか。そして、やがてどこへ行くのか。その答えが見つかる日がきっと、来ると信じて。

北アルプス 称名川 称名滝登攀・下ノ廊下全貌解明

称名滝最下段右壁（中退）
2012年10月9日 メンバー：田中 暁、成瀬陽一

称名滝最下段左壁
2012年10月10日　メンバー：田中暁、成瀬陽一
称名滝3段～1段
2013年9月29～30日　メンバー：小林敏之、田中暁、成瀬陽一
称名川下ノ廊下
1998年9月8月29～30日　溯行初トライ敗退
メンバー：青島靖、成瀬陽一
1998年10月22～23日　下降初トライ敗退
メンバー：青島靖、成瀬陽一
2012年10月13～15日　遡行・偵察　メンバー：佐藤裕介、成瀬陽一
2012年10月26～27日　探査　単独
2013年10月8～9日　探査　メンバー：田中暁、成瀬陽一
2013年10月13～14日　探査　メンバー：小林敏之、成瀬陽一
2013年10月28～29日　探査　単独

日本各地の大滝・芸術的ゴルジュ　後編

前作『俺は沢ヤだ！』に掲載できなかった、日本各地の大滝・日本の芸術的ゴルジュへのチャレンジをここで後編として、いくつか簡単に紹介したい。

近年、僕が登攀や溯行したものが中心だが今も、次々と新たな発掘が偏狂的な沢ヤ（？）によって続けられている。

日本各地の大滝

森吉山　様ノ沢　九階ノ滝／70m

森吉山《もりよし》粒様沢《つぶさま》の支流・様ノ沢奥深くに眠る、この山塊の秘宝。しなやかな女性の肢体を思わせる美しいスラブに流れ落ちるこの滝は、ひたすらノープロテクションでロープを延ばすほかない。ボルトや人工物の残置など、滝への冒涜だろう。

尾瀬 三条ノ滝／80m

圧倒的大水量を誇る日本屈指の猛瀑。上流の、平滑《ひらなめ》ノ滝の広大な岩盤もすばらしい。やがて流れは穏やかに、尾瀬の楽園へと続く渓《みち》となる。

北アルプス 槍沢ババ平対岸の大滝群

多くの登山者が往来するババ平の対岸に、みごとな大滝を懸けるルンゼが3本並ぶ。盟主の中央大滝（120m）、白く輝く左俣スラブ滝（60m）の登攀は充実する。

北アルプス 剱沢 滝ノ谷大滝／200m

剱《つるぎ》沢の源流、三《さん》ノ窓《まど》雪渓にある、もう一つの剱沢大滝、滝《たき》ノ谷《たん》。この地にふさわしい硬く緻密な岩質で、岩の露出度も高い。厳しくも、美しいラインを引くことができた。

御嶽山 幻の巨大滝／多段70m

日本最高所の大滝。御嶽《おんたけ》山頂の桃源郷、四ノ池からいきなり巨大な滝が流れ落ちている。2017年、この滝を単独登攀した20日後に、怒れる山・御嶽山は噴火した。この噴火に巻き込まれれば命はなかった。美しかった赤川地獄谷や、この滝はどうなってしまっただろう。

南アルプス　大武川の大滝群

近年、注目され始めているのが大武《おおむ》川流域の大滝群だ。クライミング能力の向上が新たな大滝登攀の可能性を広げたといえよう。赤石《あかいし》沢大滝（50ｍ）、一ノ沢大滝（6段150ｍ）、篠《しの》沢大滝（70ｍ）、石空《いしうとろ》川北精進《きたしょうじ》ヶ滝（121ｍ）が登られ、記録から開拓者の熱意とこだわりが伝わってくる。

僕も篠沢大滝と記録のない黒戸《くろと》噴水《ふんすい》滝（2段60ｍ）を登ったが、登攀内容は非常に濃かった。対象を南ア北部全域に広げれば、まだまだ開拓可能な大滝は隠されているだろう。

台高山脈　往古川小木森滝／2段140m、銚子川岩井谷奥ノ大滝／80m

数ある紀伊半島の大滝のなかでも、美しさ、困難度、登攀内容において再上位にランクされる2本である。小木森《おごもり》滝のマンボーラインは初回敗退の後、偵察試登を経て、絶望的な右壁を頂点につなげた渾身の一本だ。落ち口直下、プアプロテクションに耐え、僕は雄叫びを上げて、のっぺらぼうのようなスラブに踏み込んだ。

一方、奥ノ大滝は一条に延びるクラックから中間で強烈なシャワーを浴びて横断し、水流中の微妙なフェイスを登る、オールフリーの痺れる好ルートだ。酒飲み仲間の小林トシゾーと滝下の焚き火の前で、酔いつぶれた日々がよみがえる。あれは、われらの祭りだった。

氷ノ山 天竜渓谷天滝／98m

関西きっての名瀑。ラインに行き詰まって見上げれば、垂直の断崖と紺碧の空。僕は叫んだ。「天高く、天滝！」

奄美大島 住用川タンギョの滝／100m

生命あふれる島・南国奄美にある野性的な大滝。登攀を試みた、われらを待ち受けていたものは蛙を目当てに、岩壁にへばりつくヒメハブの群れ。ホールドと思って、にぎったら最期……。極めてデンジャラスなトライとなった。

日本の芸術的ゴルジュ

北アルプス 梓川下又白谷、中又白谷

穂高岳にも一級の谷がある。下又白谷《しもまたじろ》は、距離は短いながら側壁に護られた厳しい滝が連続する。近年、流路が変わり激シャワーの洗礼を受けた。暗闇のなか、ずぶ濡れでたどり着いた荒れ地で、マッチ売りの少女のように小さな火を熾すのが精いっぱいだった。大滝も風化が進み、明らかに難度が増している。一方、姉妹谷である中又白谷はまったく違った性格を見せる。出合から源頭まで、すべてが一つの大滝のように連なり、F1から、すべての滝を直登していける出色の谷だ。

北アルプス 黒部川北又谷〜漏斗谷

日本で最も美しい渓谷は？と尋ねられたら、このオーソドックスな谷の名を答えざるをえない。僕らの心に抱く「美の原点」が、ここにある。花崗岩の輝く滝、底知れぬ大淵、群泳するイワナ、差し込む斜光線、岩に根を張る大木……。一幅の絵画を思わせる光景が惜しげもなく展開される。上流は、つるべ落としと称される漏斗谷《じょうごたん》につなげれば高差のある、ゴルジュ滝の登攀を真っ向から楽しめよう。

白山 尾上郷川カラスノ谷

名峰・白山《はくさん》において最難とされるゴルジュ。出合から気の抜けない悪場が断続し、中流二俣手前でクライマックスとなる。逃げ場のないゴルジュ内に美しい瀞や滝を懸け、やがて暗峡を迎える。ヘッドライトの明かりが欲しい。そのどん詰まりに鎮座するのが魔王ノ滝12mだ。ハイリスクな登攀で、この暗峡を抜け出せば転じて、明るい平和な二俣にたどり着く。

大峰山脈 弥山川ゴルジュ〜双門滝／70m

紀伊半島の芸術的ゴルジュの最右翼は池郷《いけごう》川だが、あえてここでは、より困難な弥山《みせん》川ゴルジュを挙げておきたい。ピリ辛の滝群を攀じり、悪相の巨大チョックストーンをケイビングで抜け出すと、最後の最後に立ちふさがるのが荘厳なる双門《そうもん》滝だった。瀑水を横断して、落ち口へと延びるクラックに望みを託し、厳しくも爽快な登攀で穏やかな源流にたどり着いた。

深夜、ふと流れをライトで照らすと、奈良県の天然記念物「キリクチ」が眠っていた。もちろん、手出し無用。大峰の神の使いだ。この川の流れを共に拠り所としている気がして、無性にうれしかった。

屋久島 安房川本流

雨の王国・屋久島にあって最大の規模を誇るのが安房《あんぼう》川だ。下流部ではトンゴの滝の破格的なスケールに圧倒され、中流部では大道芸さながらの、ポットホールマジックの数々に翻弄される。花崗岩の造型の妙は他に類を見ない。

日本の大滝・芸術的ゴルジュ 後編

森吉山
様ノ沢九階ノ滝
北アルプス 黒部川北又谷～漏斗谷
北アルプス 剱沢滝ノ谷大滝
北アルプス 称名川ハンノキ滝
称名川下ノ廊下
尾瀬 三条ノ滝
北アルプス
槍沢ババ平対岸の大滝群
白山 尾上郷川カラスノ谷
北アルプス
梓川下又白谷、中又白谷
氷ノ山 天竜渓谷天滝
南アルプス
大武川の大滝群
御嶽山 幻の巨大滝
台高山脈 銚子川岩井谷奥ノ大滝
石鎚山
加茂川源流
高瀑
台高山脈 往古川小木森滝
大峰山脈 弥山川ゴルジュ～双門滝
屋久島 安房川本流
奄美大島 住用川タンギョの滝

最終章

土石流敗退の記

ボルネオ島　ローズガリー

日本には、沢（渓谷）を登りつめて、山頂に立つという独特の登山スタイルがあり、一般的には沢登りと呼ばれている。これまで日本各地の険しい谷、美しい谷を登って数々の頂に立ってきたが、近年、海外のハワイ・カウアイ島やインド洋のレユニオン島、タヒチ島やニュージーランド、台湾、中国大陸などの国々で実践を重ねてきた。

そして、いつか東南アジア最高峰といわれる、ボルネオ島キナバル山（標高4095m）のローズガリーを源流とする谷の、沢登りがしたいと思うようになった。

ローズガリーは1000m級の岩壁に囲まれた急峻なガリーで、山頂部の巨大な岩壁帯を割って北流し、一気に高度を下げてパナタラン川に合流している。パナタラン川は、さらにゴルジュの中にいくつかの滝を懸け、最後は河原となって麓のメランカップ村へと続いている。山頂からメランカップ村までの標高差は実に3650mに及び、日本で行なってきた沢登りの常識を、もはや大きく逸脱している。

海外の探検隊が幾度となく、この困難な谷のキャニオニングにチャレンジしては敗退し、場合によってはヘリで救出されたこともあったようだが、1994年、イギリス隊が苦闘の末、成功を収めた。これが初めての成功の記録と思われる。もちろん沢登りとして挑まれた歴史はほとんどなく、過去に一度、日本の柏瀬祐之隊のチャレンジがあるのみだ。1978年のことだが、残念ながらローズガリー入口で引き返している。

あれから40年。沢登りが海外にあふれ出している今、下流から上流へと沢を登りつめる、日本のこの伝統的なスタイルでキナバル山頂に立ちたいと思った。

山や谷へ畏敬の念を抱き、神域に人工物を極力残さないようにする沢登りは、あらためて世界に堂々と胸を張れる、日本独自の登山のスタイルだと思う。

一抹の不安

この山は厳重な管理下に置かれており、一般コースから入山する以外は登山許可を取る必要がある。現地エージェントを通して交渉を重ねてきたが、許可がなかなか下りない。その手続きに時間と労力を取られ、航空券を取得したのが、わずか1カ月前というドタバタな旅の序章であった。

2018年3月21日、成田からクアラルンプール経由でボルネオ島・コタキナバルに入る。国としてはマレーシアだ。真夜中過ぎ、予約してあったコンドミニアムへ入り、コンビニでビールを買って、最初の夜を明かした。

22日、キナバル国立公園を管轄するサバパークスの職員とのブリーフィング。みんな、友好的かつ紳士的でホッとした。覚書などの書類に署名などして、なんとか許可を取り付けることができた。

23日、チャーターしたタクシーで、まずはキナバル山の麓に向かう。われわれのエクスペディションの安全を祈願して、現地の山の民が鶏を生贄に儀式を行なってくれた。その後、ポーリン温泉、ラフレシア園、キナバル展望ポイントなどを回る。

最後は、パナタラン川の入渓点付近を見に行く。どうしたことか、40年前の柏瀬氏の記録にあった、澄んだ穏やかな流れはどこにもなく、濁って徒渉不可能な荒々しい川の様子に、一抹の不安がよぎる。あとからわかったことだが、3年前のキナバル山近くで起きた地震後、山体が不安定で、まだ一度も清流に戻ったことがないということだった。

おまけに乾期を選んだはずだが、今年は雨が多くて、水量も多いらしい。本当の入渓点は、まだ少し上流なので翌日には減水することを祈って、ホテルに戻った。

24日、昨日のポイントより上流3㎞まで、ひどいダートの道が続いている。そして、川に突き当たるところで道は終わった。親切にも、サバパークスのスタッフ・マーティンさんがジープで送ってくれた。彼は、94年のイギリス隊キャニオニングメンバーに加わっている。

水量を心配したが、なんとかギリギリ徒渉可能な量で胸をなで下ろす。だが濁りは強く、足元がよく見えない。柏瀬氏のときよりも明らかに条件は悪い。この日は、河原部分がほとんどで徒渉にさえ、注意すれば前進できた。初めだけ、赤ペンキが岩に記され人臭かったが、2、3時間で人工的なものは消えた。

河原が大きいので、思ったより進めない。午後になると、雨が勢いよく降り始めた。源流が大スラブのローズガリーだと思うと、鉄砲水が心配で、おちおち歩いてもいられない。

流れが大きく南に向かう先で、広大な河原に平地が現われた。タープを張って今晩の宿にとも思うが、雨がひどいので岩屋があれば……。上流がなんとなく気になるので、泊地を探しに出かける。すると対岸の台地の上に大岩があり、もしかしたらその下が……。増え始めた水流を気にしながら徒渉して、台地に這い上がると、ありました！　ちょっと狭いけど4人、なんとか眠れそうな岩屋が。OKの合図を送って、みんなを呼んだ。

土木工事で整地し、雨のなか、ずぶ濡れの薪に火をつけた。ふと、川を見て驚く。みるみるうちに赤茶けた濁流となっていく。降り始めから2時間後のことだった。先ほど岩を飛んで渡ったポイントなど、もう激しい水流の中だ。明日の減水を期待して、パナタランの第1夜を明かす。

25日、朝ある程度、減水していることを確認し出発。カーブを曲がった前方にキナバル頂上部が、くっきり浮かび上がっている。荘厳な景観だった。あんなところまで行けるのか、というのが正直な感想だ。

再び流れが東に変わると、航空写真でも確認してある狭い谷筋となる。1カ所、流れを飛び越える。田中をロープで、水の中から引っ張ってみるが流れが思いのほか強く、持っていかれそうになる。渡った地点に、黒と黄色のコントラストが美しいマングローブスネークを発見する。毒蛇だが、昨日の雨で流されたのか、ぐったりしていた。

さらに屈曲を繰り返すとゴルジュの奥に、2条10mのCS滝が行く手を阻んだ。登れそうにもない。ついに恐れていたヤブこぎだ。大きく戻って右岸のガレ場から巻き始め、右トラバースでヤブに突っ込んだ。時折、現われるラタンのトゲに悲鳴を上げながら進むも、弱点がないまま行き詰まる。ぶよぶよのブッシュ壁に佐藤が突っ込み、ロープを固定する。後続はユマーリング。

その後も、ひどいヤブでなかなか進まない。尾根までなんとか巻き込んで、反対側の草付の斜面から本流の河原を確認し、懸垂下降で降り立つ。もういい時間だ。雨がまたもや激しく降り始め、右岸テラスの上で泊まることにする。どろどろの下地に草を敷き、タープを張ってなんとかする。今日も雨のなか焚き火でくつろぐ。酒だけは欠かさない、静岡男児の小林トシゾーの酒を少々分けてもらった。谷を見下ろせば……ああ、今日も濁流と化している。

「こいつは、いい加減なことできないなあ!」。佐藤がつぶやいた。夜中には雨もやみ、美しい蛙の鳴き声に癒やされた。ちらほらとホタルも飛び交っていた。

大高巻き

26日、今朝もなんとか徒渉可能なまでに減水している。前方には斜めに水を落とす8m滝。朝から、今度は左岸を高巻くことになる。対岸の湧水のある岩棚から樹林帯に突っ込む。ヤブはだんだんひどくなり、ルート選定に迷う。先行していた小林が急斜面でスリップして、古傷の股関節を痛めたようだ。

苦しいトラバースで、いったんガレに出たのでガレ沿いに下って、最後は懸垂下降10m。このまま谷沿いに行ければと、みんなを置いて偵察に行く。曲がり角を回ると……再びゴルジュに小滝。水量が多く、徒渉もままならないのでユマーリングで戻る。無駄に体力を浪費した。ガレを再び、いちばん上までつめ上がり、ラタンなどトゲトゲのつるに絡まれながら、先へ進む。頃合いを見計らったつもりで谷をめざして下降するが、ヤブの間に見下ろしたのは、巨大な花崗岩の15mCS滝であった。先ほど偵察した小滝を越えても、ゴルジュの奥のこの滝に進退窮まったことだろう。

もう一巻き、ガマン！ さらにヤブをトラバースして、落ち口に立とうとするが側壁も高くなり、上へと追い上げられていく。もう、降り時だろう。こんなときは勘と経験だけが頼りだ。

懸垂下降支点の選定は落石の誘発や、ロープの流れを意識しなければ、回収不能に陥ることになる。むやみに下降すれば、激しい水流の中に降りてしまう恐れもある。

ちょうどよい位置にあった太い木を見つけ、空中懸垂45mで先ほどのCS滝の上流に無事降り立った。巻き始めて5時間半。そういえば柏瀬氏の記録にも空中懸垂の記述があった。同じポイントだろう。

今日は、あいにく昼前から本降りとなっている。日ごとに、天気は悪くなる一方だ。増水も始まった。先へ進みたいが、激しい雨で危険と判断。行動時間は短いが安全な泊まり場所を求めて、対岸の高い段丘の上に這い上がった。

しばらくは雨に打たれて呆然としていたが、タープを張って潜り込むと俄然気力が湧く。薪を集めて火をつけ、全身ずぶ濡れの体を温める。やっぱり火っていいなあ。

炎を見つめていると、明日からの不安が幾分和らぐものだ。もちろん、段丘から見下ろす川は今日も大暴れ！　水はけの悪い今夜の泊まり場に、薪を並べて硬いベッドを作り、焚き火の脇で体を伸ばす。明日のことは、明日考えよう。おやすみなさい。

27日、日付が変わるころには星空が広がっていた。朝も清々しい青空だ。きっと、今日こそ天気の変わり目。スコールよさらば！　そう祈って、出発する。

中流部の滝場は抜けた模様で、再び平凡なゴーロと河原の谷を溯っていく。2度目の屈曲を繰り返したとき、突如キナバルの上部岩壁と、その下部に懸かる200m級の立派な大滝が出現する。あれが、ローズガリーか！　壮観。メンバー全員で目を皿のようにして、登攀ラインを探す。行き詰まったら、樹林と草付の弱点をつなげば、なんとか上部岩壁まで行けるかもしれない。

しかし、地図を見直せば、見えているのは支流の大滝で、ローズガリーとの出合はまだ1km先だと判明する。直線的な河原を段丘をつなぎながら、さらに進んだ。

開けた流れの前方に、ちょうど南アルプス尾白川《おじら》の坊主岩のような、切り立つ岩塔が見えてきた。どうやらパナタラン川は、その直下で二俣となり、岩塔はちょうど谷を分ける中間リッジとなっている。左俣はそのまま真っすぐ直線的に延び、右俣に当たる目的のローズガリーは、ほぼ直角に、右の側壁を食い破って出合っている。

気持ちははやるが二俣手前で、小滝が谷をふさいでいた。右岸を腰まで水流に浸かって近づくと案の定、土砂で浅く埋まっており、若干微妙なへつりから滝を乗り越す。全員の荷物を引き上げ、ラバーシューズの田中だけ手前の右上フェイスを、ロープを出して登った。厄介な巨岩の左隅を越え、ついにローズガリーの出合に到達した。

左俣は荒れたゴーロの谷が続くのに対して、ローズガリーは2段15mの明るい滝で対照的に出合っている。その奥は深いゴルジュが待ち受けており、いかにも難しそうなCS滝の落ち口のみが垣間見えた。突き当たりには150mほどの涸滝と、その上部の大岩壁が圧倒的だ。おそらく谷はあの直下で左曲しており、大きく谷を迂回する場合にも、左岸からの巻きは絶望的だった。

ちなみに、ここまで谷を形作っていたのは、極端に滑りやすい蛇紋岩であったが、ここからは花崗岩となる。現在の標高は1300m。キナバル山頂までは標高差2800mが残されている。気が遠くなる数字だ。右岸に顕著なクラックが走る、出合の2段15m滝は黒部《くろべ》の新越《しんこし》沢や棒小屋《ぼうごや》沢を思わせる、いかにも充実した登攀ができそうな滝だ。

自分が登りたいと誰もが思ったことだろう。しかし、坊主状岩塔の向こうの空に浮かぶ入道雲は、もくもくと発達を始め、スコールの時が迫っていることを知らせている。一刻も早くこの滝を登って、大ゴルジュ内をのぞき、進路をどうとるか決めなければならない。エースの佐藤に、手早く登ってもらう。

クラックにカムを決め、ワンポイントの人工を交え、下段10m滝の落ち口に立った。上段はツルツルで手が出ず、左の壁にトラバースして、ハイステップの大胆なムーブで抜けていった。ロープを固定し、後続はユマーリング。大ゴルジュ内に突入する。

両岸迫るゴルジュのどん詰まり、5mほどの前衛滝のそのまた奥に、人間を寄せつけぬ迫力でシャープな50mCS滝が、細長い水流をみごとに落下させている。まさに秘境の滝。近づいてみたがもちろん、登攀不能。結局、出合の2段15m滝の落ち口より、右岸の壁を登るしかなかった。

しかし、そこは見るからに悪そうなボロ壁。こいつは無理なのではと思うが、佐藤は行く気だ。怪しくなりつつある空を見上げ、「鉄砲水が来たら、どうする?」と尋ねると、「その上の岩棚で眠りゃあいいんですよ」と軽く返された(実際には、泊まれるようなテラスなんてどこにもなかったが、佐藤の軽口は毎度のこと)。

右岸のリッジ上までは段々だが、そこから右上気味に登っていくところで急に悪くなった。ランナウトから親指ほどの、ブニョブニョの灌木に気休めのランニングを取り、騙し騙し登っていく。途中でピッチを切ったようで、コールがかかる。フォローしていくと、カム一つと、へし折れそうな細い灌木をつないだビレイ点があった。「いやあ、思ったより悪かったなあ」と佐藤が一言。確かに。でも、この先は、さらに厳しくなるのは間違いなかった。

再び、佐藤が右上に向かってロープを延ばしていく。しばらくロープの流れが止まり、逡巡している様子。そして、意を決したのか、また少しずつロープが延びていく。墜落が、このビレイ点で耐えられるだろうか。落ちないでくれと祈るしかなかった。

ついに樹林帯に達し、コールが入る。重荷を背負っての、苦しいユマーリングで続く。垂直部ではすべてのホールドが動き、ブッシュは簡単に引きちぎれるものばかりだった。こんなところをどうやって登ったのか。僕ら凡人とは別次元の登攀を見せてくれた佐藤に、ねぎらいも含めて「ヤバかっただろう。よく登ったね」と声をかけると、今度は「こんなの簡単でした」と天邪鬼《あまのじゃく》な返事が来た。だが、表情からは疲れ果てた様子がうかがえる。数々の修羅場を切り抜けてきた彼にとっても、相当に命を削った登攀となったようだ。

全員そろってリッジをたどる。このリッジをうまくつめてトラバースすれば、あの50m滝は確実にクリアできる。滝上の風景に想像を膨らませる。しかし、目の前の現実は甘くなかった。徐々にヤブが濃くなり、ついには足が地面につかず、なかなか進むことができなくなってしまう。

降りだした雨は、バケツをひっくり返したような土砂降りで、ヤブに埋没したまま、ずぶ濡れの俺たちはどうなるんだろうかと不安がよぎる。ヤブもスコールも半端ではなかった。早急に、泊まれる場所を探さねば。

土石流

滝側の斜面にぽっかり空いたスペースらしきものがあり、トラバースしてめざした。そこは、上部からの落石が灌木をなぎ倒しただけの、傾斜した空間にすぎなかった。

そのとき、前方から異様な音が聞こえた気がした。雷に似ているが、石と石がぶつかり合うような鈍い音。それは、やがて辺り一帯を揺るがすような、大音響と共鳴振動に変わった。激しい雨の向こうに目を凝らすと、ローズガリーの谷底に落ち込む150mほどの涸滝が（さっき、下から見たときは確かに涸滝だった）、猛烈な勢いで膨れ上がり、茶色い濁流を暴れ狂うように放出し始めていた。その中に交じって、テレビや洗濯機大の岩が次々と宙を舞い、スラブに激突し、跳ね上がっている。

これは鉄砲水どころじゃない。土石流だ！　しかも霧のなかへと続く、1000m

クラスの巨大スラブのあちこちで、同じように土石流が発生し始めていた。ここも危ない。佐藤が動物的本能で逃げ出そうとする。だが、どこに逃げればいいというのか。吹っ飛んでくる石の落下地点など、予測不能だ。それに、この山一帯が崩れ始めているのなら、僕らはもう助からない。なす術もなく、立ちすくんだ。

土石流の落下している滝下から土煙が上がる。続いて、僕らは焦げ臭いにおいを嗅いだ。石と石が高速で擦れ合って発生する、土石流のにおいだった。谷底は、まさしく地獄。牙を剝いた自然の莫大なエネルギーの前で、あまりにちっぽけな自分たちの存在を突き付けられていた。

雨に打たれたまま、僕らは1時間以上、その凄惨ともいえる大自然のドラマに見入った。幸い、自分たちがいる場所まで被害は及ばなかった。だが、もうこれ以上谷に近づいてはいけない！　4人の意見が無言のうちに一致した。

今晩は、ここに泊まるしかない。みんなで土木作業にかかる。背中に木を敷き詰め、200kgもありそうな大岩を斜面に転がす。タープを張り、今夜もジャングルのヤブに埋もれて、焚き火をすることができた。

夕暮れ前、さらにヤブをこいで上部に見えていた、スラブ基部まで登ってみた。この先はロープが必要だが、難しくはなさそうだ。標高わずか1400m。これが、僕らの到達高度だった。

山頂ははるか遠い。だが、3年前の地震によって崩壊した、巨岩や土砂が広大なスラブの上にたまり、スコールの度に土石流が誘発される現段階では、ローズガリーの谷底は危険極まりなく、僕らは敗退を決意したのだ。小雨は断続的に降り続いていた。

28日、早朝より下降を始めた。ヤブから、そのままリッジを下り直接、左俣のゴーロの上に50mの懸垂下降で降り立った。ローズガリーの出合を越え、河原をたどる。ハイペースで下っていったが、3泊目を過ごした段丘の下にある超巨岩の15m滝に阻まれた。

滝横のかなりかぶった悪い壁を、田中がアブミを使って慎重に乗り越した。さらにもう1ピッチ、ルンゼ沿いに延ばし、樹林帯に抜けた。相変わらずヤブがひどく、時折見つけるウツボカズラが心の慰めだった。

ヤブに入ると勘を頼りに、2泊目に使ったキャンプ地をめざす。ぴったり同じ場所まで巻き下り、タープを張っていると、またしても土砂降りに。整地と焚き火を任せ、佐藤と翌日のためにロープをフィックスしに出かけた。パナタラン川はこの日、初めてコーヒー色の濁流にはならなかった。源流では降っていないのだろうか。

最終日。ヘッドライトをつけて、ユマーリングを開始した。根気よく草付からヤブをトラバースして、懸垂下降3ピッチでいちばん下流側の悪場の滝を越した。

もう歩くだけかと思っていたが遠回りを嫌って、何度か川にダイブした。今年の初泳ぎだった。やがて入渓地点が近づくと今度は、なんとなく川から離れるのが寂しくなってしまう自分がいた。若い二人はさっさと行ってしまい、酒燃料の切れた小林とゆっくり下っていった。

ところどころ破砕した蛇紋岩が、青や緑の美しい光沢を放っていた。雨も降りだしたが増水することもなく、昼過ぎには、見覚えのある入渓点にたどり着くことができた。もう、鉄砲水や土石流の心配はいらない。張り詰めてきた緊張感がほぐれていく。生きていてよかった。もう一度、あの凄まじかった土石流を思い返していた。

追記

休養を1日挟んだ3月31日から4月1日で、ノーマルルートよりキナバル山頂を踏んだ。足元に見えるローズガリーの源流部は、下流部の渓相から想像もつかない緩やかな河原が続いていた。

あそこまで、たどり着ければなんとかなる。土石流で打ちのめされた心に、再び希望が湧いてきた。ひとまずローズガリーに別れを告げよう。ここを沢登りというスタイルで踏破するには、強大すぎたかもしれない。けれど、ハーケン、ボルトなどの残置物を一切残さず、今回の沢旅を終えることができたのは確かだ。

敗退したとはいえ、その点の清々しさは何物にも代え難い。山の神は、僕らの再訪を受け入れてくれることだろう。

結果ではなく、神聖なる山キナバルとどう向き合えたか。そう考えると、やっぱりまたトライするなら沢登りがいい。そして、愉快で信頼できるこのメンバーで。俺が年をとってもみんな付き合ってね！　ありがとう。

ボルネオ島　キナバル山パナタラン川〜ローズガリー（中退）
2018年3月24〜29日
メンバー：小林敏之、佐藤裕介、田中　暁、成瀬陽一

世界の渓谷 後編

日本各地の大滝・芸術的ゴルジュ後編（P326）に続き、前作『俺は沢ヤだ！』や本書の第2部で紹介できなかった、すばらしい世界の渓谷を後編として、ここで紹介したい。

オーストラリア タスマニア島 マージー川　2011年

タスマニア島は厳正なる自然環境が広範囲にわたり残されている。地質的に老年期を迎えた、クレイドルマウンテン山麓の渓谷は明るく開け、柱状節理を成すテーブル状の頂へ、われわれを穏やかに導いてくれた。珍獣カモノハシが僕らを先導して泳ぎ、テント場ではワラビーやフクロネコたちが騒がしくダンスをしてくれた。南十字星の下、有袋類の進化の不思議に心躍らせた溯行であった。

ニュージーランド 南島 カスケードクリーク　2017年

牧歌的な大草原と、氷河に突き出たニュージーランドの峰々。そこに刻まれた渓谷の明るい美しさには目を見張るものがある。アスパイアリング山国立公園にあるカスケードクリークは、下流部の河原から100m級、200m級の大滝へと続く極上の谷だ。さらに大滝の落ち口からは、空に浮き出すようなスカイラインゴルジュが展開し、源頭は一転して、平流が草原を流れるようになる。キャニオニングが盛んなこの地で、いまだ手付かずの、この谷に出会えた幸運に感謝したい。今も、カスケードクリークが純粋無垢のまま流れ続けていることを祈らずにはいられない。

タヒチ島の渓谷群　2016、2018年

南太平洋に浮かぶ火山島タヒチには、レユニオン島に匹敵するほどの大峡谷や大滝群が秘められていた。しかも空を突き刺す最高峰・オロヘナ山（標高2241m）の威容は、僕を大きく惹きつけた。初めてこの地で臨んだ、ファウタウア谷はジャングルの果てにそびえ立つ、ジャデム（女王のティアラ）の岩塔に突き上げる初級の沢にすぎなかった。オロヘナ山の麓を流れるトゥアウル川は火山特有の、どす黒い峡谷を形成し、入口から数百メートルで追い返された。

島内各地には100～300m級の大滝が次々と点在する。これらの谷に、正攻法の沢登りで臨む。仮に歯が立たなくてもいい。大切なのは攻略することではなく、この地球の偉大さを感じ取れるかどうかだ。

太平洋
ハワイ カウアイ島
ワイアラエストリーム
タヒチ島の渓谷群

世界の渓谷 後編
台湾 豊坪渓
ボルネオ島 キナバル山
パナラタン川ローズガリー
インド洋
オーストラリア
タスマニア島
マージー川
レユニオン島
カルベネ谷
トゥルー・ド・フェール
ニュージーランド 南島
カスケードクリーク

沢登りとは祈りである　あとがきにかえて

遡行者は、もう何日も山を彷徨っていた。沢と沢をつなぎ、いくつもの嶺を越え、それでも彼は歩き続けた。行く手をふさぐゴルジュや滝を次々と越えて、山脈の奥へ奥へと分け入っていった。雪渓の脇に顔を出すみずみずしい山菜と、流れ込む小沢の岩間に逃げ込んだ渓魚で飢えをしのいでいた。何日もの行軍で彼は疲れ果てていたが、山を下りる決心がつかないでいた。

ある朝、彼は大きな河原にたどり着いた。原始林の絨毯の中に、ぽっかりと開かれた明るいオアシスのような河原。静けさに包まれたそこは、おそらく何年も人の姿を見ない場所だと思われた。日の光が心地よかった。流木に腰を下ろした彼の視線は、自然と対岸の山の稜線に向けられていた。

突然、その稜線の向こうから一羽の黒い影が浮かび上がった。遡行者は、その影の大きさに目を見張った。わずかな時間をおいて、もう一つの影が後を追うように現われ、合流した2羽は大きな旋回を始めた。いまだかつて、このような雄大な飛翔を彼は見たことがなかった。山脈の守り神に、出会った気がした。

だが、さらに奇跡は続いた。稜線から、とうとう3羽目の影が現われたのだ。しかも、その両翼と尾羽には明らかな白い斑が、三つ星となって浮かび上がっていた。

それは、まさしく幼鳥の証し。文明から最果てともいえる、この地で幻の鳥は、確実に命をつないでいた。溯行者はこれまで経験したことのない、心の高揚を感じた。

3つの影はやがて稜線をかすめ、はるかにそびえ立つ岩の峰々に、吸い込まれるように消えていった。

気高い命の営み、そして、未来への希望を見たような気がした。溯行者が何十年も探していた答えが、そこにあった。あふれ出し、響き合い、紡がれていく命、命、命の環……。その命に彩られてこそ世界は、そして、彼の歩んだ道程もまたひときわ輝きを増すのだと知った。

溯行者の求めた心のふるさと、死して魂の還る場所は地球そのものであり、彼がこの地球上のどこにいようとも、あらゆる命に祝福されているのだと悟った。

結界

何年かぶりに、僕を育ててくれた水窪《みさくぼ》町の大嵐《おおぞれ》集落を訪ねた。町の中心地を抜けると道路はいよいよ狭まり、曲がりくねって奥へ奥へと続いていく。天然アマゴを滝上に持ち上げて放した谷、ボルダリングに精を出した巨岩、大嵐のじじばばを乗せたまま ガス欠を起こして、立ち往生した坂道……あれは真夜中だったなあ。若い日々の懐かしい想い出が、いっぱい詰まった道程だ。

町から30分、いよいよ集落が近づくと道路一面にスギの葉っぱや枝が散乱し、運転に気を使うようになった。何か様子がおかしい。誰もこの道路を使っていないのか。そう思った矢先、急に前方が明るく開け、道路が川底まで大きく崩落していた。

大嵐は目の前だというのに、僕にはたどり着くことができなかった。切れ落ちた道路の縁にたたずむと、30年前と変わらない山や川の風景がそこにあった。

ここには、結界が張られている。ふと、突拍子もない考えが頭に浮かんだ。結界の向こうでは、何十年も前と変わらぬ暮らしが今も続いている。大嵐分校では、久しぶりにやってきた紙芝居に子どもたちがはしゃいでいる。誰かの家からは、囲炉裏でイワナ（もしかしてヒキガエルかもしれないが）を焼くにおいと煙が漂ってくる。急傾斜の畑では、じいさまが転げ落ちそうになりながら、鍬をせっせと振り上げている。

何も知らずにフリースクールに飛び込んだ、23歳の僕自身さえいる。現代から置き去られた、いや、現代を見限った素朴な世界が、今もなお実在している。だとすれば、すぐにでも僕は結界を破り、足を踏み入れたかった。

けれど、それは幻だ。道路が修復される気配もなく放置されているのは、もう村人が誰一人、住んでいない証し。胸がきゅっと、締め付けられた。

きっと、日本各地で海や山に根差した人々の暮らしや文化が、急速に失われつつある。身勝手な人間たちを、それでも守り続けてきた地球環境も、とうに崩れ始めている。地球の悲鳴、生き物たちの悲鳴、先人たちの悲鳴が聞こえないだろうか。

地球の裏側で銃弾に倒れた、アフリカゾウやマウンテンゴリラの痛みを感じ取れないだろうか。人間が不条理に生き物の命を奪うとき、むなしく人間が、人間の命を奪うとき、それが土手っ腹に風穴を開けられた自分自身の痛みとして、感じ取れないだろうか。

そして、どんなに傷ついても、地球の未来を信じて生きていけるだろうか。

グレートアースへの到達

2015年、僕は職場である黄柳野《つげの》高校の理解を得て、グレートアースという取り組みを始めた。

北海道では、ヒグマと遭遇しながら知床《しれとこ》岬を徒歩でめざし、西表《いりおもて》島ではヤマネコを探して、ジャングルを彷徨う。屋久島の原始林では未記録の巨大杉を発見し、四国の辺境では、カワウソを探しながら海のサバイバル生活もする。そこには、豊かさに満ちた大自然と、それに魅せられた一風変わった大人たちが必ずいた。

高校生たちは、ホンモノの自然体験と魅力的な人間に触れるなかで、ちっぽけな自分自身を知り、やがて生きる力を身に付けていく。同時に環境破壊の現場や被災地、戦禍の記憶を残す場所に出かけ、真実を肌で感じ、命と向き合い、行動を起こす。

何かのためにするのではない。理屈ではなく、感じるまま、衝き動かされるまま、生きていけばいい。僕もまたエネルギーに満ちた高校生たちと、ただ遊びたいのだ。心深く動かされる、すばらしい瞬間を共有したいのだ。それだけだ。あとは彼らの中で、磨かれていく感性を信じていればいい。

沢ヤとは何か

俺は沢ヤだ！　そう叫んで38年がたつ。一方で、沢ヤとは何かを常に問い続けてきた。毎週末を沢登りに出かけるというだけでは、何か物足りない気がした。

沢ヤとは、その行為ではなく、自分自身の生き方そのものなのだと気がついた。

考えてみれば、人間は不必要なものを多く持ちすぎてきた。富や財産だけでなく、精神的なもの。たとえば地位とか名声、独占欲、優越感、差別意識……。この地球の上ではあらゆるものが平等であり、そして、尊いというのに。その一つ一つを捨てれば捨てるほど、実は豊かになっていくというのに。

究極の沢ヤとは（本当は「沢ヤ」という肩書もいらない。この本のタイトルにもなっているが……）、すべてを捨てて、一匹の無力な生き物になること。それは同時に、鳥のように大空を羽ばたき、魚のように流れを跳ね上がり、獣のように大地を駆け巡る自由を得るということだ。

そう、何も持たなくていい。

地球上の命の輝きは、自分自身の輝きでもあるのだから。

から松　こめつが　針葉樹林
かもしか　月の輪熊　走る稜線
そびえ立ち　連なる　わが山々よ
そびえ立ち　連なる　わが山々よ
いくたびか春をむかえ
いくたびか夏をすごし
いくたびか秋をむかえ
いくたびか冬をすごし

これは、岐阜のシンガーソングライター故・笠木透さんの「わが大地のうた」からの一節だ。

僕はこう付け加えさせてもらい、グレートアースで唄っている。

御所平　夕立神　凍てつく布引滝
小河内岳　銀世界　空を舞うイヌワシ
こんこんと　湧きいずる　いのちの泉
綿々と　受け継がれる　いのちの営み
私の　この体は　大地のひとかけら
私の　いのちは　大地と共にある
私が唄う歌ではない
あなたが唄う歌でもない
我が山々が私の歌
我が大地が私の歌
そこに宿るいのちこそが私の歌

2021年　元旦　成瀬陽一

語句解説

【ア行】

アグレッシブテスト　支点が確実に効いたか（抜けないか）、体重を激しくかけて試すこと

アブミ　携帯用簡易縄バシゴ

アルパインクライマー　先鋭的登攀者

イボイノシシ（ワートホッグ）　冬壁で使われることが多い。元はアイスハーケン。凍った草付や泥壁などに打ち込むもの

エイドクライミング　取った支点に体重を預けて登っていくクライミングスタイル（対フリークライミング）

Ａ１　ハーケン、ボルトなどの支点にアブミを掛けて登る人工登攀のこと。アブミは掛けずに、支点をつかむだけの場合はＡ０になる

Ｆ　フォール、滝のこと。Ｆ１、Ｆ８は下流側から数えて、1番目と8番目の滝を表わす

堰堤　川に造られた簡易的なダム

オショロコマ　北海道の一部に棲む、イワナの仲間

オフウィドゥス　体の半身しか入らないサイズのクラック

オンサイト　フリークライミングのルートを初見一撃で登りきること。最上のスタイルとされる

【カ行】

開析　地表が流水により刻まれて、谷ができること

ガチャ　金属製登攀具の俗称

ガバポケット　がっちりかかる穴の手掛かり

釜　滝壺

カム　岩の隙間に入れて固定し、支点にするバネを使った道具

ガリー　岩溝。ルンゼとほとんど同義

ガレ　崩壊地

カンテ　岩壁の角状に出っ張った部分

キャニオニアー　キャニオニングする人

キャニオニング　谷を下降しながらダイブやウォータースライダーで滝壺に飛び込む、ヨーロッパ発の沢の遊び

クラック　岩に入った割れ目。手掛かりになったり、支点を取ったりする

継続溯行　沢を登り、頂から別の沢を下る。それを繰り返して旅する沢登りの一ジャンル

ケイバー　洞窟野郎

渓流タビ　沢ヤの忍者的足使いを支えるシューズ。裏にフェルト製の滑り止めがつく

獣道　急峻な斜面を生活圏とする動物の足跡が道のように残されたもの。沢ヤの頼みの綱

懸垂下降　支点を作ってロープを垂らし、専用器具などで急な岩壁を降りること。振り子懸垂とは、下降しながら足で壁を蹴り、弧を描くように着地点を決めること

ゴーロ　大きな岩がゴロゴロと谷筋を埋めている場所。乗り越えるのに苦労する

ゴルジュ　両岸の岩壁が狭まった谷筋。廊下ともいう。中に滝や淵があると厄介

コンタ（コンター）　等高線

【サ行】

沢ヤ（沢屋）　渓谷に畏敬の念を抱き、その流れに命を委ねたもの

シュルント　雪渓と岩壁との隙間

ショルダー　パートナーの肩に乗って、立ち上がること

ステップを切る　泥斜面をアイスハンマーなどで削って、足場を作る

捨て縄　懸垂下降の際、支点に残すスリング

スラブ　手掛かりの少ない緩傾斜の一枚岩

スリング　ロープやテープで作った輪

遡溪　台湾では、沢登りのことを遡溪という

【タ行】

タイオフ　スリングを支点の付け根に直接巻く方法。支点が根元まで入らない場合にも使われる

高巻き　滝やゴルジュなどの溯行困難な場所を、山肌を回り道して越えること
チムニー　煙突の意味。体が入るくらいの広い割れ目
チョックストーン（CS）　谷に挟まった大岩。通行困難なことが多い
テラス　岩場の途中にある小さなスペース
トイ状　雨樋のように狭められた岩の形状。中を水が流れて落ちればトイ状滝と呼ばれる
登攀　岩壁を攀じること
通らず　大きな淵や滝などが川をふさぎ、すんなり通過できない場所
徒渉　歩いて川（沢）を渡ること
トラバース　岩壁や斜面を横に移動すること
瀞　淵の一種で水面が波立たないような場所。不気味なほど静まり返っているときもある

【ナ行】

ナイフリッジ　両岸がスッパリ切れ落ちた尾根や岩場の形状
ナチュラルプロテクション　自然の形状を利用した支点。これに対して、カムやナッツはリムーバルプロテクションという
ナッツ　岩の隙間に落とし込んで支点にする器具。金属の塊にワイヤーが付いている
ナメ滝　傾斜の緩い滝

【ハ行】

ハーケン　岩の割れ目に打ち込む、主に平たい鉄釘の一種。ピトンともいう
パイオニア精神　未踏の大地や未知なる可能性を求めて躍動する心
バイル　凍った滝を登るための短いピッケル。沢用のバイルもある
ハンギングビレイ　滝や壁の途中で支点にぶら下がりながらパートナーを確保すること
ハング　岩が垂直以上に覆いかぶさった場所
バンド　岩壁の途中に、水平方向に延びた岩の出っ張り。トラバースしやすいことが多い
ハンドクラック　ちょうど手のひらが入るサ

イズの岩の割れ目
パンプ　鉄棒にぶら下がり続けたときのように、クライミング中に前腕などが張って力が入りにくくなる状態
ハンマー投げ　ハンマー（バイル）にロープを連結して投げ、滝上に引っ掛けて、それを頼りに滝や淵を越すテクニック
ピナクル　岩の尖ったところ。岩塔
ビバーク　不意の野営。あるいは簡易的な装備での野営
ビレイ　ロープで行なう安全確保
プアプロテクション　墜落には耐えられそうにない不確実な支点
フィックスロープ　固定されたロープ。先人によって残されていることもある
フェイス　垂直前後の壁
フォール　クライミング中の墜落
フット・アンド・ニー　狭い場所で足先と膝を使って体を安定させること
ブッシュ　草や灌木
フライ　多くの沢ヤは軽量化のためテントは持たず、フライという防水シートで泊まる
ブラッシング　たわしやブラシで滝などのホールドを磨いてヌメリを取ること
ブリッジ　雪渓が橋のようになって残ったもの。通過に危険を伴う
ブリッジング　狭い岩の隙間に両手両足を突っ張って進むこと
ベルグラ　岩壁から染み出した水が凍って、細かな氷柱や氷の膜になったもの
フレーク　板状の岩
プロテクション　クライミング中に安全のために取った支点
ブロック　巨大なブロック状の塊となった雪渓の残骸
ホールド　手掛かり
ポケット　指の入るくらいの岩の窪み、穴
ポットホール　水流や石ころによって丸く浸食された穴
ボルダリング　河原の大岩などで、ロープを

着けずにクライミングすること

ボルト　岩に人工的に穴を開けて打ち込み、支点とする金具。回収はできない。倫理的に許されるべきかと昔から論議は続いている

ボロ壁　登る対象にしたくないような、もろい壁。沢登りでは多発する

【マ行】

マントル　登ってきた岩に乗り上がること

ムーブ　クライミング中の動き

猛禽類　ワシ・タカ類

【ヤ行】

ヤブこぎ　時に身の丈を超えるような灌木やササヤブをかき分けて進むこと

ユマーリング　固定されたロープを、登高器を使って上昇すること。アセンディングとも

【ラ行】

ラッセル　雪をかき分けて進むこと。雪が深いと苦しい

ランナウト　クライミング中、最後に取った支点から長い距離を登ってしまうこと。落ちれば大墜落となり危険を伴う

ランニングビレイ　ルートの途中に設置する、万一の墜落を止めるための確保支点

ランペ　岩場で傾斜が緩い場所。緩傾斜帯

リス　指の入らない岩の割れ目。ハーケンを打てることも多い

ルンゼ　山肌や岩壁に切れ込んだ急な溝状の地形

レスト　クライミング中、掛かりのよいホールドなどを頼りに休み、手や腕のパンプを回復させること

レッジ　人一人が安定して立てる程度の岩棚

連瀑帯　滝が次々に懸かる場所

【ワ行】

ワンプッシュ　下界に下りることなく、一度に登りきること

新編増補　俺は沢ヤだ！

二〇二一年四月十日　初版第一刷発行

著　者　成瀬陽一
発行人　川崎深雪
発行所　株式会社　山と溪谷社
郵便番号　一〇一－〇〇五一
東京都千代田区神田神保町一丁目一〇五番地
https://www.yamakei.co.jp/
■乱丁・落丁のお問合せ先　山と溪谷社自動応答サービス
電話　〇三－六八三七－五〇一八
受付時間／十時～十二時、十三時～十七時三十分（土日、祝日を除く）
■内容に関するお問合せ先　山と溪谷社
電話　〇三－六七四四－一九〇〇（代表）
■書店・取次様からのお問合せ先　山と溪谷社受注センター
電話　〇三－六七四四－一九一九
ファックス　〇三－六七四四－一九二七

フォーマット・デザイン　岡本一宣デザイン事務所
印刷・製本　株式会社暁印刷

定価はカバーに表示してあります
©2021 Yoichi Naruse All rights reserved.
Printed in Japan ISBN 978-4-635-04910-8

ヤマケイ文庫の山の本

新編 単独行
新編 風雪のビヴァーク
ミニヤコンカ奇跡の生還
垂直の記憶
残された山靴
梅里雪山 十七人の友を探して
ナンガ・パルバート単独行
わが愛する山々
空飛ぶ山岳救助隊
山と溪谷 田部重治選集
タベイさん、頂上だよ
ドキュメント 生還
処女峰アンナプルナ
新田次郎 山の歳時記
ソロ 単独登攀者・山野井泰史
狼は帰らず
単独行者《アラインゲンガー》 新・加藤文太郎伝 上／下

精鋭たちの挽歌
山のパンセ
山の眼玉
山からの絵本
K2に憑かれた男たち
ふたりのアキラ
穂高に死す
長野県警レスキュー最前線
深田久弥選集 百名山紀行 上／下
穂高の月
ドキュメント 雪崩遭難
ドキュメント 単独行遭難
生と死のミニャ・コンガ
若き日の山
紀行とエッセーで読む 作家の山旅
白神山地マタギ伝
山 大島亮吉紀行集

ビヨンド・リスク
黄色いテント
完本 山靴の音
闇冥 山岳ミステリ・アンソロジー
山棲みの記憶
安曇野のナチュラリスト 田淵行男
名作で楽しむ 上高地
どくとるマンボウ 青春の山
不屈 山岳小説傑作選
山の朝霧 里の湯煙
新田次郎 続・山の歳時記
植村直己冒険の軌跡
山の協奏曲
夢の山岳鉄道
懐かしい未来 ラダックから学ぶ
原野から見た山
人を襲うクマ